高等学校交通运输与工程类专业规划教材
高等学校应用型本科规划教材

桥梁结构试验与检测技术

Testing and Inspecting Technology of Bridge Structure

李国栋　赵卫平　主编

China Communications Press Co.,Ltd.

内 容 提 要

本书为高等学校交通运输与工程类专业规划教材、高等学校应用型本科规划教材，主要内容包括绪论、试验数据的整理和分析、桥梁工程材料试验检测、桥梁下部结构试验检测、桥梁上部结构施工控制、桥梁结构检查、既有桥梁技术状况评定、桥梁荷载试验等，每章后都配有复习思考题，便于学生进一步理解学习内容。

本书可作为土木工程、道路桥梁与渡河工程专业的本科生教材，也可供从事桥梁工程的相关技术人员参考使用。

图书在版编目(CIP)数据

桥梁结构试验与检测技术 / 李国栋，赵卫平主编
. — 北京：人民交通出版社股份有限公司，2019.1
高等学校交通运输与工程类专业规划教材·高等学校应用型本科规划教材
ISBN 978-7-114-14002-0

Ⅰ.①桥… Ⅱ.①李…②赵… Ⅲ.①桥梁结构—试验—高等学校—教材②桥梁结构—检测—高等学校—教材
Ⅳ.①U443

中国版本图书馆 CIP 数据核字(2017)第 163819 号

高等学校交通运输与工程类专业规划教材
高等学校应用型本科规划教材

书　　名：桥梁结构试验与检测技术
著 作 者：李国栋　赵卫平
责任编辑：李　喆
责任校对：宿秀英
责任印制：张　凯
出版发行：人民交通出版社股份有限公司
地　　址：(100011)北京市朝阳区安定门外外馆斜街3号
网　　址：http://www.ccpress.com.cn
销售电话：(010)59757973
总 经 销：人民交通出版社股份有限公司发行部
经　　销：各地新华书店
印　　刷：北京鑫正大印刷有限公司
开　　本：787×1092　1/16
印　　张：13.25
字　　数：326 千
版　　次：2019 年 1 月　第 1 版
印　　次：2019 年 1 月　第 1 次印刷
书　　号：ISBN 978-7-114-14002-0
定　　价：38.00 元

(有印刷、装订质量问题的图书由本公司负责调换)

前言
FOREWORD

本书以《公路工程水泥及水泥混凝土试验规程》(JTG E30)、《公路工程质量检验评定标准 第一册 土建工程》(JTG F80/1)、《公路桥梁技术状况评定标准》(JTG/T H21)为主要依据,介绍了桥梁工程检测内容、方法和分类以及桥梁涵洞常规检测的项目与质量标准。

本书注重培养学生运用理论知识解决实际工程问题的能力,适用于高等院校的土木类、交通类的学生使用,也可为从事桥梁工程的技术人员提供参考。

本书由李国栋、赵卫平主编。具体分工如下:赵卫平编写第1、2章;李国栋编写第3~8章。在此感谢蔚江江、刘潇等同学对书中图表的整理。

由于编者水平有限,教材中难免有不足和欠缺之处,恳请广大读者批评指正。

编者
2017年6月

目录 CONTENTS

第1章 绪论 ·········· 1
1.1 桥梁结构试验检测背景 ·········· 1
1.2 桥梁结构试验检测任务和意义 ·········· 2
1.3 桥梁结构试验检测的主要内容 ·········· 3
1.4 桥梁结构试验检测项目与质量标准 ·········· 5
复习题和思考题 ·········· 7

第2章 试验数据的整理和分析 ·········· 8
2.1 数理统计的基本概念 ·········· 8
2.2 检测数据的误差分析与特异数据处理 ·········· 13
2.3 检测数据的表达方法 ·········· 19
2.4 抽样检验基础知识 ·········· 26
复习题和思考题 ·········· 32

第3章 桥梁工程材料试验检测 ·········· 33
3.1 混凝土与钢筋质量的检测 ·········· 33
3.2 预应力混凝土张拉设计的检测 ·········· 38
3.3 水泥浆的检测 ·········· 43
3.4 桥梁支座检测 ·········· 44
3.5 桥梁橡胶伸缩装置检测 ·········· 51
复习题和思考题 ·········· 54

第4章 桥梁下部结构试验检测 ·········· 55
4.1 桥梁地基检测 ·········· 55
4.2 地基承载力检测 ·········· 56
4.3 桥梁钻(挖)孔灌注桩检测 ·········· 65
复习题和思考题 ·········· 96

第5章 桥梁上部结构施工控制 ·········· 97
5.1 引言 ·········· 97
5.2 桥梁施工控制方法 ·········· 98
5.3 施工控制误差分析 ·········· 100
5.4 施工控制工作内容 ·········· 102

1

  5.5 施工控制实施组织 ·········· 104
  5.6 工程案例 ·········· 105
  复习题和思考题 ·········· 115

第6章 桥梁结构检查 ·········· 116
  6.1 桥梁检查的分类 ·········· 117
  6.2 桥梁检查内容和方法 ·········· 119
  6.3 混凝土无损检测技术 ·········· 123
  6.4 混凝土结构的强度检测 ·········· 127
  6.5 混凝土结构的裂缝检测 ·········· 138
  6.6 混凝土结构中钢筋锈蚀的检测 ·········· 139
  复习题和思考题 ·········· 142

第7章 既有桥梁技术状况评定 ·········· 143
  7.1 桥梁评定方法及等级分类 ·········· 143
  7.2 桥梁技术状况评定计算 ·········· 145
  7.3 特殊情况桥梁技术状况评定计算 ·········· 154
  7.4 5类桥梁技术状况评定计算 ·········· 155
  7.5 构件技术状况评定指标选择 ·········· 155
  复习题和思考题 ·········· 156

第8章 桥梁荷载试验 ·········· 157
  8.1 引言 ·········· 157
  8.2 公路桥梁荷载试验的作用及分类 ·········· 158
  8.3 试验前的准备及方案设计 ·········· 162
  8.4 荷载试验仪器设备的使用要求 ·········· 164
  8.5 静载试验及结构评定 ·········· 168
  8.6 桥梁结构动载试验 ·········· 175
  8.7 工程案例 ·········· 183
  复习题和思考题 ·········· 199

附表1 标准正态分布：$\varphi(Z) = \int_{-\infty}^{X} \frac{1}{\sqrt{2\pi}} e^{-\frac{x^2}{2}} dx$ ·········· 201

附表2 相关系数 γ_0 值 ·········· 203

附表3 t 分布表(单边) ·········· 204

参考文献 ·········· 206

第1章

绪论

【重点内容和学习要求】

本章重点讲述桥梁结构试验检测的任务和意义，桥梁工程质量检测评定方法，桥梁工程检测内容、方法和分类以及桥梁结构常规检测的项目与质量标准。

通过学习，要求学生理解试验检测的意义和试验检测的基本条件；学会对桥梁工程质量进行评定；能够领会桥梁工程检测的内容、方法和分类；理解并能正确运用桥梁结构检测方法与质量控制标准。

1.1 桥梁结构试验检测背景

近20年来，我国的公路建设发展速度很快，取得了令世人刮目相看的成绩，自1988年高速公路实现零的突破以来，我国高速公路建设呈迅猛发展，至2005年年底，高速公路总里程已达到4.5万km，居世界第二位。2017年年末，全国公路总里程477.35万km，公路密度49.72km/hkm^2。公路养护里程467.46万km，占公路总里程97.9%。全国四级及以上等级公路里程433.86万km，二级及以上等级公路里程62.22万km，占公路总里程13.0%，高速公路里程13.65万km，高速公路车道里程60.44万km，国家高速公路10.23万km。2017年年末，国道35.84万km，省道33.38万km。农村公路里程400.93万km，其中县道55.07万km，乡道 115.77 万 km,村道 230.08 万 km。2017 年末,全国公路桥梁 83.25 万座、5225.62 万 m,其中特大桥梁 4646 座、826.72 万 m,大桥 91777 座、2424.37 万 m。全国公路隧道 16229 处、1528.51 万 m,其中特长隧道 902 处、401.32 万 m,长隧道 3841 处、659.93 万 m。据交通运输部数据,目前世界排名前 10 位的跨海长桥中,中国占据 6 座,分别是港珠澳大桥、杭州湾大桥、东海大桥、青岛海湾大桥、舟山大陆连岛工程、嘉绍大桥。世界排名前 10 位的斜拉桥,中国占据 7 座;世界排名前 10 位的悬索桥中,中国占据 6 座。

工程试验检测工作是桥梁施工技术管理中的一个重要组成部分,同时,也是桥梁工程质量控制和竣工验收评定工作中一个不可缺少的主要环节。通过试验检测,能够充分地利用当地原材料,有利于迅速推广应用新材料、新技术和新工艺;能用定量的方法科学地评定各种材料和构件的质量;能合理地控制并科学地评定工程质量。因此,桥梁工程试验检测工作对提高工程质量、加快工程进度、降低工程造价、推动桥梁工程技术进步,将起到极为重要的作用。桥梁工程试验检测技术是一门正在发展的新兴学科,它融试验检测基本理论、测试操作技能及公路工程相关学科基础知识于一体,是工程设计参数选择、施工质量控制、施工验收评定、养护管理决策的主要依据。

1.2 桥梁结构试验检测任务和意义

对于各类常规桥涵,施工前先要检测鉴定进场的原材料、成品和半成品构件是否符合国家质量标准和设计文件的要求,对其做出接收或拒收决定。从桥位放样到每一工序和结构部位的完成,均须通过桥梁检测判定其是否符合质量标准要求,经检验符合质量标准后方可进行下一工序施工,否则,就需采取补救措施或返工。桥涵施工完成后需全面检测,并进行质量等级评定,必要时还需进行荷载试验,以对结构整体受力性能是否达到设计文件和标准规范的要求做出评价。

对于新桥型结构、新材料、新工艺,必须通过试验检测鉴定其是否符合国家标准和设计文件的要求,同时为完善设计理论和施工工艺积累实践资料。

总体而言,公路桥梁试验检测包括以下三个方面内容:

1)桥梁施工前的试验检测

桥梁施工前的试验检测包括原材料试验检测和基础试验检测。原材料试验检测的目的是在成桥之前了解桥梁原材料的品质、质量与规格,以保证桥梁工程的坚固、耐久、适用、美观和经济性。基础试验检测的目的是掌握基础的承载力等力学性能,以保证桥梁基础的安全性与变位等满足设计要求。

(1)原材料试验检测

桥梁原材料试验检测工作在桥梁工程建设中占有重要的地位。采用先进的技术手段、精密的仪器设备、规范的试验检测程序、科学的数据统计方法,可以获取工程所用原材料的物理、力学性能指标数据,用于评定其性能品质、使用品质和施工质量;可以合理地选择原材料,优化原材料的组合,提高工程质量,降低工程成本,节约工程造价;可以确定新材料的使用品质并不断促进其提高,为发展新技术做出贡献;可以不断地改进施工工艺,优化施工流程,保证施工质量;可以确定工程内在和外观质量,验证施工与设计的一致性,发现工程质量隐患,为工程质量的评定提供依据。总之,桥梁原材料试验检测工作在交通工程建设过程中占有重要的地位,对保证工程的质量具有重要意义。

(2)桥梁基础试验检测

桥梁基础试验检测工作是基础工程施工技术管理中的一个重要组成部分,同时也是基础工程施工质量控制和竣工验收评定工作中不可缺少的一个主要环节。其必要性和重要性主要体现在以下几个方面:

①通过桥梁基础试验检测,能充分利用当地出产的材料,便于就地取材,可降低工程造价。

②通过桥梁基础试验检测,有利于新技术、新工艺、新材料的成果转化,对推动施工技术进步、提高工程质量和经济效应等将起到积极的作用。

③通过必要的桥梁基础试验检测,可以科学地评价各种原材料及其成品、半成品材料的质量好坏,对于合理地应用材料、提高工程质量是非常重要的。

④通过试验检测,能合理地控制并科学地评价桥梁基础施工质量。一项工程质量的好坏,包括施工过程中的质量控制和竣工验收后的评价验收,试验检测无疑是一种科学有效的方法和手段。

总之,桥梁基础试验检测对于提高基础工程质量、加快工程进度、降低工程造价、推动基础工程施工技术进步,将起到极为重要的作用。

2)桥梁施工期试验检测

施工检测是施工监控的一部分,主要是采集施工期间的动态数据,以便采取适当的措施保证桥梁工程成桥时处于理想的状态。

桥梁施工监控的内容主要包括成桥理想状态确定、施工理想状态确定及施工适时控制三部分内容。成桥理想状态是指在恒载作用下,结构达到设计线形和理想受力状态;施工理想状态是以成桥理想状态为初始条件,按实际施工相逆的步骤,逐步拆去每一个施工项对结构的影响,从而确定结构在施工各阶段的状态参数(轴线高程和应力),一般由倒退分析法确定;施工适时控制是在施工时,根据施工理想状态,按一定的准则调整,通过对影响结构变形和内力主要设计参数的识别进行修正,使结构性能和内力达到目标状态。

3)桥梁运营期技术状况检查(桥梁检查)

通过桥梁检查可系统掌握桥梁的技术状况,及时发现桥梁结构产生的异常或损坏。

桥梁检查包括经常检查、定期检查、特殊检查。经常检查是对桥面设施和附属构造物的日常巡查,及时发现缺损并进行小修保养工作;定期检查是按规定周期对桥梁主体进行全面检查;特殊检查是当桥梁遭受洪水、地震等自然灾害后的检查或对桥梁的专门检测。桥梁检查是桥梁养护的主要依据,可以检验桥梁结构的质量,确定工程可靠度。

1.3 桥梁结构试验检测的主要内容

桥梁结构试验检测就是对桥梁结构及部件的材料质量和工作性能方面所存在的缺损状况进行详细检测、试验、判断和评价的过程,是对桥梁的专门检验,属于短期桥梁诊断的范畴。包含的项目内容大致上可分为如下两个方面:一是结构材料缺损状况诊断,包括材料损坏程度检测,材料物理、化学和力学性能测试及缺损原因的分析判断等;二是结构整体性能、功能状况鉴定,包括结构承载能力(强度、刚度和稳定性等)鉴定,桥梁抗洪能力的鉴定等根据实际情况对桥梁进行评估,通过对全桥结构进行检查、检测,了解桥梁的结构病害情况,评价桥梁结构当前的实际工作状况,通过桥梁的静载和动载试验检测,检验该桥梁结构当前的实际承载能力及其结构工作性能。

桥梁工程试验检测的内容随桥梁所处位置、结构形式和所用材料不同而异,应根据所建桥梁的具体情况并按有关标准规范选定试验检测项目,一般常规桥梁试验检测的主要内容包括:

1)施工准备阶段的试验检测项目
(1)桥位放样测量。
(2)钢材原材料试验。
(3)钢结构连接性能试验。
(4)预应力锚具、夹具和连接器试验。
(5)水泥性能试验。
(6)混凝土粗细集料试验。
(7)混凝土配合比试验。
(8)砌体材料性能试验。
(9)台后压实标准试验。
(10)其他成品、半成品试验检测。

2)施工过程中的试验检测
(1)地基承载力试验检测。
(2)基础位置、尺寸和高程检测。
(3)钢筋位置尺寸和高程检测。
(4)钢筋加工检测。
(5)混凝土强度抽样试验。
(6)砂浆强度抽样试验。
(7)桩基检测。
(8)墩、台位置、尺寸和高程检测。
(9)上部结构(构件)位置、尺寸检测。
(10)预制构件张拉、运输和安装强度控制试验。
(11)预应力张拉控制检测。
(12)桥梁上部结构高程、变形、内力(应力)监测。
(13)支架内力、变形和稳定性监测。
(14)钢结构连接加工检测。
(15)钢构件防护涂装检测。

3)施工完成后的试验检测
(1)桥梁总体检测。
(2)桥梁荷载试验。
(3)桥梁使用性能监测。

根据综合分析的结果,得出最后的技术结论,对试验结构做出科学的评价,同时根据存在的问题,提出改进设计或者加强维修养护方面的建议。

1.4 桥梁结构试验检测项目与质量标准

完善的桥梁工程检测,一方面要有必要的手段和优良的仪器设备,另一方面还要有明确的技术指标。即考虑一个工程从开始到结束需要进行哪几方面的检测,也就是说要检测哪些项目,而每一个检测项目的指标数值是多少为合格,应用什么样的检测方法,检测过程如何进行。只有有了这些明确的指标和要求,才能够进行检测并做出结论。指标要求通常分为方法标准和判断标准。这些技术指标在公路工程检测和验收的有关标准、规范和规程中给出,是试验检测工作的主要依据。

在桥梁的发展中,桥梁检测技术也起到了非常重要的作用。桥梁的检测工作除了对原料、混凝土混合料进行常规试验及对桥梁涵洞结构物进行外观尺寸的检测外,还要对新桥进行结构设计理论和结构受力状态的检验,对旧桥进行承载能力的检测。从而确定桥梁的承载能力及其运用条件,分析旧桥病害产生的原因及补救的措施,鉴定桥梁竣工质量及检验设计预期效果。特别是结构混凝土无损检测技术的广泛应用,对于桥梁桩基础的施工质量、混凝土受火灾、冰冻、地震及化学侵蚀作用后结构的损坏程度的鉴定起了巨大的作用,有效地保证了桥梁结构的安全使用。对于桥梁涵洞检测项目及标准,可参考《公路工程水泥及水泥混凝土试验规程》(JTG E30—2005)、《公路工程质量检验评定标准》(JTG F80/1—2017)、《公路桥梁技术状况评定标准》(JTGT H21—2011)等有关规范进行。下面列出目前桥梁的常规检测项目及标准。

(1)混凝土原料检测项目,如表1-1所示。

混凝土原材料检测项目 表1-1

检测项目	检测的目的		检测的仪器与方法
粗细集料	筛分	分析颗粒组成	标准筛
	压碎值	检验石料抗压碎能力	压碎值仪
	磨耗率	检验石料耐磨性	石料磨耗机
	含泥量	检验含泥量	水洗法
	抗压强度	石料抗压强度	压力机
	耐久性试验	石料的抗冻性	冻融循环试验
水泥	胶砂强度	确定水泥强度等级	试模、压力机
	细度	检验水泥质量	标准筛
	标准稠度	确定用水量	维卡仪测定
	凝结时间	检验凝结时间	同上
	安定性	检测水泥硬化体积变化	雷氏法或试饼法
钢筋	抗拉强度	检测钢筋质量	拉力机
	焊接强度	检测焊接情况	拉力机

(2)混凝土混合料的常规检测项目,如表1-2所示。

混凝土混合料的常规检测项目　　　　　　　　　　　　　表1-2

检测项目	检测的目的	检测仪器与方法
坍落度	检测混凝土的工作性	坍落度仪
维勃稠度	测定工作性	稠度仪(维勃仪)
抗压强度	确定混凝土强度等级	试模、压力机

(3)桥梁结构检测项目,如表1-3所示。

桥梁结构检测项目　　　　　　　　　　　　　表1-3

	检测项目	检测的目的	测试方法与仪器
强度确定	立方体试件	检测混凝土强度	立方体试模及压力机
	回弹法测强	测定早期强度	回弹仪
	超声法测强	测定混凝土强度	超声测定仪
	射钉法测强	测定混凝土强度	射钉仪
内部缺陷	裂缝	检验混凝土质量	超声法或表面波法
	空洞	检测混凝土内部质量	超声波或雷达波法
	桩基缩颈式断裂	检验桩基质量	超声法或应力波法
钢筋	表面剥离	检测质量	红外线法
	钢筋锈蚀	检测锈蚀程度	电极电位法
	钢筋位置	检测钢筋位置	电磁法
	保护层厚度	检测保护层厚度	保护层厚度测定仪
承载试验	桩基承载试验	检验承载能力	—
	桥梁结构静载试验	同上	
	桥梁结构动载试验	同上	
	桥面平整度	检测桥面平整度	路面平整度仪

(4)桥梁结构外观尺寸检测项目及要求,如表1-4所示。

桥梁结构外观尺寸检测项目及要求　　　　　　　　　　　　　表1-4

	检测项目	规定值或允许偏差	检测方法
钻孔桩	混凝土强度(MPa)	在合格标准之内	打试件,测强度
	轴线偏位(纵横方向,mm)	100 或 50	用经纬仪检查
	倾斜度(直桩,mm)	<1/100 且≤500	查灌注前检查记录
	桩长(mm)	不短于设计规定	查灌注前检查记录
	钢筋骨架底面高程	±50	查灌注前检查记录
基础	断面尺寸(mm)	±50E	尺量:长度、宽度各测3次
	底面高程(mm)	±50	用水准仪测四个角高程
	顶面高程(mm)	±30	同上
	轴线偏移(mm)	≤25	全站仪:纵、横向各测2点
	混凝土强度(MPa)	在合格标准之内	打试件,测强度

续上表

检测项目		规定值或允许偏差	检测方法
墩台	断面尺寸(mm)	±20	用尺长宽各量2次
	垂直或斜坡	0.2%H	用垂线检查2次
	顶面高程(mm)	±10	用水准仪测3处
	轴线偏移(mm)	10	用经纬仪检测
	受力钢筋间距(mm) 上部	±10	每构件抽测2个断面,
	受力钢筋间距(mm) 下部	±20	检测每个断面中钢筋的间距
钢筋安装	钢筋间距(mm)	±20	每构件抽测5个间距
	保护层厚度(mm) 梁板柱	±5	尺量:每构件各立模板面每3m²
	保护层厚度(mm) 基础墩台	±10	检查1处,且每侧面不少于5处
	主筋长度(mm)	+5,−10	按主筋数量30%抽测
	强度或压实度	在合格标准之内	按规定方法进行
	平整度(mm)	3~7	3m 直尺检查
	纵断高程(mm)	+10	每100m用水准仪测5点
	横坡度	±0.25%	每100m 检测3个断面
	宽度(mm)	±10	每100m 尺量3处

【复习题和思考题】

1. 桥梁结构试验检测的意义和目的是什么?
2. 桥梁结构试验检测的任务是什么?
3. 桥梁结构试验检测的主要内容是什么?
4. 原材料包括哪些材料,各种材料检验项目有哪些?
5. 桥梁工程成桥后需检测哪些项目?

第 2 章
试验数据的整理和分析

【重点内容和学习要求】

本章重点讲述数理统计的基本概念、试验数据的修约及特异数据的处理、检测数据的表达方式及抽样检验的基础知识。

通过学习,要求学生正确理解数据统计中的总体、个体、样本、统计特征量的概念;学会对试验数据进行修约;运用拉依达法、肖维纳特法和格拉布斯法对特异数据进行取舍;正确理解正态分布与试验数据的相关性;学会对产品进行抽样。

2.1 数理统计的基本概念

工程质量的评价是以试验检测数据为依据的。试验检测采集得到的原始数据类多量大,有时杂乱无章,甚至还有错误,因此,必须对原始数据进行分析处理才能得到可靠的试验检测结果。本章以数理统计和概率论为基础,介绍试验检测数据的处理方法。

数据统计是研究大量现象发生规律性的一门数学科学,根据多次试验和观察的资料,对整体进行统计分析和推断,以揭示整体的规律性。数理统计方法,就是运用统计规律,收集、整理、分析和利用数据,作为判断、决策和解决质量问题的依据,所以说,数理统计方法是进行质量管理的工具。人们需要通过科学的方法去采集反映产品直接的各种试验数据,但是,所采集到的数据并非一目了然。例如,在桥梁结构中进行混凝土回弹强度测定,所测得的强度值往往离散性较大,这就需要我们从大量的数据中去粗取精,去伪存真,对数据进行科学的整理和分析,尽可能得到完全正确的结果或结论。按照某种数据统计方法对数据进行处理和分析,然后才能反映出所研究对象的真实情况。下面将介绍一些数据统计中常用的基本概念。

2.1.1 总体、个体和样本

前面谈过,在收集数据时,不可能将某一研究对象的所有数据都搜集起来,而只能按照要求的频率来检测并收集部分数据。那么这部分数据能否反映整体情况,需根据数理统计方法,了解研究对象的总体、个体和样本以及它们之间的联系确定。

总体是指研究对象的全体。个体是指所研究对象全体的一个单位。例如以一片混凝土主梁的强度为总体,这片主梁中的每一个测点的强度则为个体。总体的性质是由构成它的每一个个体的性质决定的,所以,要了解总体的性质,就必须了解每一个个体的性质。但是,由于在许多情况下总体数目太大,做每一个个体性质试验可能要破坏原状,或者所需要的人工、时间和资金等受到限制,要了解总体中每一个个体的性质是困难的,因此,通常是以抽取总体中的一部分个体进行研究,通过这部分个体性质的研究结果来推测判断总体的性质。

从总体中抽取的部分个体的全体叫作样本,组成样本的每一个个体叫作样品或试样,抽取样本的过程称为取样。样本中所含样品的数目叫作样本的大小或样本容量,常用 n 表示。

2.1.2 频数、频率和概率

把所观测的数据按取值范围分为若干组,数据落入某组内的个数称为频数,用符号 f_x 表示。频率是指频数除以总个数(即总频数),用符号 F_x 表示。若以 n 表示数据总个数,则有 $F_x = f_x/n$。

频数和频率在统计中的应用,一般是做成直方图来表示它们的分布状态。频数即在有限试验(n)中发生某种结果的次数 m 所占的比例。频数的统计具有稳定性。试验表明,从不同产品总数中随机抽取不合格产品数目的频数随抽取产品总数的增加明显地趋于一个稳定值。如某人试验投掷硬币,投掷次数越多,其正面出现的次数将稳定在 0.5 左右。只有当 n 充分大时,频数才呈现稳定性。因此,我们可以引出概率的定义:在相同条件下进行大量试验,随着试验次数无限增大,事件 A 发生的频率逐渐稳定于某个数值 P,则称 P 为事件 A 的概率。

2.1.3 数据统计特征值及计算值

通过试验检测获取的质量数据千变万化、各不相同,但并非杂乱无章,它总是存在一定的规律,即变化是在一定的范围或局限内,其中多数向某一数据集中,同时又分散在这个数据值的两边。因此,质量数据既分散又集中,既有差异性又有规律性。通过数理统计方法可以求得这些数据的统计特征值,并以此可判断出这些数据的基本性质。检测数据的统计特征值可分为位置特征值和离散特征值两类。

1)位置特征值

位置特征值是分析计量数据的基本指标,它反映了计量数据的基本指标和统计数据的规律性,也表达了数据的集中位置或总体水平,具有相当的代表性和典型性。常见的位置特征值包括:

(1)算数平均值

算数平均值是表示一组集中位置最有用的统计特征值,经常采用样本的算数平均值来代表总体的平均水平。设 x_1、x_2、x_3、$\cdots$、x_n 代表样本数据,n 表示样本容量,则算数平均值为:

$$\bar{x} = \frac{x_1 + x_2 + x_3 + \cdots + x_n}{n} = \frac{\sum_{i=1}^{n} x_i}{n} \quad (2-1)$$

(2)加权平均值

对同一物理量用不同的方法测定,或对同一物理量由不同的人去测定,测定的数据可能会受到某种因素的影响,这种影响的权重必须给予考虑。计算平均值时常对比较可靠的数值予以加权平均。例如,x_1、x_2、x_3、$\cdots$、x_n 为各种观测值,W_1、W_2、$\cdots$、W_n 代表各种观测值的对应权重,其加权平均值为:

$$W = \frac{W_1 x_1 + W_2 x_2 + \cdots + W_n x_n}{W_1 + W_2 + W_3} \quad (2-2)$$

各观测值的权重,在很多情况下是可用来确定的。权重越大,则说明对应的测定值越可信,反之则说明越不可信。

(3)中位数

将一组数据按其大小排序,排在正中间的一个数表示总体的平均水平,称之为中位数,或中值。当该组数据为奇数时,正中间的数只有一个;为偶数时,正中间的数有两个,取这两个数的平均值为中位数。

(4)众数

众数是在频数分部表示中使频数达到最大的变量值,即在分组数据中出现占有数据最多的那一组数据。它可以大致反映整批数据的基本位置或水平。

2)离散特征值

离散特征值是表示数据离散性质或波动程度的值,反映统计数据的差异性。常用的离散特征值包括:

(1)极差

极差是一组数据中最大值与最小值之差,用 R 表示:

$$R = x_{\max} - x_{\min} \quad (2-3)$$

从极差求法可知,它有不少中间数据没有被充分利用,因此,只适用于 $n < 10$ 的情况。

(2)标准偏差

标准差也称为标准离差、均方差,它是衡量统计数据波动性(离散程度)的指标,它充分利用了所有数据提供的信息。在质量检验中,总体的标准偏差一般不易求得,因此常用样本的标准偏差,样本的标准偏差 S 的计算公式为:

$$S = \sqrt{\frac{1}{n-1} \sum_{i=1}^{n} (x_i - \bar{x})^2} \quad (2-4)$$

标准差所表示的是每个统计数据以其平均值为基准的偏差大小,S 越小,表示统计数据越均匀。

(3)变异系数

标准偏差是反映样本数据的绝对波动情况。当测量较大的量值时,绝对误差一般较大;当测量较小的量值时,绝对误差一般较小。因此,用相对波动的大小更能精确地反映统计数据的波动性。变异系数即反映相对离散的指标,是用标准偏差与平均值之比的百分率所表示的一个系数。变异系数表征标准偏差相对波动的大小,其计算公式为:

$$C_v = \frac{\sigma}{\bar{x}} \times 100\% \tag{2-5}$$

【例 2-1】 已知第一批混凝土的平均强度值为 55.2MPa,标准偏差为 4.13MPa;第二批混凝土的平均强度值为 60.8MPa,标准偏差为 4.27MPa。求两批的变异系数。(计算略)

解:从标准差看,$S_甲 < S_乙$,但从变异系数分析,$C_{v甲} < C_{v乙}$,说明第一批混凝土相对波动比乙的大,检验精度差。

2.1.4 统计数据的分布特征

试验检验数据属于随机变量,而随机变量具有一定的规律性或分布形式,这种分布形式一般用概率分布来反映。概率分布的形式很多,在公路工程质量检测评价中,常用正态分布和 t 分布。

1) 正态分布

在连续数据场合下,试验数据最常见的分布形式是钟形曲线,其样本的测量值聚集在平均值附近。钟形曲线的一种特殊形式叫作正态分布(图 2-1)。正态分布的数学表达式为:

$$f(x) = \frac{1}{\sigma \sqrt{2\pi}} e^{-\frac{(x-\mu)^2}{2\sigma^2}} \tag{2-6}$$

式中:$f(x)$——密度函数;
π——圆周率(3.14159);
e——自然对数的底(2.71828);
μ——总体平均值;
σ——总体标准偏差。

正态分布曲线的特征如下:

(1) 曲线以平均值为轴,左右两侧对称,即大于平均值与小于平均值的概率相等。

(2) 曲线的最高点 $x = \mu$ 处,其值 $1/\sqrt{2\pi}\sigma$,它只取决于标准偏差 σ。标准偏差越大,观测值落在 μ 附近的概率越小,意味着测定精度越差,观测值越分散。标准偏差越小,观测值越集中。标准偏差的大小变化反映曲线的宽窄程度。曲线越窄,标准偏差越小,详见图 2-2。

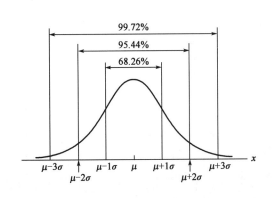

图 2-1 正态分布曲线

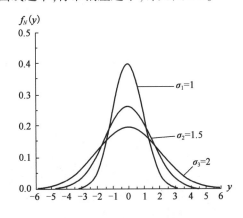

图 2-2 正态分布曲线图

(3)在 σ 值不变的情况下,曲线形状不变,但曲线的位置随着 μ 值变化而左右移动。$\mu = 0$ 时,曲线对称于 Y 轴。

(4)曲线与横坐标所围成的面积的等于 1 或 100%。其中:$x = \mu \pm \sigma$ 所围成的面积为 68.26%,即概率约为 0.683;$x = \mu \pm 2\sigma$ 所围成的面积为 95.45%,即概率约为 0.954;$x = \mu \pm 3\sigma$ 所围成的面积为 99.73%,即概率约为 0.997。

在具体情况下,其 μ、σ 参数往往各不相同,为了便于利用统计进行计算,需要将具体的正态分布化为标准的正态分布,这就要定义一个随机变量,使:

$$Z = \frac{x - \mu}{\sigma} \tag{2-7}$$

这样,当 x 等于平均值 μ 时,$Z = 0$,$\sigma = 1$,它的分布就称为标准正态分布,$Z \sim N(0,1)$。Z 的取值范围和 x 一样,为 $-\infty \sim +\infty$。Z 的概率密度函数和分布函数分别为:

$$\varphi(e) = \int_{-\infty}^{x} \frac{1}{\sqrt{2\pi}} e^{-\frac{z^2}{2}} dx \tag{2-8}$$

$$\psi(Z) = \int_{-\infty}^{x} f(t) dt \tag{2-9}$$

$\varphi(e)$ 和 $\psi(Z)$ 已编制表格,参见附表 1。标准正态分布的左起竖向第一行为 Z 值的前两位数,横向第一栏为 Z 值的后一位数,表中数值为小于某一 Z 值的前两位数,横向第一栏为 Z 值的后一位数,表中数值为小于某一 Z 值的曲线下面的面积。例如,第一行中的数字为 1.3,第三行数字为 0.05,此时 Z 值为 1.35,与 1.35 和 0.05 相应的表中值为 0.9115,即表示小于 $Z = 1.35$ 的曲线下面的面积为 0.9115。

附表 1 的列均为变量大于或等于 0 时的概率值。当变量为负值时,可利用分布曲线的对称性求得相应的概率值,如 $P(-2) = 1 - P(2)$。

【例 2-2】 已知一正态分布,其平均值 $\mu = 50$,标准偏差 $\sigma = 10$,求 x 取介于 45 到 62 之间的一个值的概率。

解:相应于 $x_1 = 45$ 和 $x_2 = 62$ 的 Z 值为:

$$Z_1 = \frac{x_1 - \mu}{\sigma} = \frac{45 - 50}{10} = -0.5$$

$$Z_2 = \frac{x_2 - \mu}{\sigma} = \frac{62 - 50}{10} = 1.2$$

故有 $P(45 < x < 62) = P(-0.5 < Z < 1.2)$

利用附表 1 可查得 $P(Z < 1.2) = 0.8849$,$P(Z < -0.5) = 0.3085$

$P(-0.5 < Z < 1.2) = P(Z < 1.2) - P(Z < -0.5) = 0.8849 - (1 - 0.6915) = 0.5764$

2)t 分布

正态分布适用于样本较大的统计数据,但在较小样本统计数据中,由于总体标准差 σ 未知,若用标准差估计值 S 代替,则统计值 $t = (x_i - \mu)/(s/\sqrt{n})$,它不再为正态分布。也就是说,小样本统计数据无法运用正态分布的理论来直接处理,需要用类似正态分布的 t 分布。t 分布有如下特征:

(1)t 分布曲线是一种以 0 为中心、两侧对称的类似于正态分布曲线形式的曲线。

(2) $t=0$ 时所对应的纵坐标为分布曲线的峰值。

(3) t 分布为单峰曲线,其离散程度较正态分布曲线大(即不如正态曲线密集)。

(4) t 分布不是一条曲线,而是随着自由度 $f(f=n-1)$ 而变化的一簇曲线(图 2-3),即随着样本容量的变化,分布曲线的峰度也随之变化。当 n 较小时,即 $f<0$ 时,曲线低平,t 分布曲线与正态分布曲线相差较大;当 $n\rightarrow 0$,t 分布曲线缓慢趋向横坐标;当 $f>30$ 时,t 分布曲线和正态分布曲线很近似;当 $f>100$ 时可用正态分布曲线代替 t 分布;当 $n\rightarrow\infty$ 时,分布曲线与正态分布曲线是严格一致的,这时 $t=\mu$。t 分布广泛应用处理和 t 分布有关的小样本统计。

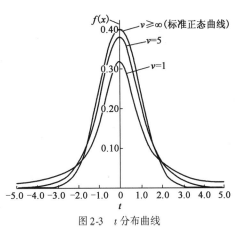

图 2-3 t 分布曲线

2.2 检测数据的误差分析与特异数据处理

2.2.1 检测数据的来源和数据的修约规则

1) 检测数据的来源

工程质量控制和评价是以数据为依据的。质量控制中常说"一切用数据说话",就是要用数据来反映工序质量状况及判断质量效果。检测数据来源于施工过程中的各种检验,即材料检验、工序检验、竣工验收检验等。通过对这些数据的收集、处理和分析,才能达到对施工过程的了解、掌握和控制。检测数据就其本身特性来说,可分为计量值数据和计数值数据。其中,计量值数据是可以连续取值的数据,如长度、厚度、直径、强度等质量特征,一般都可用检测工具和仪器进行测量或试验的,可表示大小和单位,一般都带有小数;计数值数据的特点是不连续,如不合格品数、缺陷的点数等,一般没有单位,只有大小且只能用整数或百分数表示。一般来说,以判定方法得出的数据和以感觉性检验方法得出的数据大多属于计算数据。

2) 检测数据的修约规则

数据获得后,还涉及数据的定位问题,也就是出现了对规定精确程度范围之外的数字如何取舍的问题。在统计中一般常用的数值修约规则如下:

(1) 拟舍去的数字中,其最左面的第一位数字小于 5 时,则舍去,留下的数字不变。例如,将 18.2432 修约到只保留一位小数时,最左面的是 4,则应舍去,结果为 18.2。

(2) 拟舍去的数字中,其最左面的数字大于 5,则进 1,所留下的末位数字加 1,如 26.55 变为 26.6。

(3) 拟舍去的数字中,其最左面的数字等于 5 时,而后面的数字并非全部为 0 时,则进 1。即所留下的末位数字加 1,如 13.0521 为 13.1。

(4) 拟舍去的数字中,其最左边的第一位数为 5 时,而后面无数字或全部为 0 时,所保留的数字末位数为奇数,则进 1,如为偶数则舍去。如将 15.05、15.15、15.25、15.45 几个数字只保留一位小数,则可分别修约为 15.0、15.2、15.2、15.4。通常说奇进,偶不进。

(5)拟舍去的数字并非单独的一个数字时,不得对该数值进行连续的修约,应按拟舍去的数字中最左面的第一位数字的大小,照上述各条一次修约完成。例如将 15.4546 修约成整数时,不应按 15.4546→15.455→15.46→15.5→16 进行,而应按 15.4546→15 进行修约。

为了便于记忆,将上述规则总结成以下口诀:四舍六入五考虑,五后非零则进一,五后为零看奇偶,奇升偶舍要注意,修约一次要到位。

2.2.2 检测数据的误差分析

1)误差的产生与分类

在试验中,由于试验方法、测试工具、周围环境(如温度、湿度)、测试人员的熟练程度以及感官条件等因素的影响,使被测量的测定值与其客观存在的真值之间总会有一定的差异存在,这种由多因素影响造成的测定值与其真值不一致的矛盾,在数值上的表现即误差,等于测定值减去真值。真值是一个纯理性的概念,是一个理想值,也是一个未知的量值。误差可以分为绝对误差和相对误差。绝对误差是测量值 M 与被测量真值 μ 之差,$M - \mu = \pm \xi (i = 1, 2, \cdots, N)$,绝对误差能反映出误差的大小和符号,但不能客观地反映测量工作的精细程度;相对误差是绝对误差与被测量真值之比。相对误差不但与绝对误差的大小有关,而且还与被测量值的大小有关,它说明了误差的比重和程度,因而更确切更客观地反映了测量工作的精细程度。

2)误差的来源

检测所得的数据总含有误差,这些误差来自于各种因素的影响。了解误差的来源后如何消除误差的影响有很大帮助。

(1)试验装置误差

标准器误差:标准器是提供标准量的器具,诸如:标准块、标准电阻、标准砝码等,它们体现出的量值都有一定的误差。

仪器误差:用来直接或间接地将被测量与标准单位量进行比较的设备称为仪表。尽管它们已被设计得相当完善,然而显示出的结果都含有一定的误差。

附件误差:为正确测定创造必要条件或使测定能方便进行而必备的各种辅助性零件或设备,称为附件,如电源、热源、安装支架等,它们也都具有一定的误差。

(2)环境误差

当实际环境条件与规定状态不一致时所引起的误差,称作环境误差。例如,温度、湿度、阳光、含尘量、照明、电磁场等条件与要求条件不符时,就产生新的附加误差。

(3)人员误差

指测试人员受生理条件限制所引起的误差。例如:由于每个人视觉分辨率、敏感力、反应速度不同或个人的习惯与偏向不同,测量中会引起误差。

(4)方法误差

由于所采用的方法不同,或者测试程序不同而产生的误差,称作方法误差。

3)误差的分类

误差根据其性质、特点和产生的原因,可分为三类:

(1)系统误差

在同一条件下,反复测定某一量值时,误差的大小和符号保持不变,或按规律变化的误差,称作系统误差。这是一种由于有某些固定不变的因素所引起的误差,它的出现具有一定的规律性。既然系统误差对测定值的影响有固定的偏向和一定的规律性,因此可根据误差产生的具体原因采取适当措施予以消除或校正,例如对仪器的校准,对环境进行控制,对结果进行修正等。

（2）随机误差

在同一测定条件下,对同一量值反复测定多次后,测定的结果仍不一致,存在微小差异,具体表现为:时大时小或时正时负,没有固定大小和偏向,毫无规律性可言,但从全部数据来看却又服从统计规律,像这类误差就称作随机误差（或偶然误差）。随机误差产生的原因一般是不知道的,因而也就无法消除它的影响。

随机误差的性质与系统误差相反,从表面上看毫无规律性,它的出现纯属偶然。但它的产生是有原因的,只不过产生的原因太多,各种因素的影响也太复杂,以至于目前还不能完全了解和掌握它。从总体来看,随机误差服从统计规律,因而可用数理统计方法估算出它对测定结果的影响并做出合理的解释。随机误差的统计规律性,主要归纳为对称性、有界性和单峰性。其中,对称性是指绝对值相等而符号相反的误差,出现的次数大致相等,也就是测得值是以它们的算术平均值为中心而对称分布的。由于所有误差的代数和趋近于零,故随机误差又具有抵偿性,这个统计性特征是最为本质的；换言之,凡具有抵偿性的误差,原则上均可按随机误差处理。有界性是指测得值误差的绝对值不会超过一定的界限,也就是不会出现绝对值很大的误差。单峰值是指绝对值小的误差比绝对值大的误差数目多,也就是测得值是以它们的算术平均值为中心而相对几何分布的。

研究随机误差对测定结果的影响并将它的影响减弱到最低限度,使测定结果更加精密,这是误差理论研究的重心,也是数据处理的任务之一。

（3）过失误差

这种误差的产生是由于测试人员的失误所引起的,如试验中粗心大意、精神不集中、操作方式不正确、计算错误等。只要认真操作,过失误差是可以避免的。

尽管误差的产生是由于测试人员的失误所引起的,但是随着科学技术的提高,人们的经验、技巧和专门知识的不断丰富,在测试过程中误差可被控制得越来越小。也就是说,对于某种原因引起的误差,可经过周密考虑与必要的准备,在测试过程中加以消除或减少,对于另一些因素引起的误差也可设法估计出它们的大小,然后通过测量结果给予修正。对于不能确切估计出大小的误差,也要设法知道它可能的最大值,据以确定测量结果的可靠程度。进行误差分析的目的在于解决以下两方面的问题:一是已知个别测定值的误差,统计最终试验结果的误差;二是根据试验目的和要求,确定个别测量时所需要的精度,即采取什么样的仪器才能达到测试要求。

2.2.3 测定值的精密度、准确度与精确度

精密度、准确度与精确度都是用来描述误差的,但它们的概念不同,各有所指,不能混淆。其中,精密度表示测量结果中随机误差大小的程度。换一句话说,是指在一定测量条件下,对某量值进行多次重复测量时,各次测量结果相符合的程度。如各次的测量结果差异很小,说明随机误差小,精密度高。准确度表示测量结果中系统误差大小的程度,也就是指观测值与真值的相等程度,两者越相符,准确度就越高。精确度是测量结果中随机误差与系统误差的综合结

果,反映测量结果既精确又准确的程度。在一组观测数据中,尽管精密度很高,但准确度不一定很好;反之,若准确度好,则精密度不一定高,但精确度高时则要求精密度和准确度都高。精密度、准确度与精确度的区别,可用下述打靶的例子来说明,见图2-4。

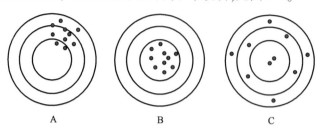

图2-4 精密度、准确度与精确度的示意图

图2-4中表示三个射击者的射击成绩,他们射击的目标都是靶心,但结果却不相同。由此可见,A的射击精密度很高,弹着点很集中,可是准确度不够好。C的射击成绩最差,精密度不高,准确度也很差。B的成绩最好,精密度和准确度都很高,也就说明精确度很高。A的精确度高、重复性好,表明随机误差小,但存在某些系统误差未被发觉,或者是由于枪械的准心没有校正(属于仪器未经校准的原因)或者是对风速估计不准(属环境影响),也可能是瞄准或姿势不正确(属于个人习惯和偏向)。由此可知,准确度是与系统误差联系在一起的,而精密度则与随机误差联系在一起的。任何试验检测的最终结果应是系统误差和随机误差联合作用下的综合效应。在实际测量中,精密度高是保证结果精确度高的先决条件。在科学的试验检测中,人们总是希望得到一个精确度高的测量结果。

2.2.4 特异数据的取舍原则和方法

前面已谈到工程质量常会发生波动的情况,由于质量的波动,自然会引起质量监测数据的参差不齐,有时还会发现一些明显过大或过小的数据,我们称这些数据为特异数据或可疑数据。特异数据出现的原因有多种,可能是试验条件的变化,也可能是检测对象质量分布不均匀,或者是由于测试操作者缺乏经验等。如果有特异数据混入整个监测数据之中,将可能导致对检测结果分析判断出完全不同的结论,即可能会歪曲测定结果。因此,在进行数据分析之前,一般应对这些数据做如下判断和处理。

(1)首先检查是否有过失误差存在,即在测定过程中是否有读错、记错或写错的情况。如有,则在数据处理前就预先排除掉。

(2)如果条件允许,可在误差较大处增加测定次数,借以发现产生较大误差的原因。

(3)对于不能确知哪一测值是坏值(应剔除的值)的情况,可在数理统计基础上,根据统计学原理和原则建立起的某些判据和准值,对那些不服从统计规律的测定结果予以剔除。

下面介绍几种主要的判定方法:

1)拉依达准则(3σ或$3S$准则)

如前所述,如果检测数据的总体服从正态分布,则在多次测量中,误差在$-3\sigma \sim 3\sigma$时,其出现的概率为99.7%,在此范围之外的误差出现的概率只有0.3%,也就是测量300多次才能遇到一次。这就可以认为,超出3σ的误差已不属于随机误差,可以剔除。

判定方法如下:

(1)设X_1、X_2、X_k、…、X_n是从总体中抽取的样本,其中X_k为过大值或过小值。计算数据

的平均值 $\bar{x}$ 和标准偏差 σ 未知时,可求出样本标准偏差 S。

(2)计算 $|X_k - \bar{X}|$,如果:

$$|X_k - \bar{X}| > 3\sigma \quad (\sigma \text{未知时},\text{以} S \text{代替}) \tag{2-10}$$

则将 X_k 剔除,否则保留。

拉依达准则(3σ 准则)的优点是计算方便、迅速,无须查阅数学表格,但 3σ 准则是相当粗糙的判据,当样本数量小时,所有的检测数据都是好值,无须剔除。所以 3σ 准则比较适合用于样本容量 $n>50$ 的情况。

2)肖维纳特准则

设 $X_1、X_2、X_k、\cdots、X_n$ 是从总体中抽取的样本,其中 X_k 为过大值或过小值。判断方法如下:

(1)计算数据的平均值 $\bar{X}$ 和标准偏差 σ,如总体标准偏差 σ 未知时,可求出样本标准偏差 S。

(2)计算 $|X_k - \bar{X}|$,如果:

$$|X_k - \bar{X}| > K_x \sigma \quad (\sigma \text{未知时},\text{以} S \text{代替}) \tag{2-11}$$

则可将 X_k 剔除,否则保留。上式中 K_x 是与样本容量 n 有关的系数,可查表 2-1。

表 2-1　肖维纳特准则数值表

n	K_x	n	K_x	n	K_x
3	1.38	17	2.18	50	2.58
4	1.53	18	2.20	60	2.64
5	1.65	19	2.22	70	2.69
6	1.73	20	2.24	80	2.73
7	1.79	21	2.26	90	2.78
8	1.86	22	2.28	100	2.81
9	1.92	23	2.30	150	2.93
10	1.96	24	2.31	185	3.00
11	2.00	25	2.33	200	3.02
12	2.03	26	2.34	250	3.11
13	2.07	27	2.36	500	3.29
14	2.10	28	2.37	1000	3.48
15	2.13	30	2.39	2000	3.66
16	2.16	40	2.49	5000	3.89

3)拉格布斯准则

设 $X_1、X_2、X_k、\cdots、X_n$ 是从总体中抽取的样本,其中 X_k 为过大值或过小值。判断方法如下:

(1)计算数据的平均值 $\bar{X}$,如总体标准偏差 σ 未知时,可取样本标准偏差 S;

(2)计算 $|X_k - \bar{X}|$,如果:

$$|X_k - \bar{X}| > g_{0(a,n)} \sigma \quad (\sigma \text{未知时},\text{以} S \text{代替}) \tag{2-12}$$

则可将 X_k 剔除,否则保留。

上式中 $g_{0(a,n)}$ 是一个与样本容量 n 及给定的检验水平 α(即把不是可疑的数据错判为可疑数据而被剔除的概率)有关的系数。A 通常取 0.05 和 0.01,系数 $g_{0(a,n)}$ 的值列于表 2-2 中。

格拉布斯准则 $g_{0(a,n)}$ 数值表   表 2-2

n	a		n	a		n	a	
	00.1	0.05		0.01	0.05		0.01	0.05
3	1.15	1.15	12	2.55	2.28	21	2.91	2.58
4	1.49	1.46	13	2.61	2.33	22	2.96	2.60
5	1.75	1.67	14	2.66	2.37	23	2.99	2.62
6	1.04	1.82	15	2.70	2.41	24	3.01	2.64
7	2.10	1.94	16	2.75	2.44	25	3.10	2.66
8	2.22	2.03	17	2.78	2.48	30	3.18	2.74
9	2.32	2.11	18	2.82	2.50	35	3.24	2.81
10	2.41	2.18	19	2.85	2.53	40	3.34	2.87
11	2.48	2.23	20	2.88	2.56	50	0.05	2.96

应用上述三种判断准则时应注意以下几点:

(1)剔除可疑数据时,首先应对样本观测值中的最小值和最大值进行判断,因为这两个值极有可能是可疑数据。

(2)可以数据每次只能剔除一个,然后按剩下的样本观测值,重新计算平均值和标准偏差 σ,再做第二次判断,如此逐个地剔除,直到所有剩下的值不再是可疑数据为止,不允许一次剔除多个样本观测值。

(3)采用不同准则对可疑数据进行判断时,可能会出现不同的结论,此时要对所选用准则的适用范围、给定的检验水平的合理性以及产生可疑数据的原因等做进一步分析。

【例 2-3】 对一盘混凝土,取 15 个试件进行抗压强度试验,测试结果如下(单位:MPa):
31.2 33.1 30.5 31.0 32.3 31.2 29.4 24.0 30.4 33.0 32.2 31.0 28.6
30.3,试判断这些数据中是否混有可疑数据。

解:分别用不同准则进行判断,以进行比较:

(1)3σ 准则

$$n = 15, X_{\max} = 33.1, X_{\min} = 24.0$$

首先,怀疑最小值 24.0,对数据进行统计计算,得 $X = 30.49, S = 2.23, 3S = 6.69$。
$|33.1 - 30.49| = 2.61 < 6.69 = 3S$,故 33.1 应保留,全部数据中均无须剔除。

(2)肖维纳特准则

由 $n = 15$,查表 2-1 得 $K_x = 2.13$,并计算出:$X = 30.49, S = 2.23$

$$K_x S = 2.13 \times 2.23 = 4.75$$

首先,怀疑最小值 24.0,由于 $|24.0 - 30.49| = 6.49 > K_x S = 4.75$,故认为可疑数据 24.0 应剔除。对剩下的 14 个样本观测值重新计算的 $X' = 30.96, S' = 1.37$,由 $n = 14$ 在表 2-1 中查出 $K_x = 2.10$,并计算出 $K_x S = 2.10 \times 1.37 = 2.88$。再对其中的最大值 33.1 和最小值 28.6 怀疑。

因 $|33.1 - 30.96| = 2.04 < 2.88$ 及 $|28.6 - 30.96| = 2.36 < 2.88$,所以认为 33.1 和 28.6 均应保留。至此,全部数据中已不含有可疑数据。

(3)采用格拉布斯准则也可得出剔除可疑数据 24.0,而保留其他数据的结论。由此例计算结果表明,3σ 准则相对于其他准则,在可疑数据取舍方面偏于保守。

2.3 检测数据的表达方法

通过试验检测获得一系列数据,如何对这些数据进行深入的分析,以便得到各参数之间的关系,甚至用数学解析的方法,导出各参数之间的函数关系,这是数据处理的任务之一。检测数据的表达方法通常有表格表示法、图形表示法和经验公式法。下面介绍这三种方法,并重点介绍回归分析方法。

2.3.1 表格表示法

在数据统计整理中,表格表示法(简称表格法)最常用。在试验检测中一系列测量结果通常是先列成表格,再进行分析。表格有两种:一种是试验检测数据记录表,另一种是试验检测结果表。表格法简单方便,应用广泛,但存在下列缺点:

(1)不能清晰地反映数据之间的关系。
(2)不易看出变量之间的变化规律。
(3)对试验数据不能进行数学解析。

因此,只有当自变量的函数关系无须获得,或为了便于计算,才将数据列成表格,若想得出未测定的某个值时,可用内插法估计。

2.3.2 图形表示法

函数图形是坐标系中一些试验数据点的轨迹,工程领域中把数据绘制成图形几乎是一种普遍又重要的工具。如常用的直方图、控制图、因果图和相关图等。图形法的显著优点是明显醒目,极易从图形上看出函数的变化规律。但是,对图形进行解析也相当困难,同时想从图上得到某点函数值时,误差常常会显得过大。图示法的基本要点为:

(1)坐标纸的大小与分度的选择应与测量数据的精度相适应。分度过粗时,影响原始数据的有效数字,绘图精度将低于试验中参数测量的精度;分度过细时,会高于原始数据的精度。坐标分度值不一定从零起,可以低于试验数据的某一数值作为起点和高于试验数据某一数值作为终点,曲线以基本占满全幅坐标纸为宜。

(2)坐标轴应注明分度值的有效数字和名称、单位,必要时还要标明试验条件,坐标的文字书写方向应与该坐标轴平行,在同一图上标示不同数据时应该用不同的符号加以区别。

(3)测量数据往往是分散的,如果用短线连接的各点得到的就不是光滑的曲线,而是折线,这需要对曲线进行平滑处理。由于每一个测点总存在误差,按带有误差的数据所描绘的点不一定是真实值的正确位置。根据足够多的测量数据,完全可以做出一光滑曲线,决定曲线的走向应尽可能地经过或接近所有的点,但曲线不必强求通过所有的点,尤其是两端的点。当不可能时,则应移动曲线尺,使得曲线两边的点数接近相等。此时,所绘制的曲线与实测值之间误差的平方和最小。另外,还可以采用拟合曲线法或某些程序软件来平滑曲线。

2.3.3 数学公式法

数学公式法是利用试验数据,根据某种数学原理和原则建立回归方程及经验公式的方法。该法的优点是:

①结构紧凑,能用一个较简单的公式代替全部及尚未测定但在试验范围内的所有数据。

②凡在公式中所表示出的具有实际意义的自变量值,都可求得对应的函数值。

③利用公式可进行必要的解析和计算,与理论公式具有同等的作用与效能。

根据一系列测量数据,如何建立函数关系式,建立怎样的函数关系式,是这个方法中最基本的问题。建立函数关系式的基本步骤大致可以归纳如下:

(1)描绘曲线。以自变量为横坐标,函数量为纵坐标,将测量数据点绘在坐标纸上,并把数据点描绘成测量曲线。

(2)对描绘的曲线进行分析,确定函数关系式的基本形式。

①如果数据点描绘的基本上是直线,则可用一元线性回归方法确定直线方程。

②如果数据点描绘的是曲线,则要根据曲线的特点判断曲线属于何种类型。判断时可参考现成的数学形状加以选择,对选择的曲线按一元非线性回归方法处理。

③如果曲线很难判断属于何种类型,则可按多项式回归处理。

(3)曲线直化。如果测量数据描绘的曲线被确定为某种类型的曲线,则可先将曲线方程变换为直线方程,然后按一元线性回归方法处理。

(4)确定回归方程式中的常量。代表测量数据的直线方程或经过曲线化的直线方程的表达式为 $y = a + bx$,可根据一系列的测量数据确定方程中的常量 a 和 b,其方法一般有图解法、端值法、平均法和最小二乘法。

(5)检验所确定公式的准确性,即将测量数据中的自变量值带入公式计算出函数值,看它与实际测量值是否一致,如果差别很大,说明所确定的公式基本形式可能有错误,则应建立另外形式的关系式。

2.3.4 相关图及回归分析

1)相关图

(1)相关图的概念

相关图也叫散布图或散点图,它是将有对应关系的两种数据点在一张坐标纸上所得。在原因分析中,常常会遇到一些变量处于一个统一体中,它们相互联系,又相互制约,在一定条件下相互转化。这些相互关联的变量可分为两种类型:第一类是两种以上的变量存在确定的关系,如圆面积与半径的关系 $S = \pi R^2$,在匀速直线运动中的距离 S、速度 v 和时间 t 三者之间的关系可用 $S = vt$ 表示;第二类是变量之间有关系,但又不能由一个变量精确地求出另一个变量的值,如路基土的回弹模量 E_0 与土体的含水率 w 有关,对于同一种土,w 增大时,E_0 变小,但不能用精确公式准确表示出它们的关系。对于第二类变量,如果将两种有关的数据列出,并用点描绘在坐标纸上,观察两种变量之间的相互趋势,这种图就是相关图。

(2)相关图的种类

相关图的种类很多,一般可大致归纳为如下几种形式(图2-5):

①图 2-5a):强正相关,x 增加,y 也随着增加,趋势显著。
②图 2-5b):弱正相关,x 增加,y 也随着增加,有相关趋势。
③图 2-5c):强负相关,x 增加,y 随之减小,趋势显著。
④图 2-5d):弱负相关,x 增加,y 大致减小。
⑤图 2-5e):不相关,x 与 y 无任何关系。
⑥图 2-5f):非线性相关,x 与 y 之间存在非线性相互关系。

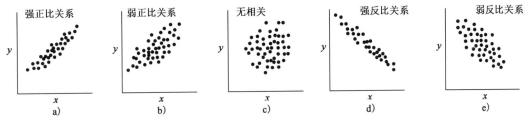

图 2-5 几种典型形状的相关图

(3)相关图的作图方法

①数据收集与分组,将两组特性数据集中,对应分组(一般应在 30 组以上),填入表中。

②定坐标,在坐标纸上以要因作 x 轴,结果(特性)作 y 轴。找出 x、y 的最大值和最小值,以最大值与最小值的差定坐标长度,并定出适当的坐标刻度。

③数据打点入座,将集中整理后的数据依次相应用"."标出纵横坐标交点,当两个同样数据的交点重合时用"o"表示。

④说明,在图中适当位置写明数据个数、采集时间、工程部位、制图人和制图日期等。

【例 2-4】 某试验室用统一强度等级的水泥,按不同用量拌制水泥混凝土,其试验结果见表 2-3。其用量大小与混凝土强度之间的相关图如图 2-6 所示。

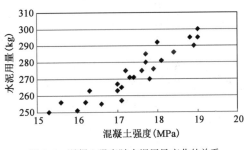

图 2-6 混凝土强度随水泥用量变化的关系

【例 2-4】的数据表(kg)   表 2-3

试样号	水泥用量	混凝土强度	试样号	水泥用量	混凝土强度	试样号	水泥用量	混凝土强度
1	275	17.6	11	256	16.2	21	285	17.7
2	280	17.7	12	300	19.0	22	286	18.4
3	256	15.6	13	295	19.0	23	281	18.1
4	271	17.4	14	295	18.8	24	276	17.9
5	255	16.6	15	250	15.3	25	271	17.3
6	281	18.1	16	275	17.2	26	267	17.0
7	270	17.8	17	275	17.2	27	267	17.0
8	257	17.1	18	292	18.0	28	265	17.1
9	248	14.9	19	290	18.9	29	263	17.0
10	251	16.0	20	90	18.5	30	263	16.3

【例 2-5】 室内试验测得水泥剂量变化时相应的水泥稳定土 7d 养护后的无侧限抗压强度列于表 2-4。

水泥稳定土的强度与水泥剂量的关系　　　　　表 2-4

水泥剂量(%)	1	4	5	7
水泥稳定土强度	0.75	1.80	2.20	2.90

在统计分析中,如果通过相关图表现随机变量 x 与 y 之间的相关关系时,还需进一步弄清它们之间能以数量表示的关系,即应求出回归方程。

回归分析的目的主要是解决以下问题:

(1)找出给定变量之间合适的数字表达式(回归方程),进行相关显著性检验,确定变量之间是否存在相关关系以及这种关系的密切程度。

(2)利用回归方程式,根据一个或几个变量的值,预测或控制另一个变量在一定概率要求下的取值。如果两个变量之间的相关程度很大,则对其中一个变量的直接观察可以代替对另一个变量的观察,从而达到简便或简约的目的。

(3)对多元回归分析进行因素分析,在多个自变量中找出对产品质量有着重要影响的因素以及这些因素之间的关系。

(4)根据预测和控制提出的要求,选择试验点,对试验进行设计。

2)一元线性回归

一元线性回归处理的是两个变量之间的关系。两个变量 x 和 y 之间如果存在一定的关系,则通过观测所得数据,找出两者之间的关系式。如果两个变量的关系大致是线性的 [图 2-5a)~d)],那就是一元线性回归问题。

(1)线性回归分析

线性回归分析的表达式为 $y = a + bx$,式中,a 称为常数项,b 称为回归系数。回归分析的首要任务是通过统计方法求出上述直线方程的 a 值和 b 值。

a、b 值的计算如下:

① 整理数据:将 x、y 值对应列表(见[例 2-5]及表 2-4)

② 计算 L_{xx} 和 L_{xy}:

$$L_{xx} = \sum_{i=1}^{n}(x_i - \bar{x})^2 = \sum_{i=1}^{n} x_i^2 - \frac{1}{n}\left(\sum_{i=1}^{n} x_i^2\right) \tag{2-13}$$

$$L_{xy} = \sum_{i=1}^{n}(x_i - \bar{x})(y_i - \bar{y}) = \sum_{i=1}^{n} x_i y_i - \frac{1}{n}\sum_{i=1}^{n} x_i \sum_{i=1}^{n} y_i \tag{2-14}$$

③ 计算 b、a 的值:

$$b = \frac{L_{xy}}{L_{xx}} \tag{2-15}$$

$$a = \bar{y} - b\bar{x} \tag{2-16}$$

【例 2-6】 同[例 2-5],根据试验结果回归分析,计算水泥稳定土强度随水泥剂量变化的相关方程。

解: ① 设水泥剂量为 x,水泥稳定土相应的强度为 y。

②绘制相关图。将 x 和 y 一一对应点在坐标图上(图 2-7)。按式(2-13)~式(2-16)计算 L_{xx} 和 L_{xy} 值(表 2-5)。

一元线性回归计算表　　　　　表 2-5

组别	水泥剂量(%)	水泥稳定土强度(MPa)	xy	x^2	y^2
1	1	0.75	0.75	1	0.5625
2	4	1.80	7.2	16	3.24
3	5	2.20	11.00	25	4.84
4	7	2.90	20.30	49	8.41
Σ	17	7.65	39.25	91	17.0525

③计算 b、a 的值：

$$b = \frac{L_{xy}}{L_{xx}} = \frac{6.7375}{18.75} = 0.36 \quad a = \bar{y} - b\bar{x} = 1.9125 - 0.36 \times 4.25 = 0.38$$

④写出回归结果，即相关方程：

$$y = 0.38 + 0.36x$$

根据回归结果绘制的水泥稳定土 7d 后养护强度随水泥剂量变化的回归直线，见图 2-7。

$$\sum x_i = 17 \quad \sum y_i = 7.65 \quad \sum x_i y_i = 39.25$$

$$\bar{x} = 4.25 \quad \bar{y} = 1.9125 \quad (\sum x_i)(\sum y_i) = 17 \times 7.65 = 130.05$$

$$\sum x_i^2 = 91 \quad \sum y_i^2 = 17.0525$$

$$(\sum x_i)^2 = 289 \quad (\sum y_i)^2 = 58.5225$$

$$L_{xx} = \sum x_i^2 - \frac{(\sum x_i)^2}{n} = 91 - \frac{289}{4} = 18.75$$

$$L_{xy} = \sum y_i^2 - \frac{(\sum y_i)^2}{n} = 17.0525 - \frac{2858.5225}{4} = 2.4219$$

$$L_{xy} = \sum x_i y_i - \frac{(\sum x_i)(\sum y_i)}{n} = 39.25 - \frac{130.05}{4} = 6.7375$$

(2)相关系数——线性关系的显著性检验

回归直线方程求得后，还需解决一个问题：x 与 y 是否有线性关系，或者说 x 与 y 的线性相关程度如何。为了回答这个问题，需要建立一个检验法，即相关系数检验法。统称计量 r 为样本相关系数，用式(2-17)表示：

$$r = \frac{\sum(x_i - \bar{x})(y_i - \bar{y})}{\sqrt{\sum(x_i - \bar{x})^2 \cdot \sum(y_i - \bar{y})^2}} = \frac{L_{xy}}{\sqrt{L_{xy} \cdot L_{yy}}} \quad (2-17)$$

$$L_{yy} = \sum_{i=1}^{n}(y_i - \bar{y})^2 = \sum_{i=1}^{n} y_i^2 - \frac{1}{n}(\sum_{i=1}^{n} y_i)^2 \quad (2-18)$$

当所有的点落在一条直线上时，即 y 与 x 完全为线性相关时，$|r|=1$；当 y 与 x 完全与线性无关时，$|r|=0$；当 y 与 x 的线性相关介于中间状态时，有 $0<|r|<1$。所以，r 是一个可以用来

衡量 y 与 x 线性相关程度的量。当 $|r|$ 接近于 1 时,就可以认为 y 与 x 是线性相关。那么 r 接近于 1 的程度如何才能得出是线性相关的结论呢?对于给定的置信度 a,可在相关系数的临界值表(附表 2)中查出相应的临界值 r_0,当由样本算出的值大于临界值,即 $r > r_0$,就可以认为 y 与 x 存在线性相关关系,或者说线性相关关系显著;当 $r \leq r_0$ 时,则认为 y 与 x 不存在线性相关关系,即线性相关关系不显著。查附表 2 时,自由度是用样本容量减去变量数目。

以[例 2-6]的回归结果为例,实测样本容量 $n=4$,变量数目为 2,故自由度 $f = n - 2 = 2$,当置信度 $a = 0.01$ 时,查附表 2 得 $r_0 = 0.990$。而样本相关系数得:

$$r = \frac{L_{xy}}{\sqrt{L_{xx} \cdot L_{yy}}} = \frac{6.7375}{\sqrt{18.75 \times 2.429}} = \frac{6.7275}{6.7389} = 9.9998$$

即有 $|r| > r_0$,说明水泥稳定土 7d 养护强度与水泥剂量显著相关,并具有 99.0% 的概率。

3)一元非线性回归

(1)常用的非线性函数及线性化变换

在实际工作中,有时两个变量之间不是线性关系,应配以一条曲线来模拟两个变量之间的关系较为合理。要把一个非线性回归问题化为线性回归,首先应作相关图,以确定(或近似确定)非线性函数的类型,即找到一条拟合曲线,然后看能否用变量置换使之线性化,因为有些典型的曲线方程经变换可化为直线方程。常用的一些非线性函数的图形及线性化变换见图 2-7。

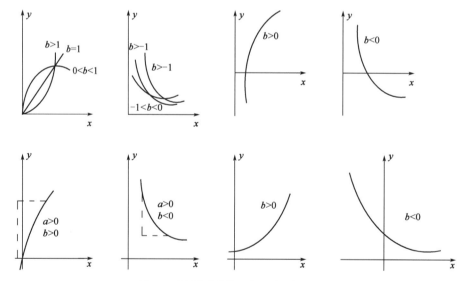

图 2-7 常用的非线性函数图形及线性变换

【例 2-7】 在湖南某干线公路测得路基弯沉 l_0 及同测点承载板回弹模量值 E_0,共 10 个对应点测值(表 2-6)。试求 l_0 与 E_0 的相关关系。

相关指数计算表   表 2-6

测点号	$L(1/100\text{mm})$	$E_0(\text{MPa})$	$x log l_0$	$y log E_0$	x^2	y^2	xy
1	50	90.03	1.690	1.954	2.887	3.818	3.320
2	94	68.41	1.973	1.835	3.893	3.367	3.620
3	120	79.85	2.079	1.902	4.322	3.618	3.954

续上表

测点号	$L(1/100mm)$	$E_0(MPa)$	$xlogl_0$	$ylogE_0$	x^2	y^2	xy
4	120	60.73	2.079	1.783	4.322	3.179	3.707
5	130	65.32	2.114	1.815	4.469	3.294	3.837
6	152	60.37	2.182	1.781	4.761	3.172	3.886
7	210	55.24	2.322	1.742	5.392	3.035	4.045
8	216	36.64	2.335	1.598	5.452	2.554	3.371
9	236	25.38	2.373	1.405	5.631	1.974	3.334
10	240	47.42	2.380	1.676	5.664	2.809	3.989
Σ	—	—	21.536	17.491	46.796	30.820	37.423

解：(1) 求出回归方程

① 将 I_0 与 E_0 对应值点成散点图，分析其分布图形，可将 I_0-E_0 的关系配以幂函数曲线来拟合(图 2-8)。

$$E_0 = CI_0^b$$

② 令：$y = \log E_0, a = \log C_0, x = \log I_0 x$，

则得：$y = a + bx$

此时，已将非线性回归问题转换为一元线性回归问题。可按式(2-13)~式(2-18)列表，计算值详见表 2-7。

$L_0 - E_0$ 回归曲线偏差平方和　　表 2-7

组别	$L_0(1/100mm)$	$E_0(MPa)$	$E(MPa)$	$\sigma = E_0 - E$	σ	E_0^2
1	50	90.03	104.70	−14.67	215.21	8105.40
2	94	68.41	71.94	−3.53	12.46	4679.93
3	120	79.85	62.22	17.63	310.82	6376.02
4	120	60.72	62.22	−1.49	2.22	3688.13
5	130	65.32	59.33	5.99	35.88	4266.70
6	152	60.37	54.06	6.31	39.82	3644.54
7	210	55.24	44.61	10.63	113.00	3051.46
8	216	39.64	43.87	−4.23	17.89	1571.33
9	236	25.38	41.62	−16.24	263.74	644.17
10	240	47.42	41.21	6.21	38.65	2248.66
Σ		592.39			1049.6	38276.31

③ 根据 a、b 值计算结果写出回归方程：

$$E_0 = 1071.51 I_0^{-0.5945}$$

(2) 回归效果试验

相关指数 R^2 是衡量所配曲线与实测数据拟合好坏的一个指标，其计算如下：

$$R^2 = 1 - \frac{S}{L_{yy}}$$

R^2 越接近 1,表明配合曲线的效果越好。上例的相关指数分别计算如表 2-6 所示。

$$\sum x_i = 21.536 \quad \sum y_i = 17.491 \quad \sum x_i y_i = 37.423$$

$$x = 2.154 \quad y = 1.749 \quad (\sum x_i)(\sum y_i) = 376.686$$

$$\sum x_i^2 = 46.793 \quad \sum y_i^2 = 30.820 \quad n = 10$$

$$(\sum x_i)^2 = 463.799 \quad (\sum y_i)^2 = 305.935$$

$$L_{xy} = (\sum x_i y_i) - \frac{(\sum x_i)(\sum y_i)}{n} = 37.432 - \frac{376.68}{10} = -0.2456$$

$$L_{xx} = \sum x_i^2 - \frac{(\sum x_i)^2}{n} = 46.793 - \frac{463.799}{10} = 0.4131$$

$$L_{yy} = \sum y_i^2 - \frac{(\sum y_i)^2}{n} = 30.280 - \frac{305.935}{10} = 0.226$$

由表 2-7 得:

$$S = \sum \sigma_i^2 = 1049.60$$

$$L_{yy} = \sum E_{0i}^2 - \frac{(\sum E_{0i})^2}{n} = 38276.31 - \frac{(592.39)^2}{10} = 3183.72$$

故

$$R^2 = 1 - \frac{S}{L_{xy}} = 1 - \frac{1049.63}{3183.72} = 0.67$$

此例 R^2 与 1 相差较远,说明所配曲线效果欠佳,E_0 与 I_0 的关系不够密切。这时可以试着用另一种函数关系来拟合。

(2)生产中应用回归分析时应注意的问题

①若相关系数的绝对值很小或接近于零,只能说 x 与 y 的线性关系不密切,却不能说它们的关系不密切,因为它们的非线性关系可能是密切的。

②当采用回归方程计算质量数据时,所得数据应在测试结果范围之内,切不可将回归直线任意地延长出去。

③若参数 b 的改变影响数据 (x,y) 中某个数据点变动,且该数据点产生的变化与其他数据相比,突出的太大或太小,经检验后,可予以剔除。

④仅凭两个变量的一批数据算出的较大的相关性数,并不能肯定地说这两个变量有因果关系。

2.4 抽样检验基础知识

2.4.1 抽样检验的意义

检验是质量管理工作的重要内容之一,常称为质量检验,其主要功能是对产品的合格性进行控制。检验的基本意义在于将用某种方法检验物品的结果与质量判定标准进行比较,判断出各个物品是合格品还是不合格品。检验可以按起始阶段、场所、性质和方法的不同进行分类。如按照阶段可分为接受检验、中间检验和最终检验;按性质可分为无破损检验和破坏性检验。如果按照检验方法分类,则可分为:

(1) 全数检验,即对每一个产品都做试验的检验,也称100%检验或逐个检验。例如对印刷品的校对,可认为是一种全数检验。

(2) 无试验检验,是指以试验前获得的质量信息与技术信息为依据,不对样本做试验就判定产品合格与不合格的检验。

(3) 抽样检验,这种检验是从成批校验品中抽取样本,根据对样本的试验结果,对一批产品做合格与不合格的判定。例如在浇筑混凝土时,在拌和机口取样,测定混凝土拌和物的坍落度,来判定该批混凝土的和易性。

在产品检验中,全数检验和无试验检验的应用场合很少,大多数情况是采用抽样检验。这是因为:

(1) 由于无破损检验仪器的种类少、性能难以稳定,在采用无试验检验方法时,就要采用破坏性检验,而破坏性检验是不可能对全部产品都做检验的。

(2) 当检验对象为连续性生产或分块混合物时,在一般情况下不可能对全部物品的质量特性进行检测试验。

(3) 由于一批物品的质量往往有所波动,尤其是在生产量大、数额高、检验项目多的场合,采用全数检验实际上做不到。

(4) 用无试验检验又有可能导致由于产品不良品率高而带来的巨大损失,此时,抽样检验则十分重要。

(5) 由于抽样检验抽验的样本较小,因而可收集大量质量信息,提高检验的全面程度和促进产品质量的改善。

2.4.2 抽样检验的条件

抽样检验是从该批中抽取较小的样本进行检验,根据试验结果来判定该批产品是否合格。因此,为使抽样检验对判定质量好坏提供准确的信息,抽样检验应具备以下条件:

1) 要明确批次的划分

即要注意是同批次生产,在原料工艺条件、生产时间等方面具备基本相同的条件。例如,抽样检验沥青、水泥等物品的质量特性时应将相同厂家、相同品种或标号(强度等级)的产品作为一个批次,而不能将不同厂家和不同品牌的产品放在同一批次内。

2) 必须抽取能代表该批次的样品

由于从抽样检验结果来推断该批次的好坏,故样本的代表性尤为重要,所抽取样本能成为本批次的可靠性代表,常采用如下方法取样:

(1) 单机随机取样。总体样本个数有限,逐个进行抽样,样本中无重复个体。随机取样并不是随便取样,它是利用随机表、掷骰子或抓阄儿等方式取样,以保证总体中每一个个体出现的概率相同。

(2) 分层取样。当批量或工序被分为若干层时,可从所有分层中按一定比例取样。

(3) 两级取样。当物品堆积较多、数量较大时,可先从堆中进行第一级取样,再从取出的样品中进行第二级随机取样。

(4)系统取样。当对总体实行单纯随机取样有困难时,如连续作业时取样、产品为连续体时取样等,可采用一定时间间隔或距离相等的方法进行取样,称为系统取样或等距取样。

3)要明确检验标准

所谓检验标准,是指对于一批产品中不良品的质量判断标准。如主梁钢筋保护层厚度误差不大于±5mm。

4)要有统一的检测方法

产品质量判定标准与统一的检测方法所测定结果进行对照,如果试验方法不统一,试验结果偏差较大,则容易引起各种误判,抽样检验也就失去了应有的意义。因此,对于桥梁工程各种产品,加强现场监测的统一,检测仪器性能的稳定、提高操作人员的技术熟练程度十分重要。

2.4.3 抽样检验

抽样检验可以分为计数抽样检验和计量抽样检验两种。计数抽样检验主要是从产品中不合格品数量来判定产品质量特性,计量抽样检验则是从不合格率和样本平均值两方面判定质量特性的。在公路上工程质量检测中,主要采用计量抽样检验。因此,这里主要介绍计量抽样检验方法。

当样本的试验结果为计量值时(如强度、密度和形变等),一般是以试验特性值的平均值作为判定批是否合格。这时往往需要解决两个问题:一是抽取样本的试验结果的平均值是否能代表总体质量的平均值,可信度有多高或保证率有多大;二是当样本容量为多大时,才能使样本平均值达到代表总体平均值的要求。下面介绍与这些问题有关的内容。

1)置信区间的概念

对于一组观测值$\overline{K_1}$、$\overline{K_2}$、$\overline{K_3}$、…、$\overline{K_n}$,可以计算出它们的平均值$\overline{X}$和标准差σ。当对同一批容量中分别抽取多组进行观测时,则各组观测所得的$\overline{X_n}$和σ是不相同的,这些差异的出现有多种原因,但其中的主要原因往往是由于观测对象(批容量)中存在某些不均匀项。例如,由同一施工队伍采用相同的设备和方法,利用同一地点的原材料制作混凝土,但是,28d混凝土的抗压强度绝非均匀一致。如果在20片主梁中,每片抽取10个测区的强度,共抽取10次,则按每次测定结果计算的压强度平均值均有不同。

根据概率理论,上例中100个或更多个测定值结果的平均值可以接近于该批主梁强度的真值,即总体平均值。但是,每一组测定结果的平均值接近总体平均值的程度可以用置信区间来表示。

区间总是由两个界限来划定的,置信区间也有两个界限。利用算术平均值的标准差,对于任意选定的置信区间,用包括真值在内的可以计算的一个量来说明观测值在多大程度上确信这两个界限的程度,表示这个程度的量就是概率。根据观测值的平均值的标准划定的数值范围,有多大的可能性将真值包括在内,是80%的可能性,还是90%的可能性,还是95%的可能性?但是,实际工作中,往往不是先选定界限,而是先选一个标准概率,然后再计算相当的置信界限。置信区间的概念见图2-8。

置信区间可分为单边置信区间和双边置信区间。双边置信区间是指某一数值的两侧右或前后)都需要限制时的区间范围,如对沥青混合料中的沥青含量检测时,沥青含量既不能多,也不能少,这就需要双边置信。单边置信是指只需要限制数值的某一边(即大于或小于)的区间范围,如实测强度只能大于设计强度,实测路表弯沉只能小于设计弯沉等,这就属于单边置信。单边置信又可分为置信上限和置信下限。如要求所有实测值都要大于某一数值时,这一数值就是置信下限(如要求强度)。反之,如要求所有实测值都要小于某一数值时,这一数值就是置信上限(设计挠度)。

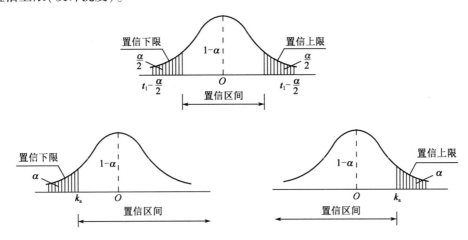

图 2-8 平均值的置信区间

2) 置信区间的计算

平均值的置信界限可按下述方法计算:

(1) 当总体方差 σ^2 已知时:

$$\bar{x} \pm Z_{\alpha/2}\frac{\sigma}{\sqrt{n}} \quad (双边) \tag{2-19}$$

$$\mu < \bar{x} + Z_{\alpha}\frac{\sigma}{\sqrt{n}} \quad 或 \quad \mu > \bar{x} - Z_{\alpha}\frac{\sigma}{\sqrt{n}} \quad (单边) \tag{2-20}$$

(2) 当总体方差 σ^2 未知时,需要利用样本方差 S^2 来估计 σ^2,此时的置信界限为:

$$\bar{x} \pm t_{\alpha/2}\frac{S}{\sqrt{n}} \quad (双边) \tag{2-21}$$

$$\mu < \bar{x} + t_{\alpha}\frac{S}{\sqrt{n}} \quad 或 \quad \mu > \bar{x} - t_{\alpha}\frac{S}{\sqrt{n}} \quad (单边) \tag{2-22}$$

式中: n——样本容量;

$1-\alpha$——置信水平,即置信区间的概率大小,又称保证率;

α——置信度;

Z_{α} 或 $Z_{\alpha/2}$——值取决于 $(1-\alpha)$,当 $(1-\alpha)$ 确定之后,可由 α 值查标准正态分布表(附表1)得出;

t_{α}、$t_{\alpha/2}$——与 n 和 α 有关的系数,可由 n 和 α 在 t 分布表(附表3)中查得。

【例 2-8】 一随机变量的分布服从 $N(0,1)$。现在用某种方法测得随机变量 Z 的 10 个值为 +0.150, -0.162, +0.210, 0.205, +0.190, -0.191, -0.210, +0.225, +0.210, +0.190,求保证率(或置信水平)为 95% 条件下的平均值的双边置信区间。

解:(1) 计算样本平均值 $\bar{x} = 0.407$;

(2)已知方差 $\sigma^2 = 1$；

(3)由 $1 - \alpha = 95\%$，则 $\alpha = 0.05$。

查附表 1 得：$Z_{\frac{\alpha}{2}} = Z_{\frac{0.05}{2}} = 1.96$

故置信区间为 $0.407 \pm 1.96 \times \dfrac{1}{\sqrt{10}} = 0.407 \pm 0.62$

在此例中，因随机变量服从 $Z \sim N(0,1)$，故其总体平均值为 0，观测值的置信区间为 $-0.203 \sim 1.027$，也包括真值 0。

【例 2-9】 检查某主梁混凝土抗压强度，共测 30 测区的强度平均值为 $\bar{k} = 93.5\%$，标准偏差 $S = 3.0\%$，现推定其保证率为 99% 的平均值置信区间。

解：本题按单边和双边置信分别计算。

(1)单边置信。

以 $f = n - 1 = 29$，查附表 3 得 $t_\alpha = t_{0.01} = 2.462$，所以，上置信界限为：

$$\mu < \bar{k} + t_{0.01} \dfrac{s}{\sqrt{n}} \rightarrow \mu < 93.5\% + 2.462 \times \dfrac{3\%}{\sqrt{30}} \rightarrow \mu < 93.5\% + 1.35\% \rightarrow \mu < 94.85\%$$

下置信界限为：

$$\mu > \bar{k} - t_{0.01} s/\sqrt{n} \rightarrow \mu > 93.5\% - 1.35\% \rightarrow \mu > 92.15\%$$

这说明，平均压实度的真值大于 92.15% 的概率是 99%，而小于 92.15% 的概率只有 1%。

(2)双边置信。

由 $1 - \alpha = 99\%$，即 $\alpha = 0.01$ 及 $f = n - 1 = 29$，查附表 3 时，应查 $\alpha/2 = 0.005$，即查 $\alpha = 0.01$ 处，得 $t_{\alpha/2} = 2.756$，$\bar{k} \pm t_{\alpha/2}/\sqrt{n} s = 93.5\% \pm 2.765/\sqrt{30} \times 3.0\% = 93.5\% \pm 1.51\%$，即 $91.99\% < \mu < 95.01\%$。这说明该段路基平均压实度的"真值"在 91.99% ~ 95.01% 范围内的概率有 99%。

究竟采用双边置信区间还是单边置信区间，应由质量特性值的控制要求来定。例如对混凝土既要求满足某一强度指标，又要求混凝土强度不能大于某一值（为节省水泥，则可采用双边置信区间）。

3）抽样检验时最小样本容量的确定

在抽样检验时，是以样本的结论来估计或判断批（或总体）的结论。抽样时可分为重复抽样（将抽出式样放回总体中）和不重复抽样（抽样的式样不放回原总体中），在公路工程质量检验中，实质上是采用后者。

由于总体中各部分质量的不均匀性，抽样结果的误差是难免的。样本平均值的抽样误差（即样本观测值的算术平均值的标准偏差）可用下式表示：

$$\sigma_x = \dfrac{\sigma}{\sqrt{n}} \sqrt{\left(1 - \dfrac{n}{N}\right)} \tag{2-23}$$

式中：N——批容量或总体单位数；

n——样本容量；

σ——总体标准偏差；

σ_x——样本平均值的标准偏差。

当 N 很大时，$\left(1-\dfrac{n}{N}\right)$ 接近于1，故可省略不计。

标准差 e 为用样本平均值 $\bar{x}$ 作为总体平均值时，且允许误差为 μ 的估计值，在规定保证率为 $(1-\alpha)$ 的条件下，利用下式进行计算：

$$e = Z_{1-\alpha/2} \dfrac{s}{\sqrt{n}} \sqrt{\left(1-\dfrac{n}{N}\right)} \quad （大样本时） \tag{2-24}$$

或

$$e = Z_{\alpha/2} \dfrac{s}{\sqrt{n}} \sqrt{\left(1-\dfrac{n}{N}\right)} \quad （小样本时）$$

因此，在不重复抽样条件下，从批容量中抽取的最小样本容量可用下式计算（e 为绝对值时）：

$$n = \dfrac{t_{\alpha/2}^2 N_s^2}{N_e^2 + t_{\alpha/2}^2 s^2} \quad （小样本时） \tag{2-25}$$

$$n = \dfrac{Z_{1-\alpha/2}^2 N_s^2}{N_e^2 + Z_{1-\alpha/2}^2 s^2} \quad （大样本时）$$

当 N 很大时，且 e 用相对误差 $|e|$（百分数）表示，s 也用相对值，即变异系数 C_v 代入时，式 (2-25) 即变为下式：

$$n = \left(Z_{1-\alpha/2} \dfrac{C_v}{|e|}\right)^2 \quad （大样本时）$$

$$n = \left(t_{\alpha/2} \dfrac{C_v}{|e|}\right)^2 \quad （小样本时） \tag{2-26}$$

【例 2-10】 欲测定墩柱混凝土强度，从相邻批次主梁中测定的 300 个强度数据中，计算得强度平均值 $\bar{L}=31.5$，标准值 $S=2.5$，要求强度平均值的允许误差为 1%，置信水平（或保证率）为 95% 的条件下抽样测定该桥墩，最小抽样测点数应为多少？

解：(1) 因方差未知，可采用逼近法进行计算，即选用公式 (2-24) 的计算。此时先以 $Z_{1-\frac{\alpha}{2}}$ 代替求得 n_1。

①由 $1-\alpha=90\%$，得 $a=1-0.9=0.1$

$\dfrac{\alpha}{2} = \dfrac{0.1}{2} = 0.05 \quad 1-\dfrac{\alpha}{2} = 1-0.05 = 0.95$

②查附表1：$\varphi(Z)=0.95；Z=1.645$

③$n_1 = \dfrac{Z_{1-\alpha/2}^2 N_s^2}{N_e^2 + Z_{1-\alpha/2}^2 s^2} = \dfrac{1.645^2 \times 300 \times 2.5^2}{300 \times 1^2 + 1.753^2 \times 2.5^2} = \dfrac{5073.8}{316.9} = 16$

(2) 以 16 次试验为样本，$n_1=16$，按 $f_1=n_1-1=15$，$\alpha/2=0.05$，查附表3求得 $t_{\alpha/2}=1.753$，代入公式得：

$$n_2 = \dfrac{t_{\alpha/2}^2 N_s^2}{N_e^2 + t_{\alpha/2} s^2} = \dfrac{1.753^2 \times 300 \times 2.5^2}{300 \times 1^2 \times 1.753^2 \times 2.5^2} = 18$$

由计算可知,抽样检验的最少试验数组数为 18。

(3)应用公式(2-26),此时 $C_v = 2.5/31.5 = 7.94\%$,$|e| = 3.3\%$,代入公式也可得 $n_2 = 18$。

【复习题和思考题】

1. 什么是总体、个体和样本?
2. 什么是频数、频率和概率?
3. 正态分布在工程检测中有何应用?
4. 数据修约的规则和可疑数据的取舍方法有哪几种?
5. 修约以下数据:153.528(保留两位小数)、125.555(保留整数)、45.9998(保留两位小数)。
6. 检测数据的表达方法有哪几种?
7. 一元线性回归在工程检测中如何应用?
8. 什么是最小二乘法,有何实用意义?

第3章 桥梁工程材料试验检测

【重点内容和学习要求】

本章重点讲述桥梁混凝土钢筋的检测及预应力混凝土张拉设备和桥梁伸缩装置的检测项目、方法,通过学习,要求学生掌握钢筋混凝土及预应力混凝土结构中钢筋的检测方法和张拉设备的检测过程,掌握施工现场对支座和伸缩装置的检验方法,了解桥梁支座和伸缩装置的技术性能和一般要求。

3.1 混凝土与钢筋质量的检测

3.1.1 检测项目与频率

1)拌制和浇筑混凝土时的检测项目

(1)混凝土及组成材料的外观,拌制每一工作班至少2次,必须时随时抽样试验。

(2)混凝土的和易性(坍落度),每工作班至少2次。

(3)砂石材料的含水率,每日开工前1次,气候或含水率变化较大时随时检测调整。

(4)钢筋、模板、支架等的稳固性和安装位置。

(5)混凝土的运输、浇筑方法及质量。

(6)外加剂的使用效果。

(7)制取混凝土试件。

2)浇筑混凝土后的检测

(1)养护情况。

(2)混凝土强度、拆模时间。

(3)混凝土外露面及装饰质量。

(4)变形和沉降。

3)混凝土强度检测频率

(1)不同强度及不同配合比的混凝土应分别制取试件,试件应在浇筑地点或拌和地点随机制取。

(2)浇筑一般体积的结构物(如基础、墩台)时,每一单元结构物应制取2组。

(3)连续浇筑大体积结构物混凝土时,每80~200mm³ 或每一工作班应制取2组。

(4)每片梁长16m以下应制取1组,16~30m制取2组,31~50m制取3组,50m以上者制取不少于5组。

(5)就地浇筑混凝土小桥涵,每一座或每一工作班制取不少于2组;原材料和配合比相同,并由同一个拌和站拌制时,可几座合并制取2组。

如施工需要,可制取与结构物同条件养护的试件,作为考核结构混凝土在拆模、出池、吊装、预施应力、承受荷载等阶段强度的依据。

3.1.2 结构外形尺寸与位置的检测项目及评定

混凝土、钢筋混凝土部分结构构件的尺寸、位置的检测项目与评定见表3-1~表3-6。

混凝土基础检测项目 表3-1

项次	检测项目		规定值或允许偏差	检测方法和频率	权值
1Δ	混凝土强度(MPa)		在合格标准内	见第3章	3
2	平面尺寸 mm		±50	用钢尺量长、宽各3处	2
3Δ	基础底面高程(cm)	土质	±50	用水准仪测量5处	2
		石质	±50,-200		
4	基础顶面高程(mm)		±30	用水准仪测量5处	1
5	轴线偏位(mm)		≤25	用全站仪测量纵、横各2点	2

承台检测项目 表3-2

项次	检测项目		规定值或允许偏差	检测方法和频率	权值
1Δ	混凝土强度(MPa)		在合格标准内	见第3章	3
2	平面尺寸(mm)	$B<30m$	±30	尺量:测2个断面	1
		$B\geq30m$	±B/1000		
3	顶面高程(cm)		±20	用水准仪测量5处	2
4	轴线偏位(mm)		≤15	用经纬仪或全站仪测量纵、横各2点	2

墩、台身检测验项目 表3-3

项次	检查项目		规定值或允许偏差	检查方法和频率
1	混凝土强度(MPa)		在合格标准内	见第三章
2	断面尺寸(mm)		±20	尺量:每施工节段测一个断面,不分段施工的测两个断面
3	全高竖直度(mm)	$H \leq 5m$	≤5m	全站仪或垂线法:纵横向各测2处
		$5m < H \leq 60m$	$\leq H/1000$,且≤20	全站仪测量:纵、横向各测2处
		$H > 60m$	$\leq H/3000$,且≤30	
4	顶面高程(mm)		±10	水准仪测3处
5	轴线偏位(mm)	$H \leq 60m$	10,且相对前一节段≤8	全站仪:每施工节段测顶面线与两轴线交点
		$H > 60m$	≤15,且相对前一节段≤8	
6	节段间错台(mm)		≤5	尺量:测每节每侧面
7	平整度(mm)		≤8	2m直尺:每侧面每20m²测1处,每处测竖直、水平两个方向
8	预埋件位置(mm)		满足设计要求,设计未要求时≤5	尺量:每件测

柱或双臂墩身检测项目 表3-4

项次	检测项目	规定值或允许偏差	检测方法和频率	权值
1△	混凝土强度(MPa)	在合格标准内	见第3章	3
2	相邻间距(mm)	±20	用尺量或测距仪测量(顶、中、低)	1
3	竖直度(mm)	0.3%H且不大于20	用垂线或经纬仪,检测2处	2
4	柱(墩)顶高程(mm)	±10	用水准仪检测:3处	2
5△	轴线偏位(mm)	10	用全站仪或经纬仪纵横各测量2点	2
6	断面尺寸(mm)	±15	检测3个断面	1
7	节段间错台(mm)	3	尺量:每节检测2~4处	1

注:H为墩、柱高度。

梁(板)预制检测项目 表3-5

项次	检查项目		规定值或允许偏差	检查方法和频率
1	受力钢筋间距(mm)	两排以上排距	±5	尺量:长度≤20m时,每构件检查2个断面;长度>20m时,每构件检查3个断面
		同排 梁、板、拱肋及拱上建筑	±10(±5)	
		同排 基础、锚碇、墩台身、墩柱	±20	
2	箍筋、构造钢筋、螺旋筋间距(mm)		±10	尺量:每构件测10个间距
3	钢筋骨架尺寸(mm)	长	±10	尺量:按骨架总数30%抽测
		宽、高或直径	±5	
4	弯起钢筋位置(mm)		±20	每骨架抽查30%
5	保护层厚度(mm)	梁、板、拱肋及拱上建筑	±5	尺量:每构件每立模板面每3m²检查1处,且每侧面不少于5处
		基础、锚碇、墩台身、墩柱	±10	

钢筋安装检测项目表 表3-6

项次	检查项目		规定值或允许偏差	检查方法和频率
1	混凝土强度(MPa)		在合格标准内	见前述
2	梁长度(mm)	总长度	+5,-10	尺量:每梁顶面中线、底面两侧
		梁段长度	0,-2	

续上表

项次	检查项目			规定值或允许偏差	检查方法和频率
3	断面尺寸(mm)	宽度	箱梁 顶宽	±20(±5)	尺量:每梁测3个断面,板和梁段测2个断面
			箱梁 底宽	±10(+5,0)	
			其他梁、板 干接缝(梁翼缘、板)	±10(±3)	
			其他梁、板 湿接缝(梁翼缘、板)	±20	
		高度	箱梁	0,−5	
			其他梁、板	±5	
		顶板、底板、腹板或梁肋厚		+5,0	
4	平整度(mm)			≤5	2m直尺:沿梁长方向每侧面每10m梁长测1处×2尺
5	横系梁及预埋件位置(mm)			≤5	尺量:每件
6	横坡(%)			±0.15	水准仪:每梁测3个断面,板和梁段测2个断面
7	斜拉索锚面	锚点坐标(mm)		±5	全站仪、钢尺:检查每锚垫板,测水平及相互垂直的锚孔中线与锚垫板边线交点坐标
		锚面角度(°)		0.5	角度仪:检查每锚垫板与水平面、立面的夹角,各测3处

3.1.3 焊接钢筋的质量检测

钢筋的连接方式有焊接与绑扎接头,轴心受拉和小偏心受拉构件中的钢筋接头,不宜绑扎,普通混凝土中直径大于25mm的钢筋,宜采用焊接。钢筋的焊接方式有闪光对焊、电弧焊、电渣压力焊、气压焊。钢筋焊接前,必须根据施工条件进行试焊,合格后方可正式施焊。钢筋接头采用搭接电弧焊时,两钢筋搭接端部应预先折向一端,使两接合钢筋轴线一致。接头双面焊缝的长度不应小于$5d$,单面焊接的长度不应小于$10d$(d为钢筋直径)。焊接质量应符合下列要求:

1)钢筋闪光焊对焊接头

(1)批量规定

在同一台班内,由同一焊工按同一焊接参数完成的300个同类型(指钢筋级别和直径均相同)接头作为一批。一周内连续焊接时可以连续计算,一周内不足300个接头时按一批计算。

(2)外观检测、抽检频率与判定

每批抽检10%的接头,并不得少于10个。半截等长的预应力钢筋(包括螺纹端杆与钢筋)时,可按生产同条件制作模拟试件。螺纹端杆接头可只做拉伸试验。

(3)外观检测要求

①接头处不得有横向裂缝。

②与电极接触处的钢筋表面,对Ⅰ级钢筋、HRB335、HRB400钢筋,不得有明显烧伤;HRB500钢筋不得有烧伤;低温对焊时,对HRB335、HRB400、HRB500钢筋,不得有烧伤。

③接头处的弯折角度不得大于3°。

④接头处的钢筋轴线偏移不得大于0.1倍钢筋直径,同时不得大于2mm。

当有一个接头不符合要求时,应对全部接头进行检测,剔出不合格的。不合格接头切除重焊后,可再次提交验收。

(4)力学性能试验与判定

包括拉伸与弯曲试验。应从每批成品中切取6个试件,3个进行拉伸试验,另外3个进行弯曲试验。拉伸试验结果应符合下列要求：

①三个热轧钢筋接头试件的抗拉强度均不得低于该级别钢筋规定的抗拉强度，余热处理Ⅲ级钢筋接头试件的抗拉强度均不得低于 HRB400 钢筋的抗拉强度。

②应至少有 2 个试件断于焊接之外，并呈延性断裂。当试验结果中有 1 个试件的抗拉强度小于上述规定或有 2 个试件在焊接或热影响区发生脆性断裂时，应再取 6 个试件进行复验，复验结果，如仍有 1 个试件的抗拉强度小于规定值或有 3 个试件断于焊接或热影响区，呈脆性断裂，应确认该批次接头为不合格产品。

③预应力钢筋与螺丝端杆闪光对接接头的拉伸试验结果，3 个试件应全部断于焊接之外，呈延性断裂。当试验结果有 1 个试件在焊接或热影响区发生脆性断裂，应从成品中再切取 3 个试件进行复验，复验结果如仍有 1 个试件在焊接或热影响区发生脆性断裂，应确认该批接头为不合格品。

④模拟试件的试验结果不符合要求时，应从成品中再切取试件进行复验，其数量和要求应与初始试验时相同。

(5) 弯曲试验结果要求

焊接要处于弯曲中心点，弯曲角度为 90°，弯心直径为 $2d$（Ⅰ级钢筋）、$4d$（HRB335）、$5d$（HRB400）、$7d$（HRB500）。试验结果中至少有 2 个试件不发生破断；否则，应再取 6 个试件进行复验，复验结果，如仍有 3 个试件发生破断，应确认该批接头为不合格品。

2) 钢筋电弧焊接头

(1) 批量规定

以 300 个同类型接头为 1 批，不足 300 个时仍作为 1 批。

(2) 外观检测

应在接头清渣后逐个进行目测或量测，检查结果应符合下列要求：

①焊缝表面平整，不得有较大的凹陷、焊瘤。

②接头处不得有裂纹。

③咬边深度、气孔、夹渣的数量和大小以及接头偏差，不得超过如表 3-7 所示的要求。

钢筋电弧焊接尺寸偏差及缺陷允许值　　　　表 3-7

名　称		单位	接 头 形 式		
			帮条焊	搭接焊	坡口焊及溶槽帮条焊
帮条沿接头中心线的纵向偏移		mm		$0.5d$	
接头处弯折		(°)	4	4	4
接头处钢筋轴线		mm	$0.1d$	$0.1d$	$0.1d$
焊缝的偏移		mm	3	3	3
焊缝厚度		mm	$+0.05d$	$+0.05d$	
焊缝宽度		mm	$+0.1d$	$+0.1d$	0.5
焊缝长度		mm	$-0.5d$	$-0.5d$	
横向咬边深度		mm	0.5	0.5	
在长 $2d$ 的焊缝表面上	数量	个	2	2	—
	面积	mm	6	6	—
在全部焊缝上	数量	个	—	—	2
	面积	mm²			6

注：1. d 为钢筋直径（mm）。
　　2. 低温焊接接头的咬边深度不得大于 0.2mm。

④坡口焊及溶槽帮条焊接头,其焊缝加强高度不大于3mm。

(3)强度检验与判断

从成品中每批切取3个接头做拉伸试验,试验结果应符合下列要求:

①3个热轧钢筋接头试件的抗拉强度均不得低于该级别钢筋的规定抗拉强度值,余热处理Ⅲ级钢筋接头试件抗拉强度均不得小于 HRB400 钢筋规定的抗拉强度。

②至少有2个试件呈塑性断裂,3个试件均断于焊缝之外。

当检验结果中有1个试件的抗拉强度低于规定指标或有2个试件发生脆性断裂时,应取双倍数量的试件进行复验,复验结果如仍有1个试件的抗拉强度低于规定指标,或有1个试件断于焊缝或3个试件呈脆性断裂时,则该批接头即为不合格品。

模拟试验数量和要求应与从成品中切取时相同,当模拟试件试验结果不符合要求时,复验应再从成品中切取,其数量和要求应与开始时相同。

3.2 预应力混凝土张拉设计的检测

预应力混凝土结构构件检测项目中,原材料和配合比的检测、施工中的一些检测与钢筋混凝土的检测相同,钢丝钢绞线的性能与检测应列入《道路建设材料》,本节只介绍锚具和连接器、张拉设置与水泥浆的检测。

3.2.1 预应力钢绞线锚具和连接器检测

1.产品分类

锚具连接器按其结构形式分为:张拉端锚具(又分为群锚和扁锚两种);固定端锚具[分为扎花(H型)和挤压(P型)锚具两种]。各类锚具、连接器按使用的钢绞线规格可分为 YM12 和 YM15 两个系列。YM12 系列锚具、连接器适用于锚固、连接 $\phi 12.0mm \sim \phi 12.9mm$ 的钢绞线;YM15 系列锚具、连接器适用于锚固、连接 $\phi 15.0mm \sim \phi 15.7mm$ 的钢绞线。

2)检测项目与技术要求

锚具和连接器应具有可靠的锚固性能和足够的承载能力,以保证充分发挥预应力钢筋的强度。检测分为出厂检验、形式检验和使用单位检测。出厂检测为生产厂家在每批产品交货前必须进行的检测,由生产厂家的质量检测部门进行,并做出检测记录。形式检测应由国家指定的检验机构进行。

出厂检测应包括下列项目:表面质量、粗糙度、几何尺寸、硬度与静载试验。

形式检测应包括下列项目:表面质量、粗糙度、几何尺寸、硬度;静载试验;疲劳试验;周期荷载试验;辅助性试验。

桥梁施工中检测包括:外观与尺寸检查;硬度检查。大桥有时须进行静载试验。

锚具静载锚固性能由预应力—锚具组装件的静载试验测定的锚具效率系数 η_a 和达到实测极限拉力时的总应变 ε_{apu} 来确定。交通行业标准《公路桥梁预应力钢绞线用锚具、连接器试验方法及检验规则》(JT 329.2—1997)规定锚具的静载锚固性能符合下列要求:

钢绞线锚具组装件达到实测极限拉力时,全部零件均不应出现肉眼可见的裂缝或破坏。

锚具的静载锚固性能应满足下列要求:

锚具效率系数 $\eta_\alpha \geqslant 0.95$。

达到实测极限拉力时的总应变 $\varepsilon_{\alpha pu} \geqslant 2\%$。

锚具宜满足分级张拉、补张拉以及放松钢绞线的要求。锚具及其附件上应设置灌浆孔,灌浆孔应具有保证浆液畅通的截面面积。

循环荷载作用下疲劳性能试验,试件经受200万次循环荷载后,钢绞线因锚具影响发生疲劳破坏的面积不应大于试件总面积面积的5%。

用于抗震结构中的锚具还应进行周期荷载试验,试件经受50次周期荷载作用后,钢绞线不应发生破断、滑移和夹片松脱现象。

锚具内缩量应不大于6mm。锚口摩阻损失不大于2.5%。

连接器应具有与锚具相同的性能要求。

3)试验方法

(1)一般规定

试验用的钢绞线锚具组装件应由全部零件和钢绞线组装而成,组装时不得在锚固零件上添加影响锚固性能的物质,如金刚砂、石墨等(设计规定的除外)。束中各根钢绞线应等长平行,生产厂的形式检验和新产品试验所用的试件,应选用同一品种、同一规格中最高强度级别的钢绞线。不同系列的锚具应各选取两种代表性尺寸的样品形式试验。

试验用的测力系统,其不确定度不得大于2%;测量总应变用的量具,其标距的不确定度不得大于标距的0.2%;指示应变的仪器的不确定度不得大于标距的0.1%,试验台座承载力应大于组装件中各预应力筋计算极限拉力之和的1.5倍,千斤顶额定张拉力和测力传感器额定压力应大于组装件中各预应力筋极限拉力之和。试验设备及仪器每年至少标定一次。

锚具组装件试验之前必须对单根钢绞线进行力学性能试验,其试件应同组装件试验从同一盘钢丝或钢绞线中抽取。每次随机抽取6个试件。

(2)静载试验

将锚具、钢绞线、传感器、千斤顶安装于试验机或试验台座上,使各钢绞线均匀受力,紧固锚具螺丝或敲紧夹片。如图3-1所示为钢绞线锚具组装件静载试验组装图。

用张拉设备拉至钢绞线抗拉强度标准值的10%,测量如图3-1所示的 L_0 及千斤顶的活塞初始行程 L_1 尺寸并做记录;测量图3-2中 a、b 的尺寸并记录。

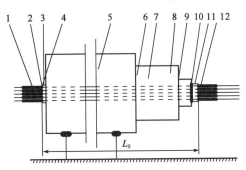

图3-1 钢绞线锚具静载试验组装图
1、12-钢绞线;2-夹片;3、11-锚圈;4、6、8、10-垫板;5-试验台座;7-千斤顶;9-传感器

用试验设备按钢绞线抗拉强度标准值的20%、40%、60%、80%分4级等速加载,加载速度宜为100MPa/min,达到80%后,持荷1h随后逐步加载至破坏。

试验过程中观察和测量项目应包括:

①钢绞线锚具或连接器组装件的内缩量。

②锚具或连接器各零件之间的相对位移。

③在达到钢绞线抗拉强度标准值的80%后,在持荷1h时间内的锚具或连接器的变形。

④试件的实测极限应力 F_{apu}。

⑤达到实测极限应力时的总应变 ε_{apu}。

根据试验结果记录计算锚具和连接器的锚固效率系数 η_a，编写试验报告。

总应变按下式计算：

$$\eta_a = \frac{F_{apu}}{F_{apu}^c} \quad (3-1)$$

$$F_{apu}^c = n f_{ptm} A_{pm} \quad (3-2)$$

$$\varepsilon_{apu} = \frac{L_2 - L_1 - \Delta a}{L_0} \times 100 \quad (3-3)$$

式中：F_{apu}——钢绞线锚具组装件的实测极限拉力；

F_{apu}^c——钢绞线锚具组装件中各根钢绞线计算极限拉力之和；

f_{ptm}——钢绞线中抽取的试件极限抗拉强度的平均值；

A_{pm}——钢绞线锚具组装件中钢绞线截面面积之和；

L_1——千斤顶活塞初始行程读数；

L_2——试件破坏时活塞终了行程读数；

Δa——内缩量，见图 3-2；

n——钢绞线锚具组装件中钢绞线根数。

图 3-2 内缩量计算图

静载试验采用表 3-8 记录。根据试验记录，可以计算锚具效率系数和总应变，静载试验的结果由表 3-9 给出。

静 载 试 验 记 录　　　　　　表 3-8

锚具型号				规格			计算极限拉力之和(kN)	
千斤顶型号			钢绞线	强度级别(MPa)			实测极限应力(kN)	
传感器型号				L_0(mm)			破断情况	
序号	加载量(kN)	夹片位移量 Δb(mm)		内缩量 Δa(mm)		千斤顶活塞行程(mm)	破断时	Δa(mm)
		固定端	张拉端	固定端	张拉端			Δb(mm)
持荷时间								
持荷后								
破断后								

参加人：　　　　　　日期：

静 载 试 验 结 果　　　　　　表 3-9

试件编号	锚具型号	钢绞线根数	钢绞线计算极限拉力之和(kN)	钢绞线锚具组装件实测极限拉力(kN)	锚具效率系数	总应变(%)	破坏情况			
							破断丝数	颈缩丝数	斜切口断丝数	其他

试验者：　　　　　计算者：　　　　　委托单位：　　　　　备注：
校对者：　　　　　审核者：　　　　　生产厂家：
试验单位：　　　　试验日期：　　　　监检单位：

内缩量试验使用的设备、仪器及试件安装与静载试验相同,内缩量可用测量锚固处钢绞线相对位移计算出。试件组装后测量图 3-2 中每根钢绞线的 Δa 值,用试验设备张拉试件至钢绞线抗拉强度标准值的 80% 后锚固,测量每根钢绞线的 Δb 值,计算出每根钢绞线的内缩量 Δa 和锚具组装件的内缩量 Δb。内缩量试验试件不少于 3 个,试验结果取其平均值,并记录在表 3-10 中。

内缩量试验结果　　　　　　　　　　表 3-10

试件编号	锚具型号	钢绞线抗拉强度标准值（MPa）	钢绞线截面面积（mm²）	内缩量 Δa（mm）	内缩量（平均值）Δa（mm）

试验者：　　　　　计算者：　　　　　委托单位：　　　　　备注：
校对者：　　　　　审核者：　　　　　生产厂家：
试验单位：　　　　试验日期：　　　　监检单位：

4）试件抽样及检测判定

对于同类型、同一批原材料和同一工艺生产的锚具、夹具或连接器作为一批验收,每批不超过 1000 套。外观检测是从每批中抽取 10% 的锚具且不少于 10 套；硬度检验抽取 5% 且不少于 5 套；静载试验应从每批中抽取 6 套,组成 3 个装件。外观检测如表面无裂缝,尺寸符合设计要求,判定为合格；如有一套表面有裂缝或尺寸超过设计图纸规定的允许偏差,应另取双倍数量的试件重做检测；如仍有一套试件不符合要求,则应逐个检测,合格者方可使用。硬件检测是每个零件测试 3 点,当硬度值符合设计要求的范围应判为合格。如 1 个零件不合格,则应另取双倍数量的零件重做检测；如仍有 1 个试件不合格,则应逐个检测,合格者方可使用。

静载锚固能力检测、疲劳荷载试验及周期荷载检测符合技术要求的规定,判为合格。如有 1 个试件不合格,则应另取双倍数量的锚具或连接器重做检测；如仍有 1 个试件不符合要求,则该批为不合格品。

3.2.2　张拉设备试验

桥梁工程中常采用液压拉伸机,由油压千斤顶和配套的高压油泵、压力表及外接油管等组成。液压拉伸机的千斤顶按其构造可分为台座式（普通油压千斤顶）、空心式、锥锚式及拉杆式。预应力张拉机具应与锚具配套使用,并在进场前进行检查和校检。

油压千斤顶的作用力一般用油压表测定和控制。油压表上的指示读数为油缸内的单位油压,在理论上将其乘以活塞面积即应为千斤顶的作用力。但由于油缸与活塞之间有一定的摩阻力,此项摩阻力抵消一部分作用力,因此实际作用力要比理论值小。为正确控制张拉力,一般均用校检标定的方法测定油压千斤顶的实际作用力与油压读数的关系。校检仪器可采用压力试验机、标准测力计或传感器等,一般采用长柱压力试验机。

1）长柱压力试验机校检

压力试验机的精度不得低于 ±2%。校检时,应采用被动校检法,即在校检时用千斤顶试验机,这样活塞运行方向、摩阻力的方向与实际工作时相同,校检比较准确。

在进行被动校检时,压力试验机本身也有摩阻力,且与正常使用时相反,故试验机表盘读数反映的也不是千斤顶的实际作用力。因此,用被动法校检千斤顶时,必须事先用具有足够吨位的标准测力计对试验机进行被动标定,以确定试验机的度盘读数值。标定后再校检千斤顶时就可以从试验机度盘上直接读出千斤顶的实际作用力以及相应的油压表的准确读数。

用压力试验机校检的步骤如下:

(1)千斤顶就位。当校检穿心式千斤顶时,如图3-3a)所示,将千斤顶放在试验机台面上,千斤顶活塞面或撑套与试验机压板紧密接触,并使千斤顶与试验机的受力中心线重合。

当校检拉杆式千斤顶时,如图3-3b)所示,先把千斤顶的活塞杆推出,取下封尾板,在缸体内放入一根厚壁无缝钢管,然后将千斤顶两脚向下立于试验机的中心线部位。放好后,调整试验机,使钢管的上端与试验机上压板接紧,下端与缸体内活塞面接紧,并对准缸体中心线。

(2)校检千斤顶开动油泵,千斤顶进油,使活塞杆上升,顶试验机上压板。在千斤顶顶试验机平缓增加荷载的过程中(此时不得用试验机压千斤顶),在零位到最大吨位,将试验机被动标定的结果逐点标定到千斤顶的油压表上。标定点应均匀地分布在整个测量范围内,且不少于5点。当采用最小二乘法回归分析千斤顶的标定经验公式时,需10~20点。各标定点应重复标定3次,取平均值,并且只测读进程,不得读回程。

(3)对千斤顶校检数值采用表3-11记录,并可根据校检结果绘千斤顶校检曲线,供预应力钢材张拉时使用,亦可采用最小二乘法求出千斤顶校检的经验公式,供预应力筋张拉时使用。

2)用标准测力计校检

用水银压力计、测力环、弹簧拉力计标准测力计校检千斤顶,是一种简单可靠的方法,校检穿心式千斤顶时的装置如图3-4所示(校检拉杆式千斤顶的附加装置与压力试验机校检相同)。校检时,开动油泵,千斤顶进油,活塞杆推出,顶测力计。当测力计达到一定吨位T_1时,立即读出千斤顶油压表相应读数P_1,同样方法可得T_2、P_2、T_3、P_3…,此时T_1、T_2、T_3…即为相应于油压表读数P_1、P_2、P_3…的实际作用力。将测得的各值绘成曲线,实际使用时,即可由此曲线找出要求的T值和相应的P值。

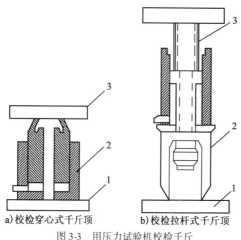

图3-3 用压力试验机校检千斤
1-试验机上下压板;2-拉伸机;3-无缝钢管

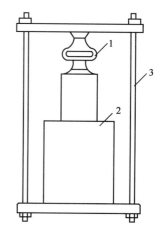

图3-4 标准测力计校检千斤顶装置
1-标准测力计;2-千斤顶;3-框架

也可以用电测传感器校检。电测传感器是在金属弹性元件表面贴上电阻应变片所组成的一个测力装置。当金属元件受外力作用变形后,电阻片也相应变形而改变其电阻值。改变的电阻值通过电阻应变仪测定出来,即可从预先标定的数据中查出外力的大小。将此数据再标定到千斤顶油压表上,即可用以进行作用力的控制。

张拉设备校检记录表　　　　　　　　表3-11

	名称	型号规格	精度等级	制造厂	出厂编号
张拉设备	油压千斤顶				
	高压油泵				
	油压泵				

检定吨位 kN	油压表校检读数			
	一	二	三	平均

试验机	型号规格	
	精度等级	
	制造厂	
	出厂编号	
	备注	

送检单位：　　　　　　　　　　　检定日期：
检定单位：　　　　　　　　　　　有效期至：
检定时室温：　　　　　　　　　　检定单位(盖章)：

3.3　水泥浆的检测

有黏结预应力筋的后张法预应力混凝土构件,在预应力筋张拉完毕后,均须向孔道内压满水泥浆,以保证预应力筋不锈蚀并与构件混凝土连成整体。压浆工作宜在张拉完毕后尽早进行,一般预应力混凝土构件,在张拉完毕10h左右,观察预应力筋和锚具稳定后,即可进行孔道压浆工作。孔道压浆的水灰比一般宜采用0.4~0.45,如掺入减水剂,水灰比可减少到0.35。

1)水泥浆的检测项目

(1)水泥浆的强度

水泥浆的应制成7.07cm×7.07cm×7.07cm的模块,标准养护28d测得抗压强度,以强度等级表示。压浆时每一工作班应制取不少于3组抗压试件,作为水泥浆质量评定的依据。

(2)泌水率和膨胀率试验

试验容器如图3-5所示,容器用有机玻璃制成,带有密封盖,高120mm,置放于水平面上。往容器内填灌约100mm深水泥浆,测填灌面高度并记录下来,然后盖严。置放3h和24h后测其离析水水面和水泥浆膨

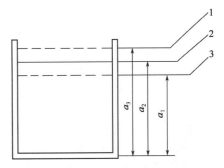

图3-5　水泥浆泌水率和膨胀率试验
1-水面;2-膨胀后的水泥浆面;3-最初填灌的水泥浆面

胀面,然后按下列公式计算泌水率和膨胀率:

$$泌水率 = \frac{a_2 - a_3}{a_1} \times 100\% \qquad (3-4)$$

$$膨胀率 = \frac{a_3 - a_1}{a_1} \times 100\% \qquad (3-5)$$

(3)稠度试验

水泥浆稠度测定容器如图 3-6 所示。测定时,先将漏斗调整水平,关上底口活门,将搅拌均匀的水泥浆倾入漏斗内,直至表面触及点测规下端。打开活门,让水泥浆自由流出,水泥浆全部流完的时间(s),称为水泥浆稠度。

2)水泥浆技术指标

水泥浆强度必须符合设计要求,设计无规定时,一般应不低于 30MPa。泌水率最大不超过 3%,拌和后 3h 泌水率宜控制在 2%,24h 后泌水应全部被水泥浆吸收。水泥浆稠度宜控制在 14~18s。水泥浆中可通过试验掺入适当的膨胀剂(如铝粉等),铝粉的掺入量约为水泥用量的 0.01%,掺入膨胀剂后的自由膨胀应小于 10%,收缩率不大于 2%。

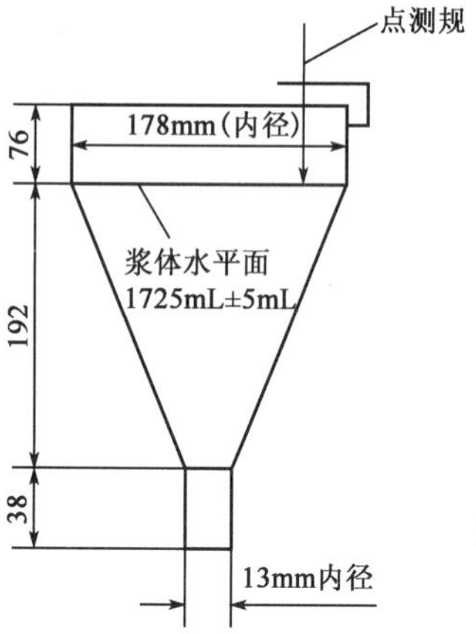

图 3-6 水泥浆稠度试验漏斗（尺寸单位:mm）

3.4 桥梁支座检测

桥梁支座设置在梁板式体系中主梁与墩台之间,其主要功能是将上部结构的各种荷载传递给墩台,并能适应上部结构的荷载、温度变化、混凝土收缩等各种因素所产生的变形(水平位移及转角),使上部结构的实际受力情况符合设计计算图示。桥梁支座按其材料可划分为小桥涵上使用的简易垫层支座、大中桥上使用的钢板支座、钢筋混凝土支座以及目前使用极为广泛的橡胶支座等。桥梁工程常用的支座有以下几种:

(1)油毛毡或平板支座(石棉板或铅板支座):一般用于低等级公路中标准跨径 10m 以内的简支梁(板)桥。

(2)板式橡胶支座:一般用于中、小跨径($L_0 < 40m$)梁(板)桥。

(3)盆式橡胶支座:常用于大跨径、大吨位的箱梁桥、斜拉桥和悬索桥。

(4)球形支座:常用于大跨径、大吨位的箱梁桥,特别适用于曲线桥、宽桥和坡道上斜桥。

(5)钢支座:适用于标准跨径等于或大于 25m 的梁桥。现已基本被板式橡胶支座取代,目前多用于钢结构桥梁上。

此外,还有钢筋混凝土摆式支座等。

桥梁橡胶支座构造简单,成本低,目前已实现了产品的标准化、系列化,也是我国桥梁支座的发展方向。本书主要介绍桥梁板式橡胶支座的检验方法。

3.4.1 板式桥梁橡胶支座构造特性

板式桥梁橡胶支座(图 3-7)通常由若干层橡胶片与以薄钢板为刚性的加劲物组合而成,

各层橡胶与上下钢板经加压硫化牢固的黏结成一体。支座在竖直荷载作用下,具有足够的刚度,主要是由嵌入橡胶片之间的钢板限制橡胶的侧向膨胀。在水平力作用下,支座的水平位移量取决于橡胶片的净厚度。在运营期间,为防止嵌入钢板的锈蚀,支座的上下面及四边都有橡胶保护层。

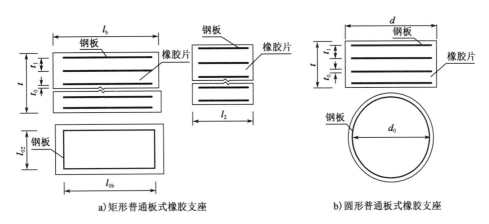

图 3-7 板式橡胶支座结构

3.4.2 板式桥梁橡胶支座的技术要求

交通行业标准《公路桥梁板式橡胶支座》(JT/T 4—2004)规定了桥梁板式橡胶支座标准系列规格,其参数应符合表3-12的规定,支座成品力学性能指标及质量要求应符合表3-13～表3-17的规定,标准系列规格之外形式的支座应根据试验结果自行确定设计参数。

标准系列规格支座设计参数　　　　　　　　　　表 3-12

[σ](MPa)		[G](MPa)	[E](MPa)	$\tan\alpha$		$\tan\theta$		μ_f
矩形支座	圆形支座	—	支座形状系数	不计制动力	计制动力	钢筋混凝土桥	钢桥	0.06
10.0	12.5	1.0	41.8～53	0.5	0.7	1/300	1/500	

注:1. 温度低于 -30℃时,抗剪弹模值应增大20%,四氟滑板与不锈钢板间摩擦系数 μ_f 值应增大30%。
　　2. 四氟板与不锈钢板间若不加润滑硅脂时,摩擦系数 μ_f 加倍。

支座成品的力学性能指标　　　　　　　　　　表 3-13

项　目		指　标	
		矩形支座	圆形支座
极限抗压强度 R_u(MPa)		≥70	≥75
抗压弹性模量 E(MPa)		[E]±[E]×20%	[E]±[E]×20%
抗剪弹性模量 G(MPa)		[G]±[G]×15%	[G]±[G]×15%
橡胶片允许剪切角正切值 $\tan\alpha$		≥0.7	≥0.7
支座允许转角剪切值 $\tan\theta$	钢筋混凝土桥	≥1/300	≥1/300
	钢桥	≥1/500	≥1/500
四氟板与不锈钢板表面摩擦系数 μ_f(加硅脂时)		≤0.03	≤0.03

支 座 解 剖 检 验　　　　　　　　　　　　　表 3-14

项　　目	质　量　要　求
锯开后胶层厚度	胶层厚度必须均匀，σ 为5mm或8mm时，其偏差为±0.04mm；σ 为11mm时，其偏差不得大于0.7mm；σ 为15mm或18mm时，其偏差不得大于±1mm
钢板与橡胶黏结	钢板与橡胶黏结应牢固且无离层现象，其平面尺寸偏差为±1mm，下上保护层偏差(±0.5,0)mm
剥离胶层(应按相关规定制成试样)	剥离胶层后，测定橡胶性能与规定的标准值相比，拉伸强度下降不大于15%，扯断伸长率下降不大于20%

每块支座成品外观检测　　　　　　　　　　　表 3-15

项　　目	质量要求(不允许以下三项缺陷同时存在)
气泡、杂质	气泡、杂质总面积不得超过支座平面面积的0.1%，且第一处气泡、杂质面积不能大于0.5cm²，最大深度不超过2cm
凹凸不平	当支座平面面积小于1500cm²，不多于2处，大于1500cm²时，不得多于4处，且每处凹凸高度不超过0.5cm，面积不超过6cm²
四侧面裂纹、钢板外露	不允许
掉块、崩裂、机械损伤	不允许
钢板与橡胶黏结处开裂或剥落	不允许
支座表面不平整	(1)橡胶支座：小于或等于平面最大长度的0.4%； (2)四氟滑板式支座：小于等于四氟板平面最大长度的0.2%
四氟滑板表面划痕、碰伤、敲击	不允许
四氟板与橡胶支座粘贴错位	不得超过橡胶支座短边或直径尺寸的0.05%

支座成品平面尺寸偏差范围　　　　　　　　　表 3-16

矩 形 支 座		圆 形 支 座	
长边范围(l_b)	偏　差	直径范围(d)	偏　差
$l_b \leq 300$	+2.0	$d \leq 300$	+2.0
$300 < l_b \leq 500$	+4.0	$300 < d \leq 500$	+4.0
$l_b > 500$	+5.0	$d > 500$	+5.0

支座成品厚度偏差范围　　　　　　　　　　　表 3-17

矩 形 支 座		圆 形 支 座	
厚度范围(mm)	偏　差	厚度范围(mm)	偏　差
$t \leq 49$	+1.0	$t \leq 49$	+1.0
$49 < t \leq 100$	+2.0	$49 < t \leq 100$	+2.0
$100 < t \leq 150$	+3.0	$100 < t \leq 150$	+3.0
$t > 150$	+4.0	$t > 150$	+4.0

3.4.3　板式桥梁橡胶支座检验方法

桥梁橡胶支座检验有型式检验、出厂检验和使用前抽检三种质量控制环节。型式检验是指厂家在投产、胶料配方改变、工艺和结构形式改变及正常生产中质监部门或国家监督机构定期检测。出厂检验必须由厂家质量管理部门进行,确认合格后才可出厂,供货时必须附有产品质量合格证。而桥涵工程使用前抽检是指针对具体支座的设计要求,以行业标准为依据,进行常规性检验、支座成品解剖检验和外观、几何尺寸检验等。

试样数量具体要求如下:

抗压弹性模量试验数量为3块;抗剪弹性模量试验的试样每2块组成一组,数量为3对;极限抗压强度试验的试样数量不得少于3块;容许剪切角试验的试样每2块组成一队,数量为3对;摩擦系数试验的试样数量为2块;容许转角试验的试样每2块组成一对,数量为3对。

1)抗压弹性模量检验

试验方法为通过中心受压试验,得出橡胶支的座应力应变曲线,并据此求出支座的抗压弹性模量,实测出使用应力下支座的最大压缩量并观察支座在受压情况下的工作状态。

大量的试验研究表明,橡胶支座在受压荷载作用下,在压应力不大时,支座的应力应变是非线性关系,即 σ-ε 关系开始有一曲线段;其后,随着荷载的逐步加大,压缩变形几乎成比例增加,则 σ-ε 曲线呈线性关系,卸载后变形基本上可完全恢复原位。橡胶支座抗压弹性模量就是根据上述曲线中的直线确定的。其试验步骤为:

(1)将橡胶支座成品直接置于试验加荷装置承压板上,对准中心,加荷至压应力为1.0MPa,在承载板的四角对称安装四只位移计。

(2)进行预压:降压应力缓缓增至[σ],持荷5min,然后卸载至压应力为1.0MPa。记录百分表初始值,预压3次。

(3)正式加载:每一加载循环自 $\sigma_1 = 1.0$MPa 开始,每级压应力为1.0MPa,持荷3min,读取百分数表读数,至[σ]为止,然后卸载至压应力为1.0MPa。10min后进行下一加载循环,加载过程连续进行3次。

以承载四角所测得的变位平均值作为各级荷载下试样的累计压缩变形 Δc,按试样橡胶层的总厚度 δ_i 求出在各级荷载作用下试样的累计压缩变形 ε_i。

试样抗压弹性模量按下式计算:

$$E = \frac{\sum_{i}^{K}(\sigma_i - \overline{\sigma})^2}{\sum_{t}^{K}(\sigma_{i1} - \overline{\sigma})\varepsilon_i} \tag{3-6}$$

式中:σ_{i1}——第 i 级试验压应力(MPa);

$\overline{\sigma}$——试验压应力的算术平均值(MPa);

ε_i——第 i 级试验载荷作用下的累计压缩应变值;

E——试样的抗压弹性模量(MPa)。

矩形支座的 I、k、[σ]取值为:

形状系数 $S > 8$:$i = 5$,$k = 10$,[σ] = 10.0MPa;

形状系数 $S > 7 \sim 8$:$i = 4$,$k = 9$,[σ] = 9.0MPa;

形状系数 $S > 6 \sim 7$:$i = 3$,$k = 8$,[σ] = 8.0MPa;

形状系数 $S \geq 5 \sim 6$:$i = 2$,$k = 7$,[σ] = 7.0MPa。

形状系数是支座受压面积与其自由膨胀侧面积之比值。橡胶支座在一定的压力作用下,形状系数影响其竖向变形。同批支座中,个别支座受压后变形量与同类支座相比差异较大,说明支座在加工时,胶片与钢板的黏结处存在缺陷。

对于矩形支座:

$$S = \frac{L_a \cdot L_b}{2(L_a + L_b)\delta_i} \quad (3\text{-}7)$$

对于圆形支座:

$$S = \frac{d}{4\delta_i} \quad (3\text{-}8)$$

式中:S——形状系数;

L_a——支座短边长度(mm);

L_b——支座长边长度(mm);

δ_i——支座中间单层橡胶片厚度(mm);

d——圆形支座的直径(mm)。

每一块试样的抗压弹性模量 E 为三次加载过程所得的三个结果的算术平均值。但单项结果和算术平均值之间的偏差不应大于算术平均值10%,否则该试样应重新试验一次。

支座抗压弹性模量容许值按下式计算:

$$[E] = 66S - 162 \quad (3\text{-}9)$$

2)极限抗压强度检验

由于桥梁橡胶支座极限抗压强度很大,因此,部颁标准规定了橡胶支座的极限抗压强度检验可在抗压弹性模量试验完成后,按 1.0MPa/min 的加荷速度加载至压应力达到极限抗压强度为止,并随时观察,确认支座完好无损,其指标为合格。

3)抗剪弹性模量检验

由于梁体受温度、收缩徐变以及车辆制动力等环境条件的影响产生的水平位移将使支座产生剪切变形,而橡胶支座水平位移量的大小主要取决于橡胶片的净厚度,也就是说支座的剪切位移是靠胶层的变形产生的,我国的交通部行业标准规定了橡胶支座的剪切模量检验办法,如图3-8所示。

橡胶支座抗剪弹性模量试验是以正压应力为容许压应力,并在抗剪过程中保持不变的情况下。采用两块支座用中间钢拉板推或拉组成双剪装置,橡胶支座的顶面或底面必须与石实桥设计(钢筋混凝土梁、钢梁)图纸一致,而且中间钢拉板的对称轴应和加压设备中轴处在同一垂直面上。剪切变形量一般采用两个大标距的位移传感器或百分表量测,正压力和剪切力一般采用力传感器进行量测控制。正式试验前,应进行预载,以控制偏差和消除初应力,正式加载时,施加水平力至剪应力 $\tau = 0.1\text{MPa}$ 后记录位移计初始值。

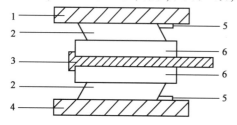

图3-8 橡胶支座剪切试验示意图
1-加压设备上承板;2-支座;3-上下两块支座拉或推力板;4-加压设备下承板;5-防滑挡板;6-混凝土、钢板或不锈钢板

正式加载:每一加载值循环从 $\tau = 0.1\text{MPa}$ 开始,每级剪应力增加0.1MPa,持荷1min,读取位移计读数,至 $\tau = 1.0\text{MPa}$ 为止,然后卸载使剪应力为 0.1MPa。10min后进行下一循环。加载过程连续

进行 3 次。

将各级水平荷载下位移计所测出的试样累积为水平变形 Δs，按试样橡胶层的总厚度 δ_1 求出在各级试验荷载作用下试样的累计剪切应变 γ_i。

抗剪弹性模量按下式计算：

$$G = \frac{\sum_{i=3}^{10}(\tau_i - \bar{\tau})^2}{\sum_{i=3}^{10}(\tau_i - \bar{\tau})\gamma_i} \tag{3-10}$$

式中：τ_i——第 i 级试验剪应力（MPa）；

$\bar{\tau}$——试验剪应力的算术平均值（MPa）；

γ_i——第 i 级试验荷载作用下的累计剪切应变值；

G——试样的抗剪弹性模量（MPa）。

每两个检验支座所组成试样的综合抗剪弹性模量 G 为这组试件三次加载所得到的三个结果的算数平均值。但各项结果与算术平均值之间的偏差不应大于算术平均值的 10%，否则该试样应重新进行一次试验。

4）容许剪切角检验

容许剪切角检验方法同抗剪弹性模量试验一样，并可与抗剪弹性模量试验同时完成。试样的容许剪切角按下式计算：

$$\tan\alpha = \frac{\tau_{\max}}{G} \tag{3-11}$$

式中：$\tau_{\max}$——试验时最大剪应力（MPa）；

G——试样抗剪模量（MPa）；

$\tan\alpha$——试样橡胶片容许剪切角正切值。

5）摩擦系数检验

摩擦系数试验，除要求必须对四氟板与不锈钢进行检验外，对橡胶与混凝土、橡胶与钢板间摩擦系数试验可按需要或用户要求进行检验。

将试样按图 3-8 规定摆好，对准中心位置。施加应力至 $[\sigma]$，并在整个摩擦系数试验过程中保持不变。逐级均匀施加水平力，每级间隔 30s 增加水平剪应力为 0.2MPa，至支座试样与混凝土板、钢板、不锈钢板试样接触面间发生滑动为止，记录此时水平应剪力，试验过程连续进行 3 次。

试样的摩擦系数按下式计算，并求出三次的算术平均值：

$$\mu = \frac{\tau}{\sigma[\delta]} \tag{3-12}$$

式中：τ——接触面间发生滑动时的水平剪应力（MPa）。

6）允许转角检验

在外荷载作用下，支座在发生竖向压缩的同时，由于梁体的挠曲作用使支座产生转动。支座转动时，试样边缘产生压缩与回弹两个相反变形。由转动产生的支座边缘的变形必须小于由垂直荷载和强制转动共同影响下的压缩变形。

橡胶支座容许转角检验装置如图 3-9 所示。检测时,将试样按图所示规定摆好对准中心位置,在距支座中心 600mm 处,安装使支座产生转动的千斤顶和测力传感器,并在承载梁(或板)体的四角安置位移传感器或百分表。首先进行预压,将压力缓缓增至[σ],维持 5min 后卸载至压应力为 1.0MPa,如此反复预压 3 遍。

正式加载:施加压应力至[σ],停 5min 读数。维持[σ]不变,用油压千斤顶对中间工字梁施加一个向上的力 P,使其达到预期转角达的正切值(偏差不大于 5%),停 5min 后,读取千斤顶力 P 及百分表的读数。

(1)实测转角的正切值计算:

$$\tan\theta = \frac{\Delta_1^2 + \Delta_3^4}{2L} \quad (3-13)$$

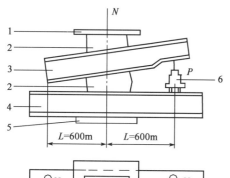

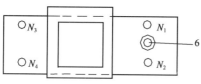

图 3-9 容许转角检验装置示意图
1-加压设备上承载板;2-支座;3-假设梁体;4-承载板;
5-加压设备下承载板;6-千斤顶;$N_1 \sim N_4$-位移计测点

式中:$\tan\theta$——实测转角的正切值;
Δ_1^2——百分表 N_1、N_2 处的变形平均值;
Δ_3^4——百分表 N_3、N_4 处的变形平均值;
L——转动力臂,$L = 600$mm。

(2)各种转角下,由于垂直荷载和转动共同影响产生的压缩变形值按下式计算:

$$\Delta_2 = \bar{\Delta}_c + \Delta_1 \quad (3-14)$$

$$\Delta_1 = \frac{\Delta_1^2 + \Delta_3^4}{2} \quad (3-15)$$

式中:$\bar{\Delta}_c$——垂直荷载 N 作用下试样累积压缩变形值(mm);
Δ_1——转动试验时,试样中心平均回弹变形值(mm);
Δ_2——垂直荷载和转动共同影响下试样中心处产生压缩变形值(mm)。

(3)各种转角下,试样边缘换算变形值计算:

$$\Delta_3 = \frac{L_a}{2}\tan\theta \quad (3-16)$$

式中:L_a——试样短边尺寸(mm);
Δ_3——试样边缘换算变形值(mm)。

(4)各种转角变形下,支座边缘最大、最小变形计算:

$$\Delta_{\max} = \Delta_2 + \Delta_3 \quad (3-17)$$

$$\Delta_{\min} = \Delta_2 - \Delta_3 \quad (3-18)$$

7)判定规则

试样的抗压弹性模量与规定值的偏差在 ±20% 范围之内时,则认为是满足要求的。试样的抗剪弹性模量与规定值的偏差在 ±15% 范围之内,容许剪切角正切值符合规定,则认为是满足要求的。

在 70MPa(矩形支座)或 75MPa(圆形支座)的压应力时,橡胶层未被挤坏,中间层钢板未断裂,四氟板与橡胶未发生剥离,则认为试样的极限抗压强度是满足要求的。试样的摩擦系数符合规定时,则认为是满足要求的。

试样的容许转角正切值,混凝土、钢筋混凝土桥为 1/300,钢桥为 1/500 时,试样边缘变形值大于或等于零时,认为试样容许转角是满足要求的。三块(或三组)试样中,有两块(或两组)不能满足要求时,则认为该批产品不合格。若有一块(或一组)试样不能满足要求时,则应重新抽取三块(或三组)试样进行试验,若仍有一块(或一组)不能满足要求时,则认为该批产品不合格。

3.4.4 支座安装的安全检测

1) 基本要求

(1) 支座的材料、质量和规格必须满足设计和有关规范要求,经验收合格后方可安装。

(2) 支座底板调平砂浆性能应符合设计要求,灌注密实,不得留有空洞。

(3) 支座上下各部件纵轴线必须对正。当安装时温度与设计要求不同时,应通过计算设置支座顺桥向预偏量。

(4) 支座不得发生偏歪、不均匀受力和脱空现象。滑动面上的四氟滑板和不锈钢板不得有划痕、碰伤等,位置正确,安装前必须涂有硅脂油。

2) 实测项目

支座安装实测项目如表 3-18 所示。

支座安装实测项目　　　　　　　　　　　表 3-18

项次	检查项目		规定值或允许偏差	检查方法和频率
1	支座中心横桥向偏位(mm)		≤2	尺量:测每支座
2	支座中心顺桥向偏位(mm)		≤5	尺量:测每支座
3	支座高程(mm)		满足设计要求;设计未要求时 ±5	水准仪:测每支座中心线
4	支座四角高差(mm)	承压力≤5000kN	≤1	水准仪:测每支座
		承压力>5000kN	≤2	

3.5 桥梁橡胶伸缩装置检测

3.5.1 桥梁橡胶伸缩装置的作用及分类

桥梁橡胶伸缩装置的主要作用是满足桥梁上部结构变性的需要,并保证车辆通过桥面时平稳。桥梁橡胶伸缩装置按照伸缩体结构不同可规划为四类:

1) 纯橡胶式伸缩装置

伸缩体完全是由橡胶组成的(包括异形钢梁高度不大于 50mm 与密封橡胶带组成单缝),称为纯橡胶式伸缩装置。它用于伸缩量不大于 60mm 的公路与桥梁工程。

2) 板式伸缩装置

伸缩体由橡胶、钢板或角钢硫化为一体的称为板式伸缩装置。它适用于伸缩量小于 60mm 的公路桥梁工程,不适用于高速公路桥梁工程。

3) 组合式伸缩装置

伸缩体由橡胶板和钢托板组合而成的称为组合式伸缩装置。它适用于伸缩量小于

120mm 桥梁工程,不适用于高速公路桥梁工程。

4) 模数式伸缩装置

伸缩体由异形钢梁与单元橡胶密封带组合而成的称为模数式伸缩装置。它适用于伸缩量为 80～1200mm 的公路桥梁工程。

3.5.2 桥梁伸缩橡胶装置技术要求

桥梁橡胶伸缩装置的检验项目有:橡胶与钢材的质量;成品尺寸偏差;外观质量;成品力学性能试验;解剖检验等。各项指标见表 3-19～表 3-23。

伸缩装置成品力学性能试验表   表 3-19

序号	项 目		模 数 式		梳 齿 板 式		橡胶式		异形钢单缝式
							板式	组合式	
1	拉伸、压缩时最大水平摩阻力(kN/m)		≤4		≤5		<18	≤8	—
2	拉伸、压缩时变位均匀性(mm)	每单元最大偏差值	-2～2		—		—	—	—
		总变位最大偏差值	$e \leq 480$	-5～5	$e \leq 80$	±1.5			
			$480 < e \leq 800$	-10～10	$e > 80$	±2.0			
			$e > 800$	-15～15	—	—			
3	拉伸、压缩时最大竖向偏差或变形(mm)		1～2		0.3～0.5		-3～3	-2～2	
4	相对错位后拉伸、压缩试验(满足1、2项要求的前提下)	纵向错位	支撑横梁倾斜角度不小于2.5°		—		—	—	—
		竖向错位	相当顺桥向产生5%坡度		—		—	—	—
		横向错位	支撑范围3.6m内两端相差80mm		—		—	—	—
5	最大荷载时中梁应力、横梁应力、应变测定、水平力(模拟制动力)		满足设计要求		—		—	—	—
6	防水性能		注满水24h无渗漏		—		—	—	注满水24h无渗漏

橡胶伸缩宽度、厚度偏差(mm)   表 3-20

宽度范围	偏 差	厚度范围	偏 差
≤80	+2.0 -1.0	≤80	+1.8 -1.0
80～240	+2.0 -1.5	>80	+2.3 -1.5
>240	+2.0 -2.0	—	—

单元密封橡胶带尺寸偏差范围(mm)　　　　表3-21

宽 度 范 围	偏　　差	厚 度 范 围	偏　　差
$a=80$	+3 0	$b \geqslant 7$	+1 0
		$b_1 \geqslant 4$	+0.3 0
$a<80$	+2 0	$b \geqslant 6$	+0.5 0
		$b_1 \geqslant 3$	+0.2 0

注:宽度范围正偏差用于伸缩体顶面,负偏差用于底面。

橡胶伸缩体外观质量标准　　　　表3-22

缺陷名称	质 量 标 准	缺陷名称	质 量 标 准
骨架钢板外露	不允许	气泡、杂质	不超过成品表面积的0.5%,且每处不大于25mm²,深度不超过2mm
钢板与连接处开裂或剥离	不允许		
喷霜、发脆、裂纹	不允许	螺栓定位孔歪斜及开裂	不允许
明疤缺胶	面积不超过30mm×5mm,深度不超过2mm缺陷,每米不超过4处	连接榫槽开裂、闭合不准	连接榫槽开裂、闭合不准

板式伸缩装置解剖检验表　　　　表3-23

名　　称	解 剖 检 验 项 目
锯开后钢板、角钢位置	钢板、角钢位置要求准确无误,其平面位置偏差为±3mm,高度偏差应在-1~2mm
钢板与橡胶黏结	钢板与橡胶牢固且≥无离层现象

1)成品力学性能试验

伸缩装置成品力学性能试验应符合表3-19的要求。

2)成品尺寸偏差及外观质量的质量检验

(1)不论伸缩量大小,每延米长度偏差为-1.0~2.0mm。

(2)宽度、厚度偏差应满足表3-20的要求。

(3)在自然状态下,伸缩装置中使用的单元密封胶带尺寸(不包括锚固部分)的公差应满足表3-21要求。

(4)橡胶伸缩体外观应满足表3-22的要求。

3)成品解剖检验

板式伸缩装置成品解剖检验,设200块或每批任取一块,将其沿垂直方向锯开,进行规定项目检验,检验结果应符合表3-23的要求。

3.5.3 桥梁橡胶伸缩装置检验原则

(1)桥梁伸缩装置的检验,除投产鉴定、质量监督机构定期检测和出厂检验外,高等级公路大中桥往往在施工阶级仍需进行逐个检查外观几何尺寸,必要时还应进行成品力学性能检验。

(2)成品力学性能试验,原则上要求试验设备能对整体组装后的伸缩装置成品进行力学性能试验,如试验设备所限,可对纯橡胶式、板式和组合式伸缩装置截取1m试样进行力学性能试验。

(3)成品力学性能试验应在专用的试验平台上完成,两边用定位螺栓或其他有效方法将伸缩装置试样与锚固板连接,然后使试验装置模拟拉伸、压缩与纵向、竖向、横向错位,实测拉、压过程中水平摩阻力、变位均匀性。

(4)对模数式伸缩装置试样按实际荷载测定中梁、横梁及其他重要构件应力、应变值。有条件时,应对试样进行振动冲击试验。

(5)对单组、多组模数式伸缩装置橡胶密封带,应进行放水试验。

(6)所有伸缩装置应作零部件安装、更换方便性试验。

(7)伸缩装置的平面、厚度等外形尺寸,应用标定的钢尺、游标卡尺、平整度仪、水准仪测量。每延米纯橡胶式、板式、组合式伸缩装置式样平面尺寸除测量四边长度外,还应测量对角线尺寸。测量厚度时应在四边测量8点,取其平均值,其偏差应满足相应的标准规定。模数式伸缩装置偏差除应满足相应的标准规定外,还应每2m长度内取一点,并取其各点的平均值。

3.5.4 判定规则

(1)成品力学性能试验应满足表3-19的规定。

(2)何尺寸及外观应满足表3-20~表3-22的规定。

(3)解剖检验应满足表3-23的规定。

(4)黏结剂、聚四氟乙烯材、硅脂应满足《公路桥梁板式橡胶支座》(JT/T 4—2004)的有关规定。

(5)使用钢板、型钢、异形钢材、螺栓等钢件和不锈钢板材时,应满足有关材料的技术要求。

(6)检验不合格时,应再取双倍试样对不合格项目进行复试,复试后仍有项目不合格,则该批产品为不合格,不合格产品不得使用。

【复习题和思考题】

1. 混凝土在施工过程中应检测哪些项目?
2. 如何制定焊件的质量?
3. 水泥浆的力学性能有哪些?如何检测?
4. 锚具与连接器的检验项目与技术要求有哪些?
5. 简述锚具静载试验的检测目的与检测方法。
6. 为什么要进行油压千斤顶的校验?
7. 为什么要对桥梁支座进行检验?
8. 板式桥梁橡胶支座的检验项目有哪些?
9. 如何判定板式桥梁橡胶支座是否合格?
10. 叙述桥梁橡胶伸缩装置成品力学性能的检验项目。
11. 叙述橡胶伸缩装置成品外观检验项目与方法。
12. 叙述梁橡胶伸缩装置的检验原则及判定规则。

第 4 章
桥梁下部结构试验检测

【重点内容和学习要求】

本章重点讲述桥梁地基承载力的试验检测、钻(挖)孔施工过程的检测项目和检测方法,讲述桥梁桩基完整性检测方法。通过学习,要求学生掌握桥梁下部结构试验检测的质量标准和检测的一般方法。

4.1 桥梁地基检测

天然地基上的浅基础,由于埋入地层深度较浅,施工一般采用敞开挖基坑修筑基础的方法。基坑挖至基底设计高程,或已按设计要求加固、处理完毕后,需经过基底检测,才可以进行基础圬工施工。基底检测必须及时,以免待测验基底暴露时间过久而改变原状土的结构或风化变质。

1)检测内容

检测基底平面位置、尺寸大小、基底高程是否符合设计要求,偏差值是否在现行有关规定允许范围以内;检查基底地质情况和承载力是否与设计资料相符;检测基底处理和排水情况是否符合相关规范要求;检查施工记录及有关试验资料;检测地基经加固、处理后的效果是否达到设计要求。

2)检测方法

按桥涵大小、地基土质复杂(如融铜、断层、软弱夹层、易熔岩等)情况及结构对地基有无特殊要求,可采用以下检测方法:

(1)桥涵地基检测:可采用直观或接触方法,必要时可进行土质试验。

(2)大、中桥和地基土质复杂、结构对地基有特殊要求的地基检测,一般采用接触和钻探(钻深至小4m)取样做土工试验,或按设计要求进行荷载试验。

(3)特大桥按设计要求检测。

3)基底平面位置和高程允许偏差规定

(1)平面周线位置不小于设计要求。

(2)基底高程:土质 ±50mm;石质 +50mm,−200mm。

4)检测注意事项

(1)如果地基经检测后,需要加固处理,则加固处理完毕,应再进行检验,合格后,才能进行基础施工。

(2)为了有较好的可比性,加固前后两次的测试项目应力求对应,甚至最好由同一试验组用同一仪器按同一标准进行。

(3)检测后应按规定格式填写"地基检验表",由参加检验人员签名,作为竣工验收原始资料。

4.2 地基承载力检测

地基容许承载力是在保证建筑物安全可靠,并符合正常使用要求的前提下,地基土在单位面积上所能承受荷载的能力,通常用荷载强度(kPa)表示。

地基容许承载力的确定要考虑两方面的要求,即基础沉降量不超过容许值和保证地基有足够的稳定性。

地基容许承载力的测定方法有:野外荷载试验法、理论公式法、邻近旧桥涵调查对比综合分析确定法、贯入试验法以及按《公路桥涵地基与基础设计规范》(JTG D63—2007)推荐的方法确定地基容许承载力。

地基承载力的理论公式法只考虑地基的强度,没有考虑沉降的要求,而且是在做了一定简化假定的条件下导出的,且多数只针对条形荷载而言,因此使用很少。

4.2.1 按《公路桥涵地基与基础设计规范》确定地基容许承载力

《公路桥涵地基与基础设计规范》(JTG D63—2007)是根据大量的桥涵工程建筑经验和荷载试验资料,综合理论和试验研究成果,通过统计分析制定而成的。

1)地基土的分类

根据土的天然结构和天然含水率,颗粒级配及塑性指数划分为六类,对每一类又进行了细分。

(1)黏土性:分为一般黏性土、老黏性土、新近沉积黏性土和残积黏性土。

(2)砂土:根据颗粒组配,可分为砾砂、粗砂、中砂、细砂及粉砂。

(3)碎石土:根据粒径与形状分为漂石、块石、圆砾及角砾。

(4)岩石:根据岩块单轴抗压强度,可分为硬质岩、软质岩及极软岩。

(5)黄土:根据沉积年代的不同,分为新近堆积黄土、一般新黄土及老黄土等。

(6)多年冻土。

2)确定地基容许承载力

当基础宽度 $b \leq 2m$,埋置深度 $h \leq 3m$ 时,查表确定地基容许承载力。根据地基土的类别查相应的表,实测查表所需指标。例如老黏性土要测定压缩模量,而一般黏性土要实测孔隙比与液性指数。实测所需土样一定要在现场取天然状态的有代表性的土样(一般每个基础的地基不少于4个土样)。细粒土的液限 W_L、液性指数 I_L、塑性指数 I_P,是指用76g平衡锥测定的数值。

(1)黏性土地基容许承载力检测

老黏性土、残积黏性土取土样测压缩模量,然后查表4-1、表4-2确定容许承载力;一般黏性土,新近沉积黏性土取土样测天然含水率、天然密度与液塑限,计算孔隙比和液性指数,查表4-3、表4-4确定容许承载力。

老黏性土的容许承载力 $[\delta_0]$ 表4-1

E_s (MPa)	10	15	20	25	30	35	40
$[\sigma]$ (kPa)	380	430	470	510	550	580	620

注:老黏性土是指第四纪晚更新世(Q_3)以及以前沉积的黏性土。一般具有较高的强度和较低的压缩性。

残积黏性土的容许承载力 $[\delta_0]$ 表4-2

E_s (MPa)	4	6	8	10	12	14	16	18	20
$[\sigma]$ (kPa)	190	220	250	270	290	310	320	330	340

注:本表适用于西南地区碳酸盐类岩层的残积红土。其他地区可参照使用。

一般黏性土的容许承载力 $[\delta_0]$ 表4-3

$[\sigma_0]$ (kPa) I_L \ e	0	0.1	0.2	0.3	0.4	0.5	0.6	0.7	0.8	0.9	1.0	1.1	1.2
0.5	450	440	430	420	400	380	350	310	270	240	220	—	—
0.6	420	410	400	380	360	340	310	280	250	220	200	180	—
0.7	400	370	350	330	310	290	270	240	220	190	170	160	150
0.8	380	330	300	280	260	240	230	210	180	160	150	140	130
0.9	320	280	260	240	220	210	190	180	160	140	130	120	100
1.0	250	230	220	210	190	170	160	150	140	120	110	—	—
1.1	—	—	160	150	140	130	120	110	100	90	—	—	—

注:1. 一般黏性土是指第四纪全新世(Q_4)(文化期以前)沉积的黏性土,一般为正常沉积的黏性土。
2. 土中含有粒径大于2mm的颗粒重量超过全部重量30%以上的$[\sigma_0]$,可酌量提高。
3. 当 $e<0.5$ 时,取 $e=0.5$;$I_L=0$。此外,超过列表范围的一般黏性土,$[\sigma_0]$可按下式计算:$[\sigma_0]=57.22E_s^{0.57}$ 其中,E_s为土的压缩模量。

新近沉积黏性土的容许承载力$[\sigma_0]$　　　　　表4-4

$[\sigma_0]$(kPa) I_L / e	≤0.25	0.75	1.25
≤0.8	140	120	100
0.9	130	110	90
1.0	120	100	80
1.1	110	90	—

注：新近沉积的黏性土是指文化期以来沉积的黏性土，一般为欠固结且强度较低。

(2)砂土地基的容许承载力检测

砂土地基的容许承载力的检测要通过颗粒分析确定土名(表4-5)，并依据相对密度确定密实度(表4-6)，再根据湿度(水位情况)确定砂土的容许承载能力，如表4-7所示。

砂土的分类　　　　　表4-5

土的名称	颗粒组配
砾砂	粒径大于2mm的颗粒占全重25%~50%
粗砂	粒径大于0.5mm的颗粒超过全重的50%
中砂	粒径大于0.25mm的颗粒超过全重的50%
细砂	粒径大于0.075mm的颗粒超过全重的85%
粉砂	粒径大于0.075mm的颗粒不超过全重的50%

注：定名时，应根据粒径分组由大到小排列，以最先符合者确定。

砂土密实度　　　　　表4-6

标准贯入锤击数 N	密实度	标准贯入锤击数 N	密实度
$N≤10$	松散	$15<N≤30$	中密
$10<N≤15$	稍密	$N>30$	密实

砂土的容许承载力$[\sigma_0]$(kPa)　　　　　表4-7

土的名称及水位情况	密实度 $[f_{a0}]$(kPa)	密实	中密	稍密	松散
砂砾、粗砾	与湿度无关	550	430	370	200
中砂	与湿度无关	450	370	330	150
细砂	水上	350	270	230	100
	水下	300	210	190	—
粉砂	水上	300	210	190	—
	水下	200	110	90	—

3)碎石土容许承载力的检测

碎石土的容许承载力首先要通过颗粒分析确定土名(表4-8)，再根据土的天然骨架、开挖、钻探等难易程度划分密实程度(表4-9)，然后查表确定容许承载力。

碎石土的分类　　　　　　　　　　　　　　　表 4-8

土的名称	颗粒形状	颗粒级配
漂石	圆形及亚圆形为主	粒径大于 200mm 的颗粒超过全重的 50%
块石	棱角性为主	
卵石	圆形及亚圆形为主	粒径大于 20mm 的颗粒超过全重的 50%
碎石	棱角性为主	
圆砾	圆形及亚圆形为主	粒径大于 2mm 的颗粒超过全重的 50%
角砾	棱角性为主	

注：定名时，应根据粒径分组由大到小排列，以最先符合者确定。

碎石密实度程度划分表　　　　　　　　　　　　表 4-9

密实程度	骨架和充填物	天然坡和开挖情况	钻探情况
松散	多数骨架颗粒不接触而被充填物包裹	不能形成陡坎，天然坡接近于粗颗粒的安息角。锹可以挖掘，坑壁易坍塌，从坑壁取出大颗粒后，砂土即塌落	钻进较容易，冲击钻探时，钻杆稍有跳动，孔壁易坍塌
中密	骨架颗粒疏密不均，部分不连续，孔隙填满充填物	天然坡不大稳定，或随坡下堆积物较多，但大于粗颗粒的安息角。镐可以挖掘，坑壁有掉块现象，从坑壁取出大颗粒处，砂类土大多不易保持凹面形状	钻进较难，冲击钻探时，钻杆、吊锤跳动不剧烈，孔壁有坍塌现象
密实	骨架颗粒交错紧贴，孔隙填满充填物	天然陡坡较稳定，坎下堆积物较少。镐挖掘难，用撬棍不能松动；坑壁稳定，从坑壁取出大颗粒后，能保持凹面形状	钻进困难，冲击钻探时，钻杆、吊锤跳动剧烈、坑壁较稳定

4）黄土的容许承载力检测

黄土地基首先根据表 4-10 进行分类，并根据实测黄土地基土的天然密度、天然含水率、土粒密度计算出孔隙比与液限，查表 4-11～表 4-13 确定容许承载力。

黄土的分类　　　　　　　　　　　　　　　表 4-10

时代		地层名称		钻探情况
全新世 Q_4	近期	—	新近堆积黄土	人类文化期内沉积物，多为坡、洪积层，不均匀，常含有沙砾、石块和杂物，一般有湿陷性，常具有高压缩性
	早期	—	一般新黄土	大孔隙发育、壁立性好，部分含有砂姜石，有湿陷性
晚更新世 Q_3		马兰黄土	新黄土	
中更新世 Q_2		离石黄土	老黄土	经成岩作用，较密实，壁立性强，具有一定大孔隙，常夹有砂姜石和古土层，一般无湿陷性
早更新世 Q_1		午城黄土		

新近堆积黄土的容许承载力 $[\sigma_0]$　　　　　　表 4-11

W/W_L	0.4	0.5	0.6	0.7	0.8	1.0	1.2
$[\sigma_0]$ (kPa)	130	120	110	100	90	80	70

注：表列新近堆积黄土为湿陷性黄土地基时，经人工处理后，其承载力按下列系数提高：
1. 人工夯实（用 0.5kN 的普通石夯，落距 50cm，分别夯 3 遍），提高 1.2。
2. 换土夯实表层填卵石 16cm，三七石灰土（体积比三分石灰，七分土）4cm，电动蛙式机夯打 3～4 遍，提高 1.3。
3. 重锤夯实（包括表层 1～1.5m 厚度的夯实和回填夯实），提高 2.0。
4. 打石灰砂桩（基础底面地基加固），提高 4.0。

一般新黄土容许承载力$[\sigma_0]$ 表4-12

$[\sigma_0]$(kPa) W / W_L	≤10	13	16	19	22	25	28	31	34
22	190	180	170	150	130	110	90	70	50
25	200	190	180	160	140	120	100	80	60
28	210	200	190	170	150	130	110	90	70
31	230	210	200	180	160	140	120	100	80
34	250	230	210	190	170	150	130	110	100
37	—	250	230	210	190	170	150	130	110
40	—	—	250	230	210	190	170	150	130
43	—	—	—	250	230	210	190	170	150

老黄土容许承载力$[\sigma_0]$ 表4-13

$[\sigma_0]$(kPa) e / W/W_L	<0.7	0.7~0.8	0.8~0.9	>0.9
<0.6	700	600	500	400
0.6~0.8	500	400	300	250
>0.8	400	300	250	200

注:山东老黄土性质较差,容许承载力$[\sigma_0]$应降低100~200kPa。

岩石、多年冻土地基的容许承载力此处未列,可参考《公路桥涵地基与基础设计规范》(JTG D63—2007)。

5)计算修正后的地基容许承载力

地基容许承载力不仅与地基土的性质和状态有关,而且与基础底面尺寸和埋置深度有关。因此,基底宽度$b>2$m,基础埋置深度$h>3$m,且$h/b≤4$时,地基的容许承载力应修正,修正后的地基容许承载力$[\sigma]$,可按下式计算:

$$[\sigma] = [\sigma_0] + K_1 r_1 (b-2) + K_2 r_2 (h-3) + 10 h_w \tag{4-1}$$

式中:$[\sigma_0]$——查表所得地基容许承载力(kPa);

h——基础底面的埋置深度(m),对于受水流冲刷的基础,由一般冲刷线算起;不受水流冲刷者,由天然地面算起;位于瓦房内的基础,由开挖后的基础底面算起;当$h≤3$m时,取$h=3$m计算;

r_1——基底下持力层土的天然重度(kN/m³),如持力层在水面以下且为透水性土时,应按浮重度r'算;

r_2——基底以上土的重度(kN/m³),如持力层在水面以下且不透水,不论基底以上土的透水性质如何,应按加权平均法计算换算重度($r_2 = r_i h_i / h_i$,其中,r_i,h_i为基底以上各层土的重度和厚度);

K_1、K_2——基础宽度和埋置深度的修正系数,按持力层土名查表4-14;

h_w——平均长水位到一般冲刷线的深度(m),对水中基础,当持力层土不透水时考虑此项修正,若持力层透水,则不计此项。

地基土容许承载力宽度、深度修正系数　　　表4-14

系数	老黏性土	黏性土				黄土			砂土						碎石土			
		一般黏性土		新近沉积黏性土	残积黏性土	新近堆积黄土	一般黄土	老黄土	粉砂		细砂		中砂		砾粗砂		碎石角砾圆砾		卵石
		IL≥0.5	LL<0.5						中密	密实	中密	密实	中密	密实	中密	密实	中密	密实	中密	密实
K_1	0	0	0	0	0	0	0	0	1.0	1.2	1.5	2.0	2.0	3.0	3.0	4.0	3.0	4.0	3.0	4.0
K_2	2.5	1.5	1.5	1.0	1.5	1.0	1.5	1.5	2.0	2.5	3.0	4.0	4.0	5.5	5.5	6.0	5.0	6.0	6.0	10.0

注：1. 对于稍松状态的砂土和松散状态的碎石土，K_1、K_2 值可采用表列中密值的50%。
　　2. 节理不发育和较发育的岩石不作宽、深修正 K_1、K_2；节理发育或很发育的岩石，K_1、K_2 可参照碎石的系数；对已风化成砂土状者，参照砂土、黏性土的系数。
　　3. 冻土的 $K_1=0$，$K_2=0$。

对于强度低、压缩性高的软土地基，其容许承载力 $[\sigma]$ 可按下式确定，但必须验证基础的沉降量，使之同时满足稳定和变形的要求。

$$[\sigma] = \frac{5.14}{m} K_p C_u + r_2 h \tag{4-2}$$

式中：m——安全系数，可视软土灵敏度及基础长宽比等因素选取1.5~2.4；
　　　C_u——不排水抗剪强度(kPa)，可用三轴仪、十字板剪切仪或无侧限抗压试验测得；
　　　r_2——基底以上土的容量(kN/m³)，地下水位以下为浮重度；
　　　h——基础埋在深度(m)，受水流冲刷由冲刷线算起；
　　　K_p——修正系数，见式(4-3)。

$$K_p = \left(1 + 0.2\frac{b}{a}\right)\left(1 - \frac{0.4b}{a \cdot b} g \frac{Q}{C_u}\right) \tag{4-3}$$

其中：a、b——基础的宽和长(m)，当有偏心荷载时，b、a 分别由 b'、a' 代替，$b' = b - 2e_b$；$a' = a - 2e_a$；e_b、e_a 分别为荷载在基础宽度和长度方向的偏心距；
　　　Q——荷载的水平分力(kN)。

对小桥、涵洞基础也可按下式计算 $[\sigma]$：

$$[\sigma] = [\sigma_0] + \gamma_2 h \tag{4-4}$$

式中：$[\sigma_0]$——查表4-15确定。

软土的容许承载力 $[\sigma_0]$　　　表4-15

$W(\%)$	36	40	45	50	55	65	75
$[\sigma_0]$ (kPa)	100	90	80	70	60	50	40

采用式(4-2)、式(4-3)计算的基底容许承载力不再按宽、深修正。

6) 地基容许承载力的提高

式(4-1)~式(4-3)计算的 $[\sigma]$ 值，适用于受荷载组合 I 的情况，若计算荷载为其他荷载组合时，容许承载力进而按表4-16予以提高。当受地震力作用时，应按《公路工程抗震规范》(JTG B02—2013)规定采用。

地基土容许承载力的提高系数 表4-16

序号	荷载与使用情况	提高系数(K)
1	荷载组合 I	1.0
2	荷载组合 II、III、IV、V	1.25
3	经多年压实未受破坏的旧桥基	1.5

注:1. 荷载组合 V 中,当承受拱施工期间的单向荷载推力时,$K=1.50$。
2. 各项提高系数不得互相叠加。
3. 岩石旧桥基的容许承载力不得提高。
4. 容许承载力小于 150kPa 的地基,对于表列第二项的情况,$K=1.0$,对于第三项及注1的情况,$K=1.25$;表中荷载组合 I 如包括由混凝土收缩机徐变或水浮力引起的荷载效应,则与荷载组合 II 相同对待。

4.2.2 现场荷载试验确定地基容许承载力

现场荷载试验是将一块刚性承压板(常用面积为 $0.25 \sim 0.50 \text{m}^2$ 的方板或圆板)置于欲测定的地基表面(图4-1)。在承压板上分级施加荷载,测定承压板变形稳定的沉降量,绘制荷载强度 P 与沉降量 S 的关系线,然后确定地基容许承载力。

分析荷载试验由开始加荷使地基变形到破坏的全过程,并结合 P-S 曲线,如图4-2所示,可以把地基变形分为三个阶段:

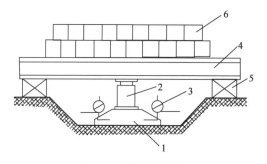 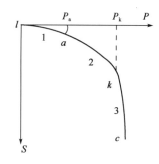

图4-1 现场荷载试验
1-荷载板;2-千斤顶;3-百分表;4-反力梁;5-枕木垛;6-压重

图4-2 P-S 曲线

(1)压密阶段:该阶段 P-S 曲线接近与直线,沉降的主要原因是地基被压缩。土中各点剪应力均小于土的抗剪强度,土体处于稳定的弹性平衡状态,即 P-S 曲线 la 段。

(2)局部剪切阶段:a 点后 P-S 曲线不再呈直线(ak 段),地基中已有局部区域(称为塑形变形区)的剪应力达到了土的抗剪强度,首先在基础边缘处出现,随着荷载的持续增加,地基土中塑性区的范围也逐步扩大,直到出现连续的滑动面,在这一阶段,基础沉降有较大的增加。

(3)破坏阶段:超过 k 点后,塑性变形区已扩大到形成一个连续的剪裂面,促使地基土向基础四周挤出,地面隆起,基础急剧沉陷,以致完全丧失稳定性。荷载作用下地基变形的三个阶段见图4-3~图4-5。

分析可见,a 点和 k 点是地基变形的两个特征分界点。与 a 点对应的荷载强度 P_a 称为临塑荷载;与 k 点相对应的荷载强度 P_k 称为极限荷载。与塑性区最大深度 Z_{max} 相应的荷载强度称为临界荷载。如 $Z_{max}=b/4$(b 为基础宽度),临界荷载表示为 $P/4$。

对于典型的 P-S 曲线,能明显地找到临塑荷载 P_a、临极限荷载 P_k 及临界荷载。地基容许承载力的确定如下:

①临塑荷载 P_a 或临界荷载(如 $P/4$),均能作为地基容许承载力。

②地基容许承载力去极限荷载除以安全系数,即取值 P_k/K,K 一般取 $1.5\sim2.0$。比较以上两种结果,取两者的较小值作为地基容许承载力。

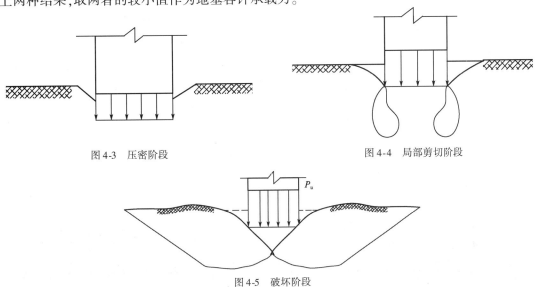

图 4-3 压密阶段　　　　　图 4-4 局部剪切阶段

图 4-5 破坏阶段

若 P-S 线无明显的三个阶段,可以取相应与沉降 S 等于承压板长度或直径的 2% 时的荷载强度作为地基的容许承载力,或取对应于沉降等于建筑物基础的允许沉降量的荷载强度作为容许承载力。现场荷载试验法的使用,只有当基础底面积和埋置深度与承压板平面尺寸一致或接近时才合理。

4.2.3　贯入试验确定地基容许承载力

由表 4-17 可看出,砂土层的密实度除了可用相对密度确定外,还可用实测平均锤击数 N63.5 来规定。N63.5 是标准贯入试验锤击数。标准贯入试验是一种重型动力触探法,采用质量为 63.5kg 的穿心锤,以 76cm 的落距,将一定规格的标准贯入试验指标 N_o。试验设备见图 4-6。标准贯入锤击数 N,可用于确定沙土的密实度、黏性土的稠度、地基土的容许承载力、砂土的振动液化、桩基承载力等,也是检验地基处理效果的重要数据。

1) 操作要点

(1) 将贯入器打入土中,贯入速度为 15~30 击/min,记录包括先打 15cm 的预打击数,后 30cm 中每 10cm 的锤击数以及 30cm 的累计锤击数 N。

如锤击数超过 50,则按下式换算锤击数 N':

$$N' = \frac{30N}{\Delta S} \quad (4\text{-}5)$$

式中:N——所选取的锤击数;

　　ΔS——相应于 n 的锤击量(cm)。

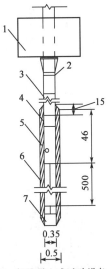

图 4-6 标准贯入式试验设备(尺寸单位:mm)
1-穿心锤;2-锤垫;3-触探杆;4-贯入器头;5-出水孔;6-取土器;7-贯入器靴

(2)旋转探杆,提出贯入器,取出贯入器中的土样进行鉴别描述,必要时送实验室进行分析。

(3)由于钻杆的弹性压缩会引起功能损耗,钻杆过长时传入贯入器的功能降低,因而需要根据杆长对锤击数进行修正。

$$N = \alpha N' \quad (4-6)$$

式中:N'——实际记录的锤击数;

α——修正系数,根据钻杆长度由表4-17选用;

N——修正后的锤击数。

标准贯入式试验触探杆长度修正系数值 表4-17

钻杆长度(m)	≤3	6	9	12	15	18	21
α	1.00	0.92	0.86	0.81	0.77	0.73	0.70

2)标准贯入试验的应用

(1)根据N确定天然地基的容许承载力$[\sigma_0]$,见表4-18、表4-19。

砂土承载力标准值(kPa) 表4-18

N	3	5	7	9	11	13	15	17	19	21	23
$[\sigma_0]$	105	145	190	235	280	325	370	430	515	600	680

黏性土承载力标准值(kPa) 表4-19

土类 \ N	10	15	30	50
中、粗砂	180	250	340	500
粉、细砂	140	180	250	340

(2)根据N确定砂土的密实度,见表4-6。

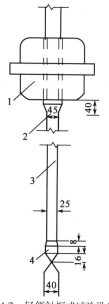

图4-7 轻便触探式试验设备
(尺寸单位:mm)
1-穿心锤;2-锤垫;3-触探杆;
4-探头

标准贯入试验因设备并不简单,因而使用受限。近几年,轻便触探试验因设备操作方便,越来越多地受到检测人员的欢迎。轻便触探试验设备主要由探头、触探杆、穿心锤三部分组成,见图4-7。触探杆采用直径25mm的金属管,每根长1.0~1.5m,穿心锤重10kg。穿心锤落距为50cm,使其自由下落,将探头竖直打入土层中,每打入土层30cm的锤击数即为N_{10};N_{10}经修正后,查表4-20、表4-21便可确定地基承载力标准值。

若需描述土层情况,可将触探杆拔出,取下钻头,换以轻便钻头进行取样。轻便触探仪一般用于贯入深度小于4m的土层。贯入试验确定地基承载力说明:该部分主要参照《建筑地基基础设计规范》(GB 50007—2011),有些提法与交通运输部标准不一致,使用时请注意。按标准贯入试验锤击数N和轻便触探试验锤击数N_{10},查表4-18、表4-21确定地基承载力标准值时,现场试验锤击数应经下式修正:

$$N(\text{或}N_{10}) = \overline{N} - 1.645\sigma \quad (4-7)$$

黏性土承载力标准值(kPa) 表4-20

N_{10}	15	20	25	30
$[\sigma_0]$	105	145	190	230

素填土承载力标准值(kPa) 表4-21

N_{10}	15	20	30	40
$[\sigma_0]$	85	115	135	160

注：本表只适用于黏性土和粉土组成的素填土。

4.3 桥梁钻(挖)孔灌注桩检测

4.3.1 钻孔灌注桩施工过程检测

1) 检验项目

(1)检验筑岛：筑岛的面积应按钻孔方法、机具大小等要求确定；高度应高于最高施工水位 0.5~1.0m；筑岛材料及岛面与地基承载力应满足设计要求；岛体应稳定。

(2)检验护筒：应检验护筒内径、护筒中心竖直线、护筒高度、埋置深度及护筒的连接处。

(3)泥浆检验：泥浆的要求与检验后述。

此外，还有钢筋笼与导管检验、清孔检验、成孔质量检验及灌注桩质量检验。

2) 成孔质量检验及质量标准

钻、挖孔在终孔和清孔后，应进行孔位、孔深、孔径、孔形和倾斜度等检查。

(1)孔径与孔形检测

孔径检测是在桩孔成孔后、下钢筋笼前进行的，是根据设计桩径制作笼式井径器入孔检测。笼式井径器用 $\phi8 \sim \phi12$ 的钢筋制作，其外径等于钻孔的设计孔径，长度等于孔径的 3~4 倍(如正、反循环回转钻成孔法)或 4~6 倍(如冲击钻成孔法)。检测时，将井径器吊起，使笼的中心、孔的中心与起吊钢绳保持一致，慢慢放入孔内，上下通畅无阻表明孔径大于给定的笼径；遇阻则有可能在遇阻部位有缩径或孔斜现象。

孔形检测目前常采用的方法是开挖检查和超声波检测。开挖检测一般在工程试桩结束进行，直接观察桩身形状在相应土层中的变化，为工程桩施工控制孔形提供直观依据。超声波检测是近年来采用的新方法，已研制出了专门的超声波孔壁检测仪。具体方法此处略。

(2)孔深和孔底沉渣检测

孔深和孔底沉渣普遍采用标准测锤检测，测锤一般采用锥形锤，锤底直径 13~15cm，高 20~22cm，质量 4~6kg。

(3)桩孔竖直度检测

竖直度检测方法常用钻杆测斜法，将带有钻头的钻杆放入孔内到底，在孔口处的钻杆上装一个与孔径或护筒内径一致的导向环，使钻杆柱保持在桩孔中心线位置上；然后将带有正圈的钻孔测斜仪下入钻杆内，分点测斜，并将各点数值在坐标纸上描点作图，检查桩孔偏斜情况。也可以用圆球检测法和电子水平仪侧斜法。

(4)桩位检测

复测桩位时,桩位测点选在新鲜桩头面的中心点,然后测量该点偏移设计桩位的距离,并按坐标位置分别标明在桩位复测平面图上。测量仪器选用精密经纬仪或红外测距仪。钻、挖孔成孔的质量标准见表4-22。

钻、挖孔成孔质量标准　　　　　　　　　表4-22

项　目	允许偏差
孔的中心位置(mm)	群桩:不大于100;单排桩:不大于50
孔径(mm)	不小于设计桩径
倾斜度	钻孔:小于1%;挖孔:小于0.5%
孔深	摩擦桩:不小于设计规定;支承桩:比设计深度超深不小于50mm
沉淀厚度	摩擦桩:符合设计要求,当设计无要求时,对于直径≤1.5m的桩,≤200mm;对桩径>1.5m或桩长>40mm或土质较差的桩,≤300mm;支承桩:不大于设计要求
清孔后泥浆指标	相对密度:1.03~1.10;黏度:17~20Pa·s;含砂率<2%;胶体率>98%

注:清孔后的泥浆指标,是从桩孔的顶、中、底部分别取样检验的平均值。本项指标的测定,限指大直径桩或有特定要求的钻孔桩。

3)清孔的质量要求和检查方法

(1)清孔的质量要求

摩擦桩:孔底沉淀土的厚度不大于设计规定;清孔后的泥浆性能指标满足表4-22中的规定。

支承桩:灌注混凝土前,孔底沉淀土的厚度不大于设计规定。

(2)沉淀土厚度的检测方法

沉淀土厚度的测算基准面:用平底钻锥和冲击、冲抓锥时,沉淀土厚度从锥头或冲抓锥底部所到达的孔底平面算起;用底部带圆锥的笼式锥头时,沉淀土厚度从锥头下端的圆锥体高度的中点高程算起。沉淀土厚度的检测方法有如下几种:

①取样盒检测法

这是较为通行的方法。具体做法是在清孔后用取样盒(即开口铁盒)吊到孔底,待到灌注混凝土前取出,测量沉淀在盒内的渣土厚度。

②测锤法

测锤法是惯用的简单方法。使用测量水下混凝土灌注高(深)度的测锤,慢慢地沉入孔内,凭人的手感探测沉渣顶面的位置,其施工孔深和测量孔深之差,即为沉淀土厚度。

比较先进的检测方法还有声呐法、电阻率法、电容法等。

4)泥浆性能指标检测

(1)相对密度(γ_x)

泥浆的相对密度是泥浆与4℃时同体积水的质量之比。相对密度可用泥浆相对密度计测定。将泥浆装满泥浆杯,加盖并洗净从小孔溢出的泥浆,然后置于支架上,移动游码,使杠杆呈水平状态(即气泡处于中央),读出游码左侧所示刻度,即为泥浆的相对密度。

如工地无以上仪器,可用一个口杯先称其质量,设为m_1,再装满清水称其质量为m_2,再倒去清水,装满泥浆并擦去杯周溢出的泥浆,称其质量为m_3,则$\gamma_x = (m_3 - m_1)/(m_2 - m_1)$。

(2)黏度(η)

黏度是液体或混合液体运动时各分子或颗粒之间产生的内摩阻力。工地用标准漏斗黏度计测定,黏度计如图4-8所示。用两端开口量杯分别量取200mL和500mL泥浆,通过滤网滤去大沙砾后,将700mL泥浆均注入漏斗,然后使泥浆从漏斗流出,流满500mL。量杯所需时间(s),即为所测泥浆的黏度。

校正方法:漏斗中注入700mL清水,流出500mL,所需时间是15s,其偏差如超过±1s,测量泥浆时应校正。

(3)含砂率(%)

含砂率是泥浆内所含的砂和黏土颗粒的体积百分比。工地用含砂率计(图4-9)测定。量测时,把调制好的泥浆50mL倒进含砂率计,然后再倒450mL清水,使总体积为500mL,将仪器口塞紧,摇动1min,使泥浆与水混合均匀,再将仪器竖直静放3min,仪器下端沉淀物的体积(由仪器上刻度读出)乘以2即为含砂率(%)。(有一种大型的含砂率计,容积1000mL,从刻度读出的数乘以2即为含砂率)。

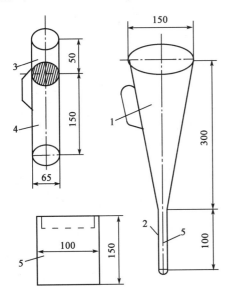

图4-8 黏度计(尺寸单位:mm)
1-漏斗;2-管子;3-量杯200mL部分;4-量杯500mL;
5-筛网及杯

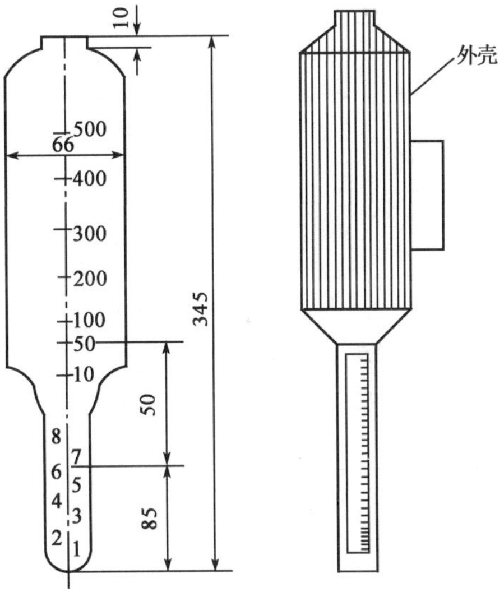

图4-9 含砂率计(尺寸单位:mm)

(4)胶体率(%)

胶体率是泥浆静止后,其中呈悬浮状态的黏土颗粒与水分离的程度,以百分比表示,反映泥浆中土粒保持悬浮状态的性能。测定方法为将100mL的泥浆放入干净的量杯中,用玻璃板盖上,静置24h后,量杯上部的泥浆可能澄清为透明的水,量杯底部可能有沉淀物。假如测量出透明水的体积为5mL,则胶体率为100−5=95,即95%。

(5)失水量(mL/30min)和泥皮厚(mm)

失水量是泥浆在钻孔内外水头压力差的作用在一定时间内渗入地层的水量,以mL/30min为单位。工地可用滤纸法测定,用一张120mm×120mm的滤纸,置于水平玻璃板上,中央画一个直径30mm的圆圈,将2mL的泥浆滴于圆圈中心,30min后,量算湿润圆圈的平均半径,减去泥浆坍平成为泥饼的平均半径(mm)即失水量。在滤纸上量出泥饼厚度(mm)即为泥皮厚。泥皮越平坦、越薄,则泥浆质量越高,一般不宜厚于2~3mm。

5)钻、挖孔灌注桩的混凝土质量检测

(1)桩身混凝土抗压强度应符合设计规定;每根桩取混凝土抗压强度试件组数为2~4组,检验结果应满足混凝土质量检验要求。

(2)检验方法和数量应符合设计要求。

无破损法检测见本章4.3.2部分。

6)钻、挖孔灌注质量评定实测项目

钻、挖孔灌注桩评定实测项目与评分见表4-23、表4-24。

钻孔灌注桩实测项目 表4-23

项次	检测项目		规定值或允许偏差	检测方法和频率
1	混凝土强度(MPa)		在合格标准之内	见前述
2	桩位(mm)	群桩	≤100	全站仪;每桩测中心坐标
		排架桩	≤50	
3	孔深(m)		≥设计值	测绳;每桩测量
4	孔径(mm)		≥设计值	探孔器或超声波法成孔检测仪;每桩测量
5	钻孔倾斜度(mm)		≤1%桩身长度,且小于500	钻杆垂线法或超声波法成孔检测仪;每桩测量
6	沉淀厚度(mm)		满足设计要求	沉淀盒或测渣仪;每桩测量
7	桩身完整性		每桩均满足设计要求;设计未要求时,每桩不低于Ⅱ类	满足设计要求;设计未要求时,采用低应变反射法或超声波透射法;每桩检测

挖孔桩实测项目 表4-24

项次	检测项目		规定值或允许偏差	检测方法和频率
1	混凝土强度(MPa)		在合格标准之内	见前述
2	桩位(mm)	群桩	≤100	全站仪;每桩测中心坐标
		排架桩	≤50	
3	孔深(m)		≥设计值	测绳;每桩测量
4	孔径或边长(mm)		≥设计值	井径仪;每桩测量
5	钻孔倾斜度(mm)		≤1%桩身长度且不大于200	铅锤法;每桩测量
6	桩身完整性		每桩均满足设计要求;设计未要求时,每桩不低于Ⅱ类	满足设计要求;设计未要求时,采用低应变反射法或超声波透射法;每桩测量

4.3.2 钻孔灌注桩完整性检测

随着钻孔灌注桩设计和施工技术的发展,它的使用越来越广泛,但由于灌注的成桩过程是在装位处的地面下或水下完成,施工工作工序多,质量控制难度大,极易出现事故。因此我国《公路桥涵施工技术规范》(JTG/T F50—2011)中规定:钻孔灌注桩一般选有代表性的装用无破损发进行检测,重要工程或重要部门的桩宜逐根进行检测。灌注桩的质量检测技术由此会更迅速地发展起来。桩基础的检测方法可归纳如下(图4-10)。

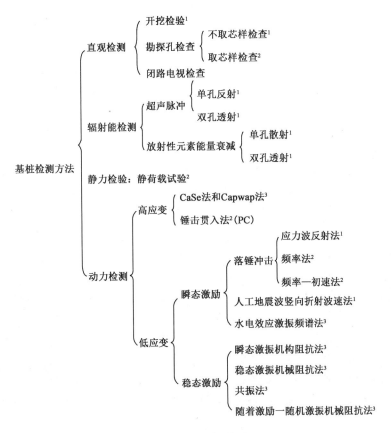

图4-10 桩基检测方法

1-主要检验桩身完整性;2-主要估算单桩承载力;3-具有检验桩身完整性和单桩承载力的功能

PC 主要用于检验预制桩。

开挖检查能将混凝土的灌注质量直接呈现出来,可供详细目测,但要受地下水位的限制(如在地下水位以下进行,既不经济,也不安全)。一般在经其他方法检验后,怀疑在桩身不深处存在缺陷需要验证时才用此法。

探勘孔检查法是利用工程地质钻芯机,在桩身中心竖向探勘检查桩身混凝土质量。可以在钻孔时不取混凝土芯样,依靠小心仔细地监视钻进速度和回水中带出的钻查的颜色和成分来判别混凝土强度的高低和有无夹层或其他性质。较可靠的方法是钻孔时取混凝土芯样检查。沿混凝土桩身取出混凝土芯样,按上下次序排列,可判断出混凝土的离析、蜂窝、断裂、夹层等各种缺陷的形态、性质、位置和上下范围。将芯样分别做强度试验可以评定混凝土强度及整装混凝土强度的均匀性。但钻孔检查只局限于钻孔孔道上的部位,对于大直径桩,则难以评定整个截面的情况,而且费用高。因此,只适用于有特殊需要的个别桩。

闭路电视检查法,先在桩身中钻一工作孔,供摄像探头深入桩身内部探视。因此常配合不取芯样的探勘孔法进行。

超声脉冲法是利用超声脉冲发的声能在混凝土介质中的传播速度和能量衰减参数随介质密度而变化的原理来评价混凝土的质量的。

放射性元素能量衰减法,是利用放射性同位素释放出来的高能量 γ-射线在混凝土介质中穿透时,由于混凝土质量的不同而产生不同的辐射效应,来检查桩身的完整性和均匀性。超声脉冲法和放射性元素能量衰减法均需在桩身中设置检查孔道(设预埋管道或钻孔)。超生脉冲法使用比较普通,而放射性同位素法在国内的应用较少。

静载试验在目前仍然是确定单位承载力的最可靠的方法,但耗时、耗资,很难满足要求。如与各动力检测的结果对比验证,以考核动力试验方法的适用性和可靠性,这样两者结合起来,可扩大受检桩的覆盖面。

高应变动力法用于检验预制打入桩的极限承载力。

低应变动力法的特点是激振动量较少,仅仅是桩周土发生弹性范围内的微幅振动。多数低应变动力法主要用来检测桩身完整性,或兼有评定桩基承载力的功能。个别方法以检验承载力为主。低应变动力法中,按其对桩顶施加的激励力的作用规律(作用力与时间的关系),可划为瞬态激励法、稳定激励法及随机激励法三大类。

在瞬态激励法中,落锤冲击激励是以激励波(应力波)在竖杆中的传播理论为基础,称为应力波反射法。敲击桩头,激起桩—土体系竖向自由振动,按实测的频率或桩头振动初速度,根据质量弹簧振动理论推算出单桩动刚度,再进行适当的动静对比修正,换算成单桩竖向承载力标准值的检测称为频率法和频率初速度法。人工地震波竖向折射波速法是以人工为振源,利用振波传至桩身后沿桩身竖向折射的传播速度来评价桩的质量。

水电效应法是在桩顶临时设置一个刚度较大的水箱,利用大电流脉冲放电技术在水中产生冲击波,使桩产生振动,以评价桩完整性与承载力。

对桩施加一已知的激励力,同时测量振动向量,通过分析其阻抗或导纳,求得桩动力特性参数,判断桩基质量的方法是机械阻抗法。有三种激励方法,即瞬态激励、稳态激励及随机激励。

共振法是用强迫振动方法使桩产生共振,根据测得的共振频率特性曲线(即桩顶响应的幅频曲线)来判断桩质量、缺陷位置以及垂直和水平容许承载力等。

1)动力检测法测量系统简介

测量系统往往由许多功能不同的器件组成,典型的系统可用如图 4-11 所示的三框图表示。三个方框代表如下三个功能器件。

图 4-11 基本测量系统

传感器是一个能量变换器,它接收测量(常称其为被测物理量),并将其变换成便于测量的其他量。例如,将速度变成电压,将应变变换成电阻等。信号调节器又称为中间转换器,它将传感器输出信号进行转换、放大(或衰减)、阻抗匹配等处理,使其转换成合乎需要的记录和显示信号。

有些记录器或显示装置本身附有一些信号变换器件,对其输入量有变换作用。例如,电磁或电压表把输入电压变换成指针相对刻度表盘的位移。分析体温表的工作过程可叙述为：温度"变换"成水银球的体积膨胀；毛细管"调节"膨胀的水银球；刻度是温度测量所折合的测量长度。

（1）传感器

传感器的组成环节为敏感元件和变换器或控制元件，可用图 4-12 表示。

图 4-12　表示典型传感器的框图

敏感元件的作用是将被测非电量预先变换为另一种易于被变换器感受并转换成电量的非电量。由于敏感元件直接感受到被测量并加以变换，所以也常称为传感器。有些敏感元件（如应变片、热电偶）输出的是电量，即兼有变换元件的作用。这样的敏感元件本质上同传感器就毫无差别。

变换器是将感受到的非电量直接变换成电量的器件。有些变换器可直接感受被测的量，所以变换器有时也称为传感器。

传感器的灵敏度是选择传感器的主要指示，传感器灵敏度是指在稳态情况下，传感器输出变化对于相应的输入变化的比值，用 K_t 表示：$K_t = \dfrac{输出量的变化量}{输入量的变化量}$。

通常，传感器灵敏感度由制造单位供给，是已知的，在实际测量中就可用测量输出量的办法来获得被测量输入量。对于输出与输入之间具有线性关系的线性传感器，输入量 = 输出量/ K_t。

传感器有许多分类方法，常见的是按传感器原理和被测量形式分类。按传感原理分类时，对传感器的工作原理比较清楚；按被测量形式分类，对被测对象较为明确。习惯上将两者结合起来称呼。动力检测常用的传感器有电容式传感器、电感式传感器、电磁感应式传感器、压电式传感器等。

① 电容式传感器

电容式传感器是被测物理量转换为电容量变化的装置，是一个具有可变参数的电容器。由两个平行极板组成的电容量为 C，单位为法拉（F）：

$$C = \varepsilon_0 \varepsilon_r \frac{A}{d} \tag{4-8}$$

式中：ε_0——真空介电常数；

ε_r——两极板介质的相对介电常数，真空中 $\varepsilon_r = 1$；

A——两极板重叠的有效面积（m^2）；

d——两极板间的距离（m）。

当 d、A、ε_r 发生变化时，电容量 C 则随之变化，如果保持其中两个参数不变而仅改变其中一个参数，则分别构成极距变化型、面积变化型、介质变化型三类电容式传感器。面积变化型和介质变化型电容式传感器的输出与输入呈线性关系，而极距变化型电容式传感器的输出与输入呈双曲线关系，只有在很小的极距变化范围内才近似呈线性关系。如图 4-13 所示为常见的电容式传感器。

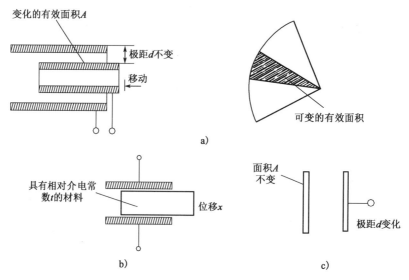

图 4-13 几种电容式传感器

②电感式传感器

电感式传感器是把被测量如位移等转换为电感量变化的一种装置,其交换原理基于电磁感应。

$$L = \mu_0 \mu_r N^2 \frac{A}{L} \quad (4-9)$$

式中:μ_0——真空磁导率;

μ_r——导磁物质的相对磁导率;

N——线圈匝数;

L——磁路的长度(m);

A——磁路的平均面积(m^2)。

由上式可见,相对磁导率的变化或磁路长度 L 的变化会使电感发生变化。

③电磁感应式传感器

当通过任意闭合回线中的磁通发生变化时,在回线中必定产生感应电动势,其大小与磁通的变化率成正比。磁通变化与磁场强度、磁路磁阻及导线的运动速度有关,只要改变其中一个因素,都会使感应电动势的大小发生变化。

凡基于电磁感应原理的传感器均称为电磁感应式传感器。按照变换方式的不同,电磁感应式传感器常有磁阻式和动圈式两种形式。磁阻式传感器中,线圈和磁铁都是静止的,由运动着的物体(导磁材料)改变磁路的磁阻,因而改变了贯穿线圈的磁通,在线圈中产生感应电动势。感应电动势用 e 表示:

$$e = -N \frac{d\varphi}{dt} \quad (V) \quad (4-10)$$

式中:N——线圈匝数;

$d\varphi/dt$——穿过线圈的磁通变化率(Wb/s)。

动圈式又可分为线速度型和角速度型两种。以线速度型为例,当在永久磁铁产生的直流

磁场内放置一个可动线圈,线圈做直线运动时,线圈中就产生感应电动势,其大小由式(4-11)确定:

$$e = NBLV \tag{4-11}$$

式中：B——磁感应强度(T)；

L——单匝线圈有效长度(m)；

V——线圈相对磁场方向的运动速度(m/s)。

也可以将传感器设置为线圈不动而永久磁铁做直线运动,其工作原理与上述相同。

④压电式传感器

压电式传感器既可以将机械能转化为电能,又可以将电能转化为机械能,是一种可逆型换能器。当沿着一定方向对某些晶体施加外力时,晶体不仅发生形变(压缩或伸长),而且内部被极化,两相对表面上出现异性电荷,形成电场;当外力去掉时,又重新恢复到原来状态,这种现象称为压电效应。如果将这些晶体置于电场中,则晶体会发生形变,称为逆压电效应。压电材料能产生同所施加的力成正比的输出电荷量,所以压电式传感器非常适用于测量力、压力、荷重和加速度。

(2)信号调节器

传感器输出的信号,往往难以直接用来显示或记录,需要进行再转换、放大(或衰减)、阻抗匹配等处理,才能输入记录与显示装置。信号在显示或记录前所进行的这种预处理称为信号调节,也称为中间转换,所用的器件则称为信号调节器(中间转换器)。信号调节器的功能主要有放大、信号转换及阻抗匹配(可能具备一种或几种)。

放大器是一种对输入信号值进行放大的装置。有机械式放大机构(如杠杆机构)和电子放大器等。

许多电传感器输出的电信号太小,不能直接输入显示记录装置,因此常利用电子放大器来增大传感器输出信号的幅值。测试用的电子放大器可分为交流放大器与直流放大器。交流放大器不能放大稳态(频率为零)信号或频率很低的信号。

信号转换器用于对传感器输出的信号或已经过放大的信号在输入记录与显示装置前在形式上再做转换。常见的信号转换器有齿轮齿条、传动装置、电荷放大器,调制系统与桥接电路等,齿轮齿条传动装置能把直线运动转换成回转运动,或者由回转运动转换成直线运动。电荷放大器的主要功能是可以把压电式传感器产生的输出电荷变换成电压。压电式传感器的输出阻抗非常高,而输出电荷量很小,因此与之配套的电荷放大器须采用输入阻抗极高的高增益电压放大器。一些被测量(如力、位移)等,经传感器转换后常常是一些变化缓慢的电信号,用直流放大有零漂和级间耦合等问题,因此常常将缓变信号先变为频率适当的交流信号,然后利用交流放大器放大,最后再恢复为原来的直流缓变信号。缓变信号加到高频"载波"上,变成频率适当的交流信号的过程称为"调制",而恢复原来信号的过程称为"解调"。调制方法有调幅、调频及调相。桥接电路在工程检测仪表中应用很广泛。桥接电路可利用电阻、电容或电感组成,其原理此处不再叙述。

(3)记录与显示装置

记录与显示装置是测量系统中的最后一个环节。记录装置与显示装置的差别在于前者的输出信号可永久记录下来,而后者却不能。

模拟记录器分类如图 4-14、图 4-15 所示。

- 模拟记录器
  - 直动式记录器
    - 连续式—笔式、笔式波式、光线示波式
    - 间歇式—打点式
  - 自动平衡式记录器
    - 电位差计式、电桥平衡式
    - X-Y记录仪
  - 模拟磁带记录器

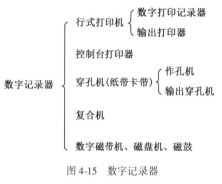

图 4-14　模拟记录器

目前最常用的是光线示波器和模拟磁带记录器、打印机。各种记录器的工作原理，请参阅有关书籍。

- 数字记录器
  - 行式打印机
    - 数字打印记录器
    - 输出打印器
  - 控制台打印器
  - 穿孔机（纸带卡带）
    - 作孔机
    - 输出穿孔机
  - 复合机
  - 数字磁带机、磁盘机、磁鼓

图 4-15　数字记录器

2）桩基检测方法——应力波法

桩基检测方法的研究和应用是一个十分活跃的领域。交通运输部《公路工程桩基动测技术规程》（JTG/T F81-01—2004）列入了低应变反射波法、高应变动测法和超声波等内容。国家建设部、地质矿产部颁布有《基桩低应变动力检测规程》（JGJ/T 93—1995）、《基桩高应变动力检测规程》（JGJ/T 106—1997）。公路桥梁基桩检验多数地区实行普查，因此基桩低应变检测的应用相当广泛。反射波法适用于检测桩身混凝土的完整性、推定缺陷类型及在桩身中的位置，也可以对桩长进行校核，对桩身混凝土强度等级做出估计。

（1）基本原理

反射波法源于应力波理论，基本原理是在桩顶进行竖向激振，弹性波沿着桩身向下传播，在桩身存在明显波阻抗界面（如桩底、断桩或严重离析等部位）或桩身截面积变化（如缩径或扩径）部位，将产生反射波。经接收、放大滤波和数据处理，可识别来自桩身不同部位的反射信号。据此计算桩身波速判断桩身完整性和混凝土强度等级。

当桩嵌入土体中，将受到桩周土的阻尼影响，桩的动力特性满足一维波动方程，即：

$$\frac{\alpha^2 V}{\alpha X^2} - \frac{1}{V^2 P} \cdot \frac{\alpha^2 V}{\alpha t^2} - \frac{n}{EA} \cdot \frac{\alpha V}{\alpha t} = 0 \tag{4-12}$$

当纵波在无限长直杆内传播时，它将沿某一方向前进，把能量输送到无限远处，见图 4-16。若杆长有限，当波和杆端面相遇时，根据边界条件，能量将在端部边界产生反射或透射。单桩动测的应力波法中典型的端面边界是固定端边界和自由端边界。通过对以上方程求限解，可分析边界的波场情况。

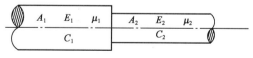

图 4-16　弹性波在两个共轴半无限长直杆中传播的交界

在固定端边界，入射波和反射波的位移大小相等、方向相反、叠加的效果互相抵消，总波场在固定端处的位移恒为零。由此可知，固定端使入射波的正向位移改转为负向位移。而对于应力波，情况恰恰相反，入射应力波和反射应力波传播方向相反，在固定端处反射应力与入射应力的大小和方向均相同，总应力为入射应力的两倍。

自由端边界和固定端边界相反。位移波在边界处大小和方向相同,总位移为入射位移的两倍;应力波在边界处大小和方向相反,即在自由端的反射形成拉压互变。

基桩检测中常会遇到桩几何尺寸为扩径或缩径现象。我们可以假设为两个物理性质不同的半无限直杆在交界处共轴密接。

根据交界处位移连续、速度连续及内力连续条件,可得到力反射与透射系数及位移反射与透射系数,并令 $d = \dfrac{V_{P1} \cdot E_2 A_2}{V_{P2} \cdot E_1 A_1}$,$d$ 称为阻抗匹配系数。d 反映了两杆连接处的突变特性,如果密接两杆的性质完全相同,即两杆材料和断面都一样,或者材料和断面虽不同,但 $d=1$(可称为阻抗匹配),此时如同无交界面存在一样,入射波安全透射到杆件 2 中,界面上无反射存在。当减小杆 2 的刚度时,以致 $d>1$,反射位移波形和入射位移波形反号。前述固定端与自由端边界相当于 $d \to \infty$ 与 $d \to 0$ 的情况。对于应力波情况,则与应力波情况相反。

弹性杆受冲击后会出现纵波和横波,当有界面时,还会出现弹性表面波即瑞利波,它随与界面距离的增大而很快衰减。纵波、横波及瑞利波的波速 V_p、V_s 及 V_R 分别为:

$$V_p = \sqrt{\dfrac{E(1-\mu)}{p(1+\mu)(1-2\mu)}} \tag{4-13}$$

$$V_s = \sqrt{\dfrac{E}{2(1+\mu)p}} \tag{4-14}$$

$$V_R = \dfrac{1}{K} V_s \tag{4-15}$$

式中:μ——杆材料的泊松比。

K 值随 μ 而变,当 $\mu = 0.2 \sim 0.3$ 时(相当于混凝土的泊松比),$K = 1.08 \sim 1.03$。纵波 V_p 与瑞利波 V_R 的关系可由上两式导得:

$$V_p = \beta V_R \tag{4-16}$$

$$\beta = K \sqrt{\dfrac{2(1-\mu)}{1-2\mu}} \tag{4-17}$$

由试验资料可知,质量良好的混凝土中 $V_p = 3600 \sim 4600 \text{m/s}$。

当在桩顶施加瞬时外力 $F(t)$ 时,桩内只存在下行波,波在不同的波阻抗面上发生反射,可导出应力波在桩体中传播的时间及其对不同结构介质桩的纵波速度:

$$V_p = \dfrac{2L}{\Delta t_b} \tag{4-18}$$

式中:L——桩长;

Δt_b——桩底反射波到达时间。

当桩身存在缺陷或断桩时,各界面反射波使曲线变得很复杂,依上述边界情况下的波场,对波形进行认真分析并选出可靠的缺陷反射时间 Δt,从而得到缺陷部位距桩顶的距离:

$$L' = V_{pm} \dfrac{\Delta t_b}{2} \tag{4-19}$$

式中:V_{pm}——同一工地内多根已测合格桩桩身纵波速度平均值;

L'——缺陷部位距桩顶的距离。

（2）仪器设备及要求

反射波法检测系统基本组成如图4-17所示。

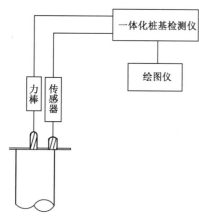

图4-17 反射波法检测系统基本组成

①仪器由传感器、放大器、滤波器、记录、处理、监测系统、激振设备及专用附件组成。

②传感器可选用宽频带的速度型或加速度型。速度型传播的灵敏度应大于300mV/(cm/s)，加速度型传感器灵敏度应大于100mV/g。

③放大器系统增益应大于60dB，长期变化量应小于1%。折合输入端的噪声水平应低于3dB。频带宽度应不窄于10~1000Hz，滤波频率可调整。

④模/数转换器的位数不应小于8bit。采样时间宜为50~100s，可分数挡调整。每个通道数据采集暂存器的容量不应小于1kB。其中，bit为二进制计数数字量的位数。

⑤多道采集系统应具有一致性，其振幅偏差应小于3%，相位偏差应小于0.1ms。

⑥可根据激振条件试验要求及改变激振频谱和能量，选择符合材质和重量要求的激振设备，满足不同的检测目的。反射波法使用的激振设备形式有杆锤（力棒）、受锤、落球、电火花等方式；材质有铜质、铝质、木质等；质量有的不足1kg，有的重达5kg。此外，激振时采用不同材质的垫板，可以改变激振的频谱。在一定的条件下，激振方式的选择是能否采集到有效信息的决定性因素。

（3）现场检测及注意事项

①被测桩应凿去浮浆，桩头平整。

②检测前应对仪器设备进行检查，性能正常方可使用。

③每个检测工地均应进行激振方式和接收条件的选择试验，确定最佳激振方式和接收条件。

④激振点宜选择在桩头中心部位，传感器应稳固地安置在桩头上，并使传感器的轴线与桩的纵轴线平行（或使传感器的轴线与桩头平面垂直）。对于大直径的桩，可安置两个或多个传感器。传感器的安装可采用胶黏结、石膏黏结、薄蜡或润滑脂黏结和橡皮泥黏结等方法与桩连接。必须保证传感器与桩顶之间有一个良好的耦合效应。在保证黏结效果的前提下，尽可能减少传感器和桩顶之间的黏结材料厚度，并在黏结材料完全固化后进行检测。

⑤为排除检测过程中面波、直达波及其他干扰波的干扰，传感器应安装在基桩平面中心位置，在桩中心距（或桩半径）的1/2处锤击激发，基桩较大时，可绕基桩半径1/2范围处不同点激发（采用多点同步激发技术，一般采用两点或三点激发，三点激发效果最好，起到了压制干扰波、突出反射纵波的良好效果）。

⑥为提高检测的分辨率，应使用小能量激振，并选用高截止频率的传感器和放大器。

⑦判别桩身浅部缺陷，同时采用横向激振和水平速度型传感器接收，进行辅助判定。

⑧每一根被检测的单桩均应进行两次及以上重复测试。如出现异常波形，应在现场及时研究，排除影响测试的不良因素后再重复测试，重复测试的波形与原波形具有相似性。

(4) 实测曲线判读解释的基本方法

由于桩身缺陷种类复杂,实测曲线判读人员的技术水平所限,实测资料的解释是一项较为困难的工作。下面通过对桩身各种常见缺陷的反射波特征,结合一些典型的实测波形(图 4-18),对反射波法的实测曲线的解释方法加以归纳。

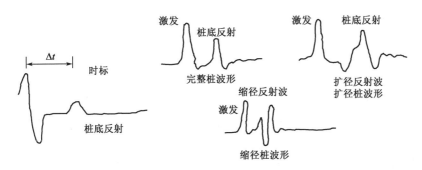

图 4-18 反侧波法实测系

① 缺陷存在可能性的判读

判断桩身缺陷存在与否,需要分辨实测曲线中有无缺陷的反射信号及分辨桩底反射信号,这对缺陷的定性及定量解释是有帮助的。桩底反射明显,一般表明桩身完整性好,或缺陷轻微、规模小。另外,可按式(4-14)换算桩身平均纵波速 V_{pm},从而评价桩身是否有缺陷及其严重程度。缺陷段参考波速值见表 4-25。

缺陷段参考波速值 表 4-25

缺陷种类	离析	断层	缩扩径	裂缝(空洞)
纵波速速 V_p(m/s)	1500~2700	600~1000	正常桩混凝土纵波速	≤500

此外,还应分析底层等资料,排除由于桩周土层波阻抗变化过大等因素造成的"假反射"现象。

V_p 可由其他同类完整桩计算或由混凝土强度等级估算。

② 多次反射及多层反射问题

当实测曲线中出现多个反射波至时,应判断它为同一缺陷面的多次反射,还是桩间多处缺陷的多层反射。前者即缺陷反射波在桩顶面与缺陷面间来回反射,主要特征是反射波至时间成倍增加(倍程),反射波能量有规律递减;后者往往较复杂,不具有上述规律性。

多次反射现象的出现,一般表明缺陷在浅出,或反射系数较大(如断桩),它是桩身存在严重离析或断裂(断层)的有力证据。多层反射不只表明缺陷可能有多处,而且由下层缺陷反射波在能量上的相对差异,可推测上部缺陷的性质和相对规模。

(5) 影响基桩质量检测波形的因素分析

① 露出于桩头的钢筋对波形的影响

由于灌注桩要考虑到承台的设置,桩头均有钢筋露头,这对实测波形有一定影响,严重时会影响反射信息的识别。这是因为在桩头激振时,钢筋所产生的回声极易被检测波接收,之后又与反射信息叠加在一起。克服这一影响因素的方法是,将检波器用细砂或黏土屏蔽起来,使检波器收不到声波信息。如图 4-19 所示是某工程桩屏蔽前后的实测波形,可以看出屏蔽后实测波形反射信息易辨。

图 4-19 实测波形
t-桩间反射旅行时间;t_b-桩底反射旅行时间

②桩头破损对波形的影响

预制桩在贯入过程,桩头可能产生破损,灌注桩头表面松散,这将使弹性波能量很快衰减,从而削弱桩间及桩底反射信息,影响波形的识别。有效途径是将破损处或松散处铲去。

影响基桩质量检测波形的因素较多,工作中应逐一排除,以便于桩间、桩底反射信息的识别,避免产生误判。

3) 机械阻抗法

(1) 基本原理

某结构物上受到动力 F 激励后,系统必产生响应 X。

机械阻抗是激励力与其所产生的振动响应之比,即 $Z = F/X$,响应 X 既可以是位移、速度,又可以是加速度,对应的阻抗分别称为位移阻抗、速度阻抗及加速度阻抗。机械阻抗的倒数称为导纳 N,即 $N = 1/Z$。在基桩检测中,通常观测的响应量是速度响应,所以下面提到的机械阻抗是速度阻抗。如果在桩头施加一正弦激励力 $f(t)$,必产生一稳定响应 $V(t)$,并且是同频率的简谐振动。

$$F(t) = F\sin(\omega t + \varphi_1) \tag{4-20}$$

$$V(t) = V\sin(\omega t + \varphi_2) \tag{4-21}$$

式中:F——激励力的力幅;

V——稳态响应速度的振幅;

ω——稳态响应的原频率;

φ_1——激励力的初相角;

φ_2——稳态响应速度的初相角。

上述两式中只有两点不同:一是幅值不同($F/V \neq 1$);二是相角不同,其相位差为 $\varphi = \varphi_1 - \varphi_2$,滞后时间 $t = \varphi/\omega$。

振动理论与实践都证明:激励与响应之间的振幅比 F/V 及相位差 $\varphi_1 - \varphi_2$ 不仅与频率 ω 有关,更主要的是取决于系统本身的固有特性(不随时间变化)。系统的这种固有特性,一般是指惯性、弹性及阻尼特性。所以在进行基桩质量检测时,采用激励与响应之间的幅值比 F/V 及相位差作为判据,从整体上描述桩—土系统在 ω 频率条件下的频响特性或传递特性。

(2) 仪器设备及要求

根据激振方式的不同,机械阻抗法测试仪器分为稳态激振和瞬态激振。测试仪器由激振系统、传感系统及放大与分析系统组成。

①稳态激振设备及瞬态冲击装置应符合下列要求:

稳态激振应采用电磁激振器,并宜选择永磁式激振器。激振器的技术要求应符合下列规定:频率范围宜为 5~1500Hz。最大输出力:当桩径小于 1.5m 时,应大于 200N;当桩径为 1.5~3.0m 时,应大于 400N;当桩径大于 3.0m 时,应大于 600N。非线性失真应小于 1%。悬挂装置可采用柔性悬挂(橡皮绳)或半刚性悬挂。采用柔性悬挂时应避免高频段出现横向振动。采用半刚性悬挂当激振频率在 10~1500Hz 的范围时,激振系统本身特性曲线出现的谐峰值(共振及反共振)不应超过 1 个。

瞬态激振应通过试验选择不同材质的锤头进行冲击,使可用于计算的谱宽度大于 1500Hz。在冲击桩头时,冲击锤应保持自由落体。

激振装置初次使用,若运输距离较长,在正式使用前应调整装置,使横向振动系统控制在 10% 以下,其谐振的最大值不应超过 25%。

②传感系统应符合下列要求:

接收传感器的力传感器频率响应宜为 5~1500Hz,其幅度畸变应小于 1dB,灵敏度不应小于 1.0pC/g。量程按激振力的最大值确定(稳态激振时)或按冲击力最大值确定(瞬态冲击时)。

测量响应的传感器频率响应宜为 5~1500Hz。灵敏度:对小桩径,速度传感器的灵敏度 S_t 应大于 300mV(cm/s),加速度传感器的灵敏度 S_a 应大于 1000pC/g;当桩径较大时,S_t 应大于 800mV(cm/s),S_a 应大于 2000pC/g。横向灵敏度不应大于 5%。

加速度传感器的量程:稳态激励时不应小于 5g;瞬态激振时不应小于 20g。

接收传感器的灵敏度应每年标定一次。力传感器可采用振动台进行相对标定或采用压力试验机进行准静态标定。进行静态标定所采用的电荷放大器,其输入电阻不应小于 10Ω。测量响应的传感器可采用振动台进行相对标定。

③放大与分析系统的要求:

压电传感器的信号放大应采用电荷放大器,磁电式传感器应采用电压放大。频带宽度宜为 5~2000Hz,增益应大于 80dB,动态范围应在 40dB 以上,折合到输入端的噪声应小于 10μV。在稳态测试中,应采用跟踪滤波器或在放大器内设置性能相似的滤波器,滤波器的阻滞衰减不应小于 40dB。在瞬态测试中分析仪器的选择,应具有频域平均和计算相干函数的功能。当采用数字化仪器进行数据采集分析时,其模/数转换器位数不应小于 12bit。

机械阻抗法检测系统基本组成如图 4-20 所示。

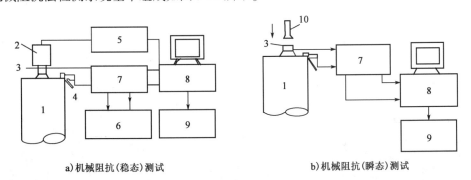

a) 机械阻抗(稳态)测试　　　　b) 机械阻抗(瞬态)测试

图 4-20　机械阻抗法检测系统基本组成

1-桩;2-激振器;3-力传感器;4-速度传感器;5-功率放大器;6-跟踪滤波器;7-信号采信前端;8-微计算器;9-打印机;10-力棒

信号处理分析的记录设备可采用磁记录器、X-Y 函数记录器、与计算器配合的笔试绘图仪或打印机。磁带记录器不得少于 2 个通道,信噪比不得低于 45dB,频率范围不得低于 5kHz。采用的各类记录仪的系统误差应小于 1%。

(3) 现场检测及注意事项

桩的振动响应测试点应按下列原则布置:

①在桥梁桩基础测试中,可布置 1 个测点;当布置 2 个测点时,其测点应位于顺流向的两侧;布置 4 个测点时,应在顺流向的两侧和顺桥纵轴方向两侧各布置 2 个测点。

②激振力应位于桩头顶面正中,采用半刚性悬挂时,则粘贴在桩头顶面中心的钢板必须保持水平。

③现场测试基本程序。

a. 安装全部测试设备,并确认各仪器装置处于正常工作状态。

b. 在测试前应正确选定系统的各项工作参数,使仪器在设定的状态下试验。

c. 在瞬态激振试验中,重复测试的次数应大于 4 次。

d. 在测试过程中应观察各设备的工作状态,只有当全部设备均处于正常状态时,该次测试有效。

(4) 各种激振下桩的典型导纳曲线

机械阻抗法得到的导纳函数或频响函数描述了桩—土系统的动力特性。它与激励和响应量的性质无关,即不论是简谐稳态激励、瞬态冲击激励或随机激励,得到的导纳函数都是一样的,都能得到相同的导纳曲线。差别仅仅在于激振方法不同、检测仪器不同或分析原理不同,可要会导致精度不同。如稳态扫频激振的能量比较集中,是阻抗法中最可靠的方法,但逐个频率依次递增,需要的时间长、工效不高。瞬态阻抗法检测系统轻便简单,利于现场工作,但影响分析结果的因素多,可靠性不如稳态扫频激振。

可以把桩看成一根埋入土中的细长弹性竖杆,周围土对桩身起着弹性支撑和阻尼作用。当桩身不是很细长 ($L/d \leq 30 \sim 50$),土质不是很刚硬,则桩顶从低频升至高频依次逐个频率激振,桩的竖向振动首先在低频时出现刚体运动,当激振频率增大后,将导致桩身材料发生压缩和拉伸变形,即"波动"。因此,一般情况下,桩的竖向振动包含低频的刚体运动和高频的波动。同时,由于阻尼的存在,实际从桩顶上检测到的导纳函数的典型曲线应是如图 4-21 所示的形式。

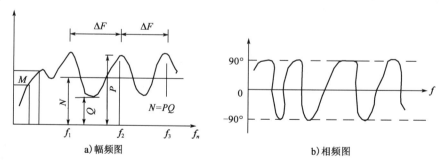

图 4-21 典型的速度导纳曲线

在幅频图上,f_n 可理解为桩身做刚体运动的简谐频率,后面 $f_1、f_2、f_3\cdots$ 是桩身波动的各阶谐振频率。

各谐振频率点之间的频率差均相等。应注意到,当达到谐振时,在相频曲线上,各谐振点的相角都应是0°。这一特性可用来鉴别实测导纳曲线上哪些是真正的谐振峰,哪些是测试过程中因各种干扰引起的"假峰"。"假峰"可不予考虑。

桩的刚体运动和波动两种状态之间是一种过渡状态,没有明显的分界频率。一般说来,桩周土质越软,或者说土的支承刚度越小,两者在导纳曲线图上区分越明显。如果桩底支承在岩层上或嵌入岩层中,则桩身将不会产生刚体运动而只有波动,导纳曲线上亦不存在f_n及其相应的导纳峰。

(5) 判别基桩质量的判据

因为导纳函数掩映了桩—土系统的动力特性,那么导纳曲线所具备的各种特征,都可作为判别集装质量,包括完整性和承载力的数据。从波动理论分析可知:导纳曲线频率差、波速V_p和桩长L_m之间具有下列关系:

$$\Delta f = \frac{V_p \cdot m}{2L_m} \tag{4-22}$$

式中:Δf——导纳曲线频率差,可由导纳曲线上实测,利用三者关系可判别桩身质量,确定桩长。

由理论分析计算完整的理论平均导纳N:

$$N = \frac{1}{V_p \cdot A \cdot \rho} \tag{4-23}$$

式中:V_p——完好桩波速的平均值,无数据时,可取4000m/s;

ρ——正常混凝土密度;

A——桩的设计截面积。

在被检测的导纳曲线上,可求得实测的平均导纳N':

$$N' = \sqrt{PQ} \tag{4-24}$$

式中:P——导纳曲线上量得导纳的极大值;

Q——导纳曲线上量得导纳的极小值。

根据N与N',可判别桩身混凝土的质量。

由导纳曲线计算桩顶的动刚度K_d和桩周土的静刚度K。动刚度也称为位移阻抗值。在速度导纳曲线的低频段(近似直线部分)任取一点M,则动刚度K_d为:

$$K_d = \frac{2\pi f_m}{|V/f|_M} \tag{4-25}$$

作为静力参数的桩周土支承刚度K为:

$$K = \frac{2\pi f_m}{|V/f|_M} \tag{4-26}$$

式中:f_m、$|V/f|_M$——导纳曲线的原点切线上(低频段)任一点M对应的频率和导纳值。

动刚度与静刚度在数值上的差别取决于极限的m点位置,由于低频段可靠性差,为得到较可靠的数据,可通过在原点画其渐进线代替导纳曲线的原点切线,如图4-22所示。

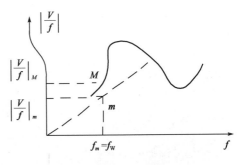

图4-22 动刚度和静刚度的计算

但要注意,如果桩身存在严重缺陷而使桩不能整桩的刚体运动,或桩在某一深度全截面断裂,这时用 K 估算桩的承载力便会出错。

根据以上各项指标可以判断桩基质量。

质量完好桩的判定:

由 $L_M = V_p M/(2\Delta f)$ 计算的桩长,与实际桩长相近,实测导纳 N' 小于各桩的平均值,并与理论值相近,即 $N' \approx N$;动刚度 K_d 接近各桩的平均值;波速 $V_p \geq 3500 \text{m/s}$,曲线形状无异常,此时可判定为质量良好的完整桩。存在下列情况之一,则判为有缺陷桩:

①桩长不足或测不出 Δf

同一工地的大多数正常桩计算出的波速应是大体接近的。取其平均值作为参考值,然后代入同一公式反求桩长,如果与建筑实际长度差别较大或测不出 Δf,桩身可能出现断裂、鼓胀或严重离析。

如果测出的桩长偏小,而动刚度 K_d 小于各桩平均值较多,导纳测量值大于鼓胀平均值和理论值较多,即可判断为桩身断裂。反之,如桩身出现鼓肚,承载力得到加强,其动刚度就偏大,Δf 难以辨认。

②导纳的实测平均值大于理论值并不大于同一工地各桩的平均值较多

此时怀疑整桩或局部界面缩小,即有缩径现象,或混凝土质量不合要求。当实测导纳随频率而变化时,则表示桩的断面沿轴向变化。

③声波在混凝土中的传播速度小

传播速度 $V_p < 3500 \text{m/s}$,认为混凝土质量不佳,可能出现离析、贫混凝土等缺陷。V_p 与混凝土的抗压强度有明确的相关关系。

④K_d 值降低

桩的各种不利缺陷最终都表现为承载力下降。当桩身混凝土完好时,K_d 值的降低意味着:桩底持力层不强,或有较厚的沉渣等。

⑤导纳曲线与典型曲线相差较大

如果曲线类似调制波形,则大峰之间的 Δf_2 表示桩身曲线缺陷处的反射,小峰之间的 Δf_1 表示桩底的反射或桩身更深部位缺陷的反射。如果导纳曲线各峰值逐渐加大或减小,而各峰值之间的 Δf 均相等,则桩身横截面可能沿深度向下扩大或缩小。

⑥导纳曲线各峰值有较大差异,其间 Δf 又有较大差异

由于在通常情况下,最大峰幅值往往出现在较高的频率上,此时可认为最大的峰幅值表示接近桩顶出较明显的缺陷。

上述各种情况通常是伴随出现的,因此在判别桩可能出现的缺陷时,必须进行综合分析,并结合经验才能做出符合实际的结论。

(6)单桩承载力的估算

单桩竖向承载力的估算采用在容许荷载作用下的容许沉降值来确定:

$$R = [S]\frac{K_d}{\eta} \tag{4-27}$$

式中:R——单桩轴向承载力的推算值;

K_d——单桩的动刚度(kN/mm);

η——桩的动静刚度测试对比系数,取 0.9~2.0;

$[S]$——单桩的容许沉降值(mm)。

动力检测法还有频率法与频率—初速法,该两种方法是将桩—土系统视为单自由度振动系统。在桩顶施加一瞬时冲击荷载,激起桩—土系统产生自由衰减振动。在桩顶将这一速度响应信号记录下来,获得桩顶振动速度与时间的关系曲线,称为"时域曲线"。在此曲线上求得相系统的固有频率,计算该系统的竖向刚度(弹簧常数)K,最后由经验公式估算出基桩的承载力。"频率法"必须有详细的地质资料和土工试验数据,若此资料不全或不准,则会影响承载力的准确判断。频率—初速法是根据重物撞击桩头时冲击前后动量不变的原则提出的,唯一的优点是不再需要借助地质土工资料计算桩—土系统参振重力,其他方面两者均相同。

4) 声波透射法

钻孔灌注桩超声脉冲检测法的基本原理与超声测缺和测强技术基本相同。但是要在桩内预埋几根声测管作为检测通道,将超声脉冲发射换能器(又称发射探头)和超声脉冲接收换能器(又称接收探头)置于声测管中,管中需充满清水,作为耦合剂。由仪器中的脉冲信号发生器发生一系列周期性电脉冲,加在发射换能器的压电体上,转换成超声脉冲。该脉冲穿过待测的桩体混凝土,为接收换能器所接收,再转换成电信号。由仪器中的测量系统测出超声脉冲穿过混凝土所需要的时间、接收波幅值(或衰减值)、接收脉冲主频率、接收波波形和频谱等参数。然后由数据处理系统,按判断软件对接收信号的各种参数进行综合判断和分析,即可对混凝土各种内部缺陷的性质、大小、位置作出判断,并给出混凝土总体均匀性和强度等级的评价指标。

(1) 检测方法

根据声测管埋置的不同情况,可以有如下三种检测方法:

① 双孔检测

在桩内预埋两根以上的管道,将发射探头和接收探头分别置于两根管道中(图 4-23),检测时超声脉冲穿过两管道之间的混凝土。这种检测方法的实际有效范围为超声脉冲从发射换能器到接收换能器所穿过的范围。

随着两换能器沿桩的纵轴方向同步升降,使超声脉管冲扫过桩的整个纵剖面,从而得到各项声参数沿桩的纵剖面的变化数据。为了扩大在桩横截面上的有效检测控制面积,必须使声测管的布置合理。双控测量时,根据两探头相对高程的变化,可分为平测、斜测、扇形扫测等方式,如图 4-23 所示,在检测时视实际需要灵活掌握。

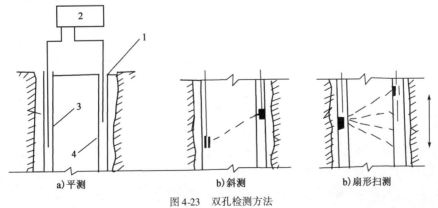

图 4-23 双孔检测方法
1-声测管;2-超声仪;3、4-发射和接收换能器

②单孔检测

在某种特殊情况下,只有一个孔道可供检测使用,例如在钻孔取芯后需要进一步了解芯样周围混凝土的质量,以扩大取芯检测后的观察范围,这时可利用此法(图4-24),将换能器放置在一个孔中,中间以隔声材料隔离。这时声波从水及混凝土中分别绕射到接收换能器,接收信号为从水及混凝土等不同声通路传播而来的信号的叠加,分析这一叠加信号,测出不同声通路的声参数,即可分析孔道周围混凝土的质量。

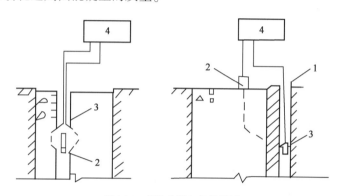

图 4-24 单孔检测与桩外检测
1-声测管;2-发射探头;3-接收探头;4-超声波检测仪

使用这一检测方法时,必须运用信号分析技术排除管道中的混响干扰,当孔道中有钢质套管时,不能用此法检测。

③桩外孔检测

当桩的上下部结构已施工,或桩内未预埋管道时,可在桩外的土基中钻孔作为检测通道。检测时在桩顶上放置一较强功率的低频平探头,向下沿桩身发射超声脉冲,接收探头从桩外孔中慢慢放下,超声脉冲沿桩身混凝土向下传播,并穿过桩与测孔之间的土层进入接收探头,逐点测出声时、波高等系数作为判别依据(图4-24)。这种方式的可测深度受仪器发射功率的限制,一般只能测到 10m 左右。

以上三种方式中,双孔检测是桩基超声脉冲检测的基本形式,其他两种方法在检测和结果分析上都比较困难,只能作为同时情况下的补救措施。

(2)判断桩内缺陷的基本物理量

①声时值

声时值即超声脉冲穿过混凝土所需的时间。如果两声测管基本平行,则当混凝土质量均匀、没有内部缺陷时,各横截面所测得的声时值基本相同。当存在缺陷时,由于缺陷区的泥、水、空气等内含物的声速远小于完好混凝土的声速,所以使穿越时间明显增大,而且当缺陷中的物质与混凝土的声阻抗不同时,界面透过率很小,声波将绕过缺陷继续传播,波形呈折线状,由于绕行声程比直达声程长,因此,声时值也相应增大,所以声时值是缺陷的重要判断参数。

②波幅(或衰减)

当波束穿过缺陷区时,部分声能被缺陷内含物所吸收,部分声能被缺陷的不规则表面反散和散射,到达接收探头的声能明显减少,使接收波的波幅明显下降,从而在缺陷背后形成一个声阴影。实践证明,波幅对缺陷的存在非常敏感,也是判断缺陷的重要参数。

③接收信号的频率变化

当超声脉冲穿过缺陷区时,生脉冲中的高频部分首先被衰减,导致接收信号的主频率向低频段漂移,漂移的多少取决于缺陷的严重程度,接收频率的变化实质上是缺陷区声能衰减作用的反映,它对缺陷较敏感,测值也较稳定,因此是桩内缺陷判断的重要依据。

④接收波形畸变

由于超声脉冲在缺陷界面的反射和折射,形成波线不同的波束,这些波束的前锋到达接收探头的时间参差不齐,相位也不尽一致,叠加后造成接收波形的畸变。但波形畸变的原因很多,波形信息处理方法目前尚未能解决,只能将波形畸变作为缺陷定性分析的依据及判断缺陷的参考指标。

检测时,探头在声测管中逐点测量各深度的声时、波幅(或衰减)、接收频率及波形畸变位置等,然后绘出"声时—深度曲线""波幅—深度曲线"及"接收频率变化率—深度曲线"等,供分析使用。

(3)钻孔灌法桩超声脉冲检测法主要设备

目前常用的检测装置有两种:

一种是用一般超声检查仪和发射及接收探头所组成。探头在声测管内的移动由人工操作,数据读出后再输入计算机处理。这套装置与一般超声检测装置通用,但检测速度慢、效率较低。

另一种是全自动化智能化测桩专用的检测装置。它由超声发射及接收装置、探头自动升降装置、测量控制装置、数据处理计算机系统四大部分所组成。

①声波检测仪的技术性能应符合的要求

接收放大器的频带宽度为 5~50kHz;增益应大于 100dB;带有 0~60dB 的衰减器,分辨率为 1dB,误差小于 1dB,其各挡之间误差应小于 1%;发射系统可输出 250~1000V 脉冲电压,其波形阶段可为阶跃脉冲和矩形脉冲;显示器可接收波形和声传播时间,时间显示范围应大于 2000μs,精度大于 1μs。

②换能器

基桩完整性检测使用换能器由压电材料做成。目前推荐使用柱状径向振动的换能器,因为它在径向无指向性,可使两个测点之间的声场可以覆盖。主要的技术指标如下:频率适宜在 25~50kHz;长度在 20cm 左右;接收换能器宜内装前置放大器,其带宽宜为 5~50kHz;其水密性能满足 1MPa 水压下不漏水,即保证在 100cm 的范围内正常检测。

(4)声测管是进行超声脉冲法检测室换能器进桩体的通道,是灌注桩脉冲检测系统的重要组成部分,其在桩内的预埋方式及其在桩截面上的布置形式将直接影响检测结果。

因此,需要检测的桩应在设计时将声测管的布置和埋置方式标入图纸,在施工中应严格控制埋置的质量,以确保检测工作顺利进行。声波透射管的埋置如图 4-25 所示。

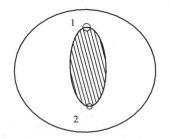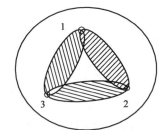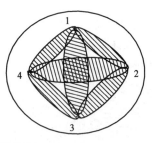

图 4-25 声波透射管的埋置(图中数字为检测管理设位置)

声测管材质的选择,以透声率较大、便于安装及费用较低为原则。目前常用的管子有钢管、钢质波纹管及塑料管三种。

钢管的优点是便于安装,可用电焊在钢筋骨架上,并可代替部分钢筋截面,而且埋置后可保持其平行度和平直度,但价格较贵。钢制波纹管是一种较好的声测管材料,具有管壁薄、省钢材、抗渗、耐压、强度高及柔韧性好等特点,可直接绑扎在钢筋骨架上。塑料管的声阻抗率较低,具有较大的透声率。但大直径灌注桩,混凝土的用量大,水泥的水化热不易发散,而塑料的热膨胀系数与混凝土相差悬殊,混凝土凝固后,塑料管因温度下降而产生径向和纵向收缩,有可能与混凝土局部脱开而造成空气或水的夹缝,在声通路上又增加了更多的反射强烈界面,容易造成误判。

声测管的直径常用规格是内径 $\phi 50 cm \sim \phi 50 cm$。当桩径小于1m时,沿着直径布置2根;桩径 1~2.5m 时,呈正方形布置4根。

声测管可以直接固定在钢筋笼内侧上,固定方式可用绑扎或焊接,管子之间基本上保持水平。

由于埋置声测管影响声时值,应按下式计算声时修正 t':

$$t' = \frac{D-d}{V_t} + \frac{d-d'}{V_w} \tag{4-28}$$

式中:D——检测管的外径(mm);
　　　d——管内径(mm);
　　　d'——换能器外径(mm);
　　　V_t——检测管壁厚方向声速(km/s);
　　　V_w——水的声速(km/s);
　　　t'——声的修正值(μs)。

混凝土中声波的传播时间和速度按下式计算:

$$t = t_p - t_0 - t' \quad V = \frac{L}{t}$$

式中:t——混凝土声波的传播时间(μs);
　　　t_p——声时值读值(μs);
　　　t_0——声波检测仪发射至接收系统的延迟时间(μs);
　　　V——混凝土声速(km/s);
　　　L——声波传播的距离,称为声程或声距(m)。

(5)检测数据的处理与判定

目前常用的缺陷分析判断方法可分为两大类:第一类为数值判据法,即根据测试值,经适当的数学处理后,找出一个可能存在缺陷的临界值,作为判断的依据;第二类为声场阴影区重叠法,即从不同的方向测出缺陷背面所形成的声阴影区。

这些声阴影的重叠区即为缺陷所在的位置,通常由于数值判据缺陷时存在滞后现象,所以应仔细测量缺陷的位置、大小和性质。

①概率法

将所测各参数的数据分别按大小次序排列,计算出桩各测点的平均值 μ 及标准差 σ,然后计算临界值。计算公式如下:

$$\mu = \sum_{i=1}^{n} \frac{x_i}{n} \tag{4-29}$$

$$\sigma = \sqrt{\frac{\sum (x_i - \mu)^2}{n-1}} \tag{4-30}$$

式中：μ——代表声速、声时、波幅或频率等参数中某一项参数的平均值；

x_i——某一项参数与计算的实测值；

n——参与计算的测点总数；

σ——某一项参数的标准差。

当统计数据为声时值时，有：

$$M = \mu_t - K_\alpha \sigma_t \tag{4-31}$$

式中：M——临界值；

μ_t——声时平均值；

σ_t——声时标准差；

K_α——异常值判定系数，见表4-26。

与 n 对应的 K_α 值　　　　表4-26

n	14	16	18	20	22	24	26	28	30	32
K_α	1.47	1.53	1.59	1.64	1.69	1.73	1.77	1.80	1.83	1.86
n	34	36	38	40	42	44	46	48	50	52
K_α	1.89	1.92	1.94	1.96	1.98	2.00	2.02	2.04	2.05	2.0

当统计数据为声速、振幅或频率时，有：

$$M = M_x - K_\alpha \pi \tag{4-32}$$

式中：各项意义同前。

在所统计的 n 个声时值中，当某个数大于或等于 m 时，则该数及大于该数的声时均为异常值；在所统计的声速、波幅或频率值中，当某一个数小于或等于 m 时，则该数及小于该数的值均为异常值，各异常值所对应的即为缺陷可疑点。

②PSD 判据

a. PSD 判据定义及表达式。

PSD 判据是指声参数—深度曲线相邻两点之间的斜率与差值之积最为判据。以声时值为例，设测点的深度为 H，相应的声时值为 t，则声时值因混凝土中存在缺陷或其他因素的影响，而随深度变化的关系，则用如下的函数式表达：

$$t = f(H) \tag{4-33}$$

当桩内存在缺陷时，由于缺陷与完好的混凝土的分界面处超声传播介质的性质产生突变，因而声时值也不产生突变，则该函数为不连续函数，当深度增量（即测点间距）$\Delta H \to 0$ 时，声时值 Δt 不趋于零，则该函数的不连续点即为缺陷界面的位置。但实际检测中总是每隔一定的距离检测一点，ΔH 不可能趋于零，而且由于缺陷表面凹凸不平以及孔洞等缺陷是由于波线曲折而导致声时变化的，所以 $t = f(H)$ 的实测曲线中，在缺陷界面处只表示为斜率的变化。各点的斜率可用下式求得：

$$S_i = \frac{t_i - t_{i-1}}{H_i - H_{i-1}} \tag{4-34}$$

式中：t_i、t_{i-1}——相邻两侧点的声时值；

H_i、H_{i-1}——相邻两侧点的深度；

S_i——第 $i-1$ 至各测点之间的斜率。

斜率只反映了相邻两侧点声时值的变化速度，由于在检测时往往采用不同的测点间距，因此，虽然所求出的斜率可能相同，但测点间距不同，所对应的声时差值是不同的，而声时值是与缺陷大小有关的参数。为了使判据进一步反映缺陷的大小，就必须加大声时差值在判据中的权数。因此判据可写成：

$$K_i = S_i(t_i - t_{i-1}) = \frac{t_i - t_{i-1}}{H_i - H_{i-1}} \tag{4-35}$$

式中：K_i——i 点的 PSD 判据值，简称 PSD 判据。

显然，当 i 点处相邻两点的声时值没有变化或变化很小时，K_i 等于或接近于零，当声时值明显变化时，由于 K_i 和成正比，因而 K_i 将大幅度变化。

实践证明，PSD 判据对缺陷十分敏感，而对声测管不平行，或因混凝土不均匀等非缺陷原因所引起的声时变化，则基本上不予反映。这是由于非缺陷因素所引起的声时变化都是渐变过程，虽然总的声时变化很大，但相邻两点间的声时差值却很小，因而 K_i 很小，所以运用 PSD 判据基本上消除了声测管不平行或混凝土不均匀等因素所造成的声时变化对缺陷判断的影响。

为了对全桩各测点进行判别，首先应将各测点的 K_i 值求出，也可绘成"判据值—深度"曲线，凡是 K_i 值较大的地方，均可列为缺陷的可疑点。

b. 临界判据值及缺陷大小与 PSD 判据的关系。

PSD 判据实际上反映了测点的间距、声波穿透距离、介质性质、测量的声时值等参数之间的综合关系，这一关系随缺陷的性质不同而不同，现分别推导如下：

（a）假定缺陷为夹层（图 4-26）。

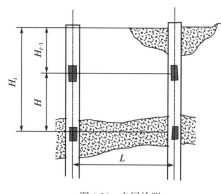

图 4-26　夹层检测

设混凝土的声速 V_1，夹层中夹杂物的声速为 V_2，声程为 L，测点间距 ΔH。若在完好的混凝土中的声时值为 t_{i-1}，夹层中的声时为 t_i，则：

$$t_{i-1} = \frac{L}{V_1} \tag{4-36}$$

$$t_i = \frac{L}{V_2} \tag{4-37}$$

$$t_i - t_{i-1} = \frac{L}{V_2} - \frac{L}{V_1} \tag{4-38}$$

$$K_i = \frac{(t_i - t_{i-1})^2}{H_i - H_{i-1}} = \frac{L^2(V_1 - V_2)^2}{V_1^2 g V_2^2 g \Delta H} \tag{4-39}$$

(b)假定缺陷为空洞。

假如缺陷是半径为 R 的空洞(图 4-27),以 t_{i-1} 为代表声波在完好混凝土中直线传播时的声时值,t_i 代表声波遇到空洞成折线传播时的声时值,则:

$$t_{i-1} = \frac{L}{V_1} \tag{4-40}$$

$$t_i = \frac{2\sqrt{R^2 + \left(\frac{L}{2}\right)^2}}{V_i} \tag{4-41}$$

$$K_i = \frac{4R^2 + 2L^2 - 2L\sqrt{4R^2 + L^2}}{\Delta H g V_1^2} \tag{4-42}$$

(c)假定缺陷为蜂窝或其他介质堵塞的空洞(图 4-28)。

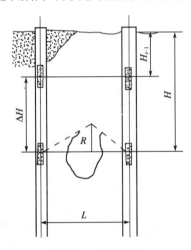 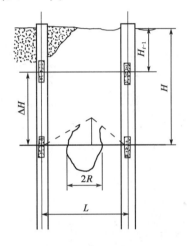

图 4-27 空洞的检测　　图 4-28 蜂窝状疏松或被泥土填塞的孔

在这种情况下,超声脉冲在缺陷区的传播有两条途径:一部分声波穿过缺陷介质到达接受探头,另一部分沿着缺陷绕行。当绕行声时小于穿行声时,可以按空洞处理;反之,缺陷半径 R 与判据的关系可按相同的方法求出:

$$K_i = \frac{4R^2(V_1 - V_2)^2}{\Delta H g V_1^2 V_3^2} \tag{4-43}$$

式中:V_3——孔洞中堵塞物的声速;

其余符号意义同前。

根据试验,一般蜂窝状疏松区的声速为密实混凝土声速的 80%～90%,故取 $V_3 = 0.85V$,公式可以写成:

$$K_i = \frac{0.125R^2}{V_1^2 \cdot \Delta H} \tag{4-44}$$

上式只可用于当穿行声时小于绕行声时。

通过上述临界判据值与各点测量判据值的比较,即可确定缺陷的大小和性质。由于缺陷中的声速(V_2、V_1)只能根据桩周围土层情况予以估计,因此,所得出的缺陷大小仅仅是粗略的估计值,需进一步通过细测确定。

PSD 判据法计算工作量很大,一般用计算机完成。

③声阴影重叠法

运用上述数值判据判定桩内缺陷的大概位置、性质和大小后,应在初定的缺陷区段内采用声阴影重叠法仔细判定缺陷的确切位置、范围和性质。声阴影重叠法,就是当超声脉冲波速穿过桩体并遇到缺陷时,在缺陷背面的声强减弱,形成一个声辐射阴影区。在阴影区内,接收信号的波幅明显下降,声时值增大,甚至产生波形畸变。

双管对测时,各种缺陷的细测判断法如图 4-29 ~ 图 4-32 所示。基本方法是将一个探头固定,另一个探头上下移动,找出声时和波幅发生突变的位置,即声阴影所在边界位置。然后交换测试,找出另一面的阴影边界,两组边界线的交叉范围内的声阴影重叠区,即为缺陷区。

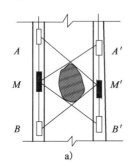
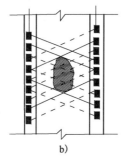

图 4-29 孔洞大小及位置细则判断

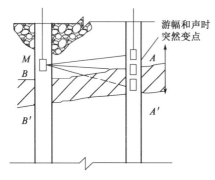

图 4-30 断层位置的细则判断

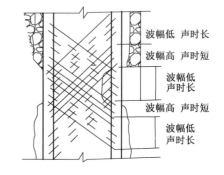

图 4-31 厚夹层上界面的细则判断

图 4-32 缩径现象的细则判断

在混凝土中,由于各种不均匀界面的漫反射及低频波的绕射等原因,使声阴影的边界十分模糊,需通过声参数的综合运用,方可定出其范围。

混凝土质量除用以上判据法外,还有多因素概率分析法,此处不再赘述,可参阅有关资料。

(6)桩内混凝土强度的测量

要准确推定混凝土强度有一定困难,因通常只能用声速单一指标推算混凝土强度,而"声速—强度"相关关系受混凝土配合比等多种因素的影响,由于水下灌注混凝土各段混凝土的实际配比不尽相同,而且无法知道桩内实际情况,也就无从修正。即使事先制定了"声速—强度"基准曲线,推算误差仍然很大。因此,将混凝土强度按以下情况分别处理:

①桩内混凝土总体平均强度的推算

当根据检测结果确认桩内混凝土均匀性较好时,可用平均声速推算平均强度。

事先以混凝土设计配比为基准,制作一系列不同水灰比的不同强度混凝土试块,测定这些试块的声速值和强度值,经回归处理求得"声速—强度"相关公式,然后对若干已知的影响因素进行修正。目前常用的公式和修正系数为:

$$f = AV^B K_1 K_2 K_3 \quad (4\text{-}45)$$

式中:f——全桩混凝土平均强度换算值;

V——全桩混凝土平均声速(计算声速时应扣除 t_0 及声测管和耦合水的声时值);

A、B——经验系数;

K_1——测距修正系数,当声测管间距(即声程)$L<100\text{cm}$ 时,$K_1=1$;当 $100\text{cm} \leqslant L \leqslant 150\text{cm}$,$K_1=1.020$;当 $L \geqslant 200\text{cm}$ 时,$K_1=1.023$;

K_2——含水率修正系数(一般地下饱和水状态,取 0.98);

K_3——混凝土流动性修正系数(泵送混凝土取 1.03)。

该法不适于均匀性较差的桩的强度推算,否则误差偏大。

②缺陷区强度的估算及桩纵剖面逐点强度的估算

若已确定缺陷内为夹砂等松散物,该区可作为无强度处理。但如果缺陷为混凝土低强区或蜂窝状疏松区等,仍具有强度。若能准确推定缺陷区内混凝土的强度,或绘出反映全桩强度公布的"强度—深度"曲线,则对缺陷桩的安全核算及确定修补方案具有重要意义。但由于缺陷区混凝土配合比已不同于原设计配合比,预先按设计配合比制作的"声速—强度"相关公式与基准曲线,已不宜使用。根据现有的研究成果,采用"声速—衰减"综合法效果较好。该方法采用声速、衰减两项参数与强度建立相关公式,从而可消除因离析等原因对声速与强度相关性的影响,而且误差系数易于测量。其强度推算公式如下:

$$f = K_1 K_2 K_3 \left[A \left(\frac{V}{\partial} \right)^2 + B \right] \quad (4\text{-}46)$$

式中: f——各测点的推算强度;

V——各测点的声速;

∂——各测点的衰减系数;

A、B——经验系数;

K_1、K_2、K_3——修正系数,意义同前。

采用该法时应预先配制一批模拟离析后不同粗集料含量的试件,测定试件的声速与衰减系数及强度值,按上述的形式进行回归分析,求出 A、B 系数。

对均匀性较差的桩以及缺陷桩,要检测各点强度时,不宜用单一声速法,使用"声速—衰减"综合法时,也应持慎重态度。

4.3.3 静荷载试验

确定基桩承载力的检测方法有多种,静荷载试验是最可靠的方法,各种桩的观测方法,要在与桩静荷载试验结果大量对比的基础上找出对比系数,才能推广使用。

钻孔灌注桩的试验除了鉴定桩的承载能力,还可以验证基桩的设计参数,检查选用的钻孔施工工艺是否合理和完善,以便对设计文件规定的桩长、直径和承载能力进行复核,对钻孔施工工艺和机具进行改善和调整。因此,对于特大桥和地质复杂的钻孔灌注桩必须进行试桩。

工艺性试桩应在基桩开工前进行。根据试验结果,制定实施性的、完善的施工工艺。

鉴定性试桩一般在实际工程的桩上进行。加载到设计荷载的1.2~1.5倍,检验桩的承载力是否符合设计要求。

破坏性试桩要在专供破坏试验的桩上进行,取得桩达到破坏荷载时的试验资料,以确定桩的承载能力和有关计算参数,为设计工作提供准确的计算资料。

工艺性试验也可兼作鉴定性试桩和破坏性试桩,但设置试桩时,应考虑力能试验的要求。

1)垂直静载试验的加载装置

垂直静载试验是在桩顶上分级施加荷载直到满足试验设计要求达到的状态为止,就地灌注桩的静载试验应在混凝土强度达到能承受预定荷载后开始。对斜桩做静载试验时,荷载方向应与斜桩轴线相同。

(1)基本要求:要保证有足够的加载量。不能因加载量不足而中途停止试验。选用经济而又合适的加载系统,试验始终要保证安全可靠。

(2)加载量的确定:根据试验类别为工艺性还是鉴定性或者是破坏性试验的不同要求,确定试桩的破坏荷载或最大试验荷载(即最大加载量)。试验系统的加载能力至少不低于破坏荷载或最大加载量的1.5倍,最好能达到1.5~2.0倍。

(3)反力装置:反力装置是加载系统中最重要的组成部分,事先应做好周密的设计。根据提供反力的方式可分为下列四种形式:

①锚桩法:该法是用常用的反力装置,通过锚桩承受抗拔提供反力,锚桩和钢反力架组成反力装置。根据荷载大小,锚桩可以用2根、4根、6根、8根或更多数量。目前,用该方法可以检测单桩极限承载力小于25000kN的桩。锚桩入土深度应大于试桩的深度,锚桩与试桩的净距应大于试桩直径的3倍,且不小于1m。如图4-33所示为锚桩法示意图。

②加载法:在堆载反力平台上堆放重物,荷载量应超过单桩预计最大加载量的1.5倍。目前,国内用该方法可以检测单桩竖向极限承载力小于15000kN的桩。

③锚桩堆载法:当锚桩抗拔力不够时,可以在反力钢架上加配重,由锚桩和堆载共同组成反力装置。

④还有不需要锚桩和堆载物的桩身安放千斤顶加载法。

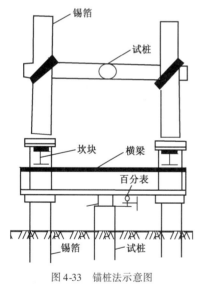

图4-33 锚桩法示意图

2)基准点和基准梁的设置

用于观测下沉量的基准点和基准梁原则上应该是不动的,但由于外界因素的影响,基准点或基准梁将产生一定的变位,这使观测得的下沉量是不可靠的。

基准点的设置应保证:

(1)基准点本身不变形。

(2)没有被接触或遭破损的危险。

(3)附近没有振源。

(4)不受直射阳光与风雨的干扰。

(5)不受试桩下沉的影响。

基准梁一般采用型钢。受温度变化的影响,基准梁会产生一定的挠度。为保证测试精度,需采取下列措施:

①基准梁一端固定,另一端必须自由支承。
②防止基准梁受日光直接照射。
③基准梁附近不设照明或取暖炉。
④必要时可将基准梁用聚苯乙烯等隔热材料包裹起来。

3)测试仪器设备

(1)加荷装置。

加荷装置目前多用于液压千斤顶、锚桩、横梁等设备。液压千斤顶的压力表应定期检验,根据检验换算值求出千斤顶实际压力,写上纸条贴在压力表面上,以便直接读出压力数。如使用2~3台千斤顶时,应将各台千斤顶的油管连通,以平衡压力。

(2)测试测试仪器装置。

测量仪器必须精确,一般使用精度为1/20mm的光学仪器或力学仪器,如水平仪、挠度仪测力器(包括荷载传感器、拉应力传感器、电子秤、压力环等)、倾角仪、位移仪等,如无此类仪器,可用千分表、游标卡尺、杠杆指针等,精确度至少为0.1mm。测量仪器一般应设2~4套,对称安装在试件的两侧或四周。观测用的测桩与试桩和锚桩的净距参见表4-27,并在任何情况下不得小于试桩直径的3倍。

测桩与试、锚桩最小间距表　　　　　　　　　　　　　表4-27

锚桩数量	测桩与试桩和锚桩净距	
	测桩距试桩(m)	测桩距锚桩(m)
4	2.40	1.60
6	1.70	1.00

测定系统固定在围堰上时,围堰与试桩及锚桩间的最小距离不加限制。仪器安装前应予以校定,擦干润滑。

4)试验加载方式

试验加载方式分为三类,根据具体情况选择采用(表4-28)。

试验加载方式　　　　　　　　　　　　　表4-28

序号	试验顺序	试验方式			序号	试验顺序	试验方式		
		第一类	第二类	第三类			第一类	第二类	第三类
1	加至计算静力载重	-	+	+	6	加至计算主力加附加力载重	-	-	+
2	全部卸载	-	+	+	7	卸至计算静力载重	-	-	+
3	加至计算主力加附加力载重	-	+	+	8	加至破坏载重	+	+	+
4	全部卸载	-	+	-	9	全部卸载	+	+	+
5	卸至计算静力载重	-	-	+					

注:1."+"表示采用,"-"表示不采用。
2.第二、三类为反卸载方式,埋设在桩内的仪器的标定要考虑到反复加卸载试验方式的影响。

在所有基桩未沉入前作试验时,有可能根据结果改变桩基结构(沉桩深度、桩的数量等)。因此,试桩载重一般应达到破坏载重,或试桩下沉量大大超过建筑物的容许限度,或达到基桩本身材料的破坏。

在所有基桩均已沉入完毕,试验仅是为了检验基桩是否符合设计要求,试桩载重可等于设计荷载乘以安全系数。如果试验条件限制时,这一载重可减少10%。

试桩加载应分阶段进行,每阶段加载重可以相等或者递变。每一阶段载重的大小,应按要求试验的精确度确定:等重加载时,一般为预计极限载重量的1/15~1/10;递变加载时,开始阶段为1/5~1/2.5;终了阶段为1/15~1/10。

下沉量观测间隔时间,视桩尖土质和每阶段载重量而定,一般可按累计0′、2′、5′、10′、30′观测一次,以后每隔30′测读一次,黏性土在后阶段可延长到每小时测读一次。每阶段的测读间隔次数不少于5次。

每一阶段载重的下沉量,在下列时间内,如不大于0.1mm,即可视为休止:

对于砂类土,最后30min;

对于黏性土,最后1h。

这一阶段下沉休止后,即可进行下一阶段的加载。

5)破坏载重极限载重及容许载重的确定

(1)破坏载重:当试桩全部下沉量已大于40mm,同时这一阶段下沉量大于前一阶段下沉量的5倍,或者这一阶段下沉量大于前一阶段下沉量的2倍但下沉在24h仍不休止时,其荷载即为破坏荷载(此标准不适用于对下沉量有特殊规定者)。

(2)极限载重:破坏荷载前一阶段的累计载重即为极限载重。

(3)容许载重:极限载重除以安全系数(规范规定为2)为容许载重。如因结构对桩的下沉量有特殊要求时,则应按下沉量确定容许荷载。

先作静载试验后挖基的桩,应从试验所得的极限荷载值中,减去从地面至开挖后的基地一段高度内的土对桩的摩擦力临界值,再据以计算容许荷载。高桩承台的桩,也应扣除从地面至最大冲刷线间的一段高度内土的摩擦力。

6)卸除荷载

卸载应分阶段进行,每阶段卸载量可分为每两个阶段的加载重。如加载阶段为奇数时,第一阶段的卸载重可分为最后三个阶段的加载重。

每次按顺序卸除载重后应将桩的回弹量在各仪器的读数分别记录。开始两次每隔15min记录一次,到回弹量休止为止,回弹休止标准与沉降休止标准相同。回弹稳定后即可进行下一次卸载。载重完全卸除后,至少尚应于2h内每隔30min记录一次。

7)试验操作注意事项

(1)利用已完成的桩作锚桩,当用常备式钢梁、工字钢叠合梁或用高强度钢材特殊设计的钢梁时,应根据最大试验荷载验算反力梁的强度和挠度。一般钢梁挠度要求不大于1/100跨径。

(2)如利用已有的基桩当作锚桩,不允许损伤桩身。

(3)验算锚桩抗拔能力时的极限摩阻力值,应采用比桩受压时极限摩阻力值低的值。

(4)当采用加载平台时,每件压重以及平台自重均应标定,需要时可以用颜色标明,易于计算。为了操作安全,在专设的防护垛上置有楔块,在传递荷载时将楔块撤除。

(5)使用的千斤顶必须逐台加以标定。在标定时所使用的压力表、油管、电动油泵、人工手摇泵等应与试验时基本相同。

(6)观测桩的沉降量一般采用百分表测量。桩身下沉量超过百分表量程范围时,应及时调整百分表位置。调整前和调整后的读数应取得联系,应随时检查百分表是否灵敏,支架是否稳定。

(7)预计千斤顶的顶起量,力求避免在一次试验的中途松顶加垫。估计时应考虑 $0.5 \sim 1$ 倍的观测余量。

(8)减少千斤顶有效顶程的耗损,可采取以下措施:试验前先用千斤顶加压,消除垫材、栓孔等处的压缩变形及空隙,然后将千斤顶松回,加填垫材,填补空隙。加强试验设备的结构刚度。锚桩的受拔力应小于其极限摩阻力,其拔起量一般小于 20mm。

(9)锚桩拔起的休止应先于试桩下沉的休止。

(10)对锚桩的拔起应同时进行观测,以便从拔起的均衡程度及拔起与时间关系曲线中分析其对试桩的可能影响。

(11)试桩的下沉和锚桩的拔起都将使千斤顶降压,必须不断观察压力表,随时加压,以维持其每阶段的加载量。最好安设液压补偿器(图4-34),使千斤顶自动保持恒压。

(12)应随时检查加载设备情况,注意有无变形等异状。随时检查观测设备的转动与指示部分的灵敏度,有无障碍,以及固定部分的稳定性。

(13)一个或几个千斤顶的中轴线,必须与试桩的中轴线相吻合,否则由于偏压易产生压坏桩头及偏斜的事故。

(14)应防止试验地点附近的振动干扰、装置自身的温度变形及土的冻胀影响。

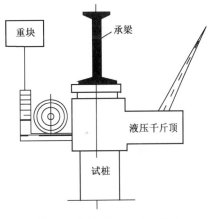

图 4-34 液压补偿器作用示意图

8)试验记录及资料整理

所有试验观测读数,应及时直接记录,见表4-27,并根据记录资料整理绘制桩的下沉与荷载关系曲线及桩的下沉与时间关系曲线,如图4-35所示。

9)快速加载试验法

一般桩的垂直静载试验系采用慢速循环加载(维持荷载法),即上述方法。本法试验工作长,配备人员多,慢速试验的"休止"标准缺乏理论依据,基准梁和测读精度也存在一些问题。故静载试验得出的结果,除了临界承载力(即极限承载力)外,桩的沉降资料与以后桩群的长期下沉量差别很大。若静载试验仅为了检验桩的承载力,亦可采用国内外已取得一定成果的"快速加载法"(即贯入速率法)的垂直静载试验法。

快速加载法的特点是将面临荷载(极限荷载)分为 $10 \sim 15$ 级,每45min加载一级,期间不必等待下沉的"休止",到达45min即继续加载,直到加载完毕。一般总的试验时间为 $450 \sim 675$ min,测读时间是 0min、1min、2min、5min、10min、15min、30min、45min 各一次。

经过实践证明,对摩擦桩的临界载重值,快速试验值与慢速试验值基本相同。对设计荷载

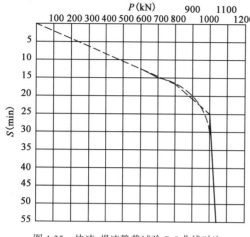

图 4-35 快速、慢速静载试验 P-S 曲线对比

阶段(一般小于临界荷载的 1/2),快速试验与慢速试验的桩下沉量也基本一致,见图 4-35。

由于我国桩基的大量应用,桩的承载力的检测方法也得到迅速发展,桩的静载试验是检测基桩承载力的可靠方法,是各种动测法的对照标准。但桩的静载试验费时、费力、费用高,检测桩数也不可能太多,对整个基础工程不能进行概率统计分析,所以静载试验的代表性不高。动力测桩方法简单、快速,是一种实用的方法。就一根桩而言,静载试验结果的精度高于动测法,而就整个工程而言,由于桩基工程的复杂性,其保证率反而不如抽检率高的动测结果。

【复习题和思考题】

1. 《公路桥涵地基与基础设计规范》确定地基承载力的程序有哪些?
2. 用《公路桥涵地基与基础设计规范》确定地基承载力时,如何保证取样有代表性?
3. 桥涵地基的检验内容有哪些?
4. 如何确定地基土为软土?
5. 软土地基的承载力如何确定?
6. 如何用现场荷载试验绘制的 P-S 关系曲线确定地基容许承载力?
7. 如何用轻便触探仪确定地基承载力? 与其他方法比较有何特点?
8. 在进行地基土的分类时,如何区分黏性土与黄土?
9. 如何区分一般新黄土和老黄土?
10. 如何区分一般黏性土与残积黏性土?
11. 钻孔灌注桩施工过程的检测项目有哪些?
12. 泥浆性能指标及检测项目?
13. 什么情况下可灌注水下混凝土?
14. 利用实测应力波如何让分析桩身缺陷?
15. 如何利用导纳曲线进行桩身质量分析?
16. 声测管的选择与预埋应注意什么?
17. 用超声脉冲法测桩,如何判断桩身缺陷?
18. 对于特大桥及地质复杂的钻孔灌注桩,为什么必须进行试桩?

第5章
桥梁上部结构施工控制

【重点内容和学习要求】

本章重点讲述桥梁上部结构施工监控的控制方法、工作内容和组织实施,并基于工程实例介绍了具体实施过程。要求学生了解施工监控的主要内容,掌握施工监控的一般方法和思路。

5.1 引　　言

桥梁监控,也称桥梁施工监控或桥梁施工控制。在大跨径悬索桥、斜拉桥、拱桥和连续刚构桥的平衡悬臂浇筑施工中,其后一块件是通过预应力筋及混凝土与前一块件相接而成,因此,每一施工阶段都是密切相关的。为使结构达到或接近设计的几何线形和受力状态,施工各阶段需对结构的几何位置和受力状态进行监测,根据测试值对下一阶段控制变量进行预测和制定调整方案,实现对结构施工的控制。由于建桥材料的特性、施工误差等是随机变化的,因而施工条件不可能是理想状态。因此,决定上部结构每一待浇块件的预拱度具有头等的重要性。虽然可采用各种施工计算方法算出各施工阶段的预抛高值、位移值、挠度,但当按这些理论值进行施工时,结构的实际变形却未必能达到预期的结果。这主要是由于设计时所采用的诸如材料的弹性模量、构件自重、混凝土的收缩徐变系数、施工临时荷载的条件等设计参数与实际工程中所表现出来的参数不完全一致而引起的;或者是由于施工中的立模误差、测量误差、观测误差、悬拼梁段的预制误差等引起的,或者两者兼而有之。这种偏差随着悬臂的不断伸长,逐渐累积,如不加以有效地控制和调整,主梁高程最终将显著地偏离设计目标,造成合龙困难,并影响成桥后的内力和线形。所以,桥梁施工监控就是一个施工—量测—识别—修正—预告—施工的循环过程,其最基本的目的是确保施工中结构的安全,保证结构的外形和内力在规定的误差范围之内,符合设计要求。

桥梁施工监控的内容主要包括成桥理想状态确定、理想施工状态确定和施工适时控制分析。成桥理想状态是指在恒载作用下,结构达到设计线形和理想受力状态;施工理想状态以成桥理想状态为初始条件,按实际施工相逆的步骤,逐步拆去每一个施工项对结构的影响,从而确定结构在施工各阶段的状态参数(轴线高程和应力),一般由倒退分析法确定;施工适时控制是在施工时,根据施工理想状态,按一定的准则调整,通过对影响结构变形和内力主要设计参数的识别进行修正,使结构性能、内力达到目标状态。桥梁施工监控流程如图5-1所示。

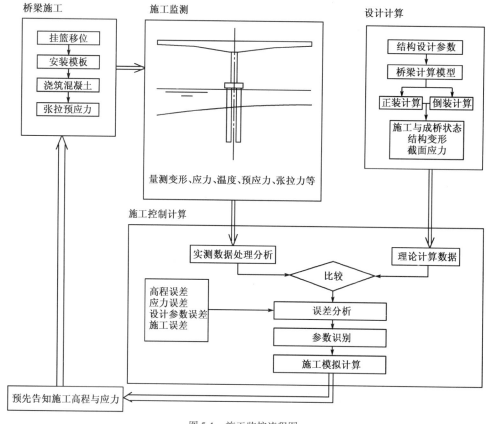

图 5-1 施工监控流程图

5.2 桥梁施工控制方法

1)正装分析法

正装分析法是指通过结构实际的施工方案和各个节段的结构状态逐步向前进行计算,最后计算出在成桥后的变形和结构受力状态。正装分析法是当前阶段的结构状态作为下一阶段分析计算的基础,由于桥梁的施工不断向前推进,结构的边界约束条件、荷载的大小及形式也在不断地变化,也就是说,正装分析法是按照施工工序来进行计算的。大量实例证明,该方法在桥梁施工的模拟中能够取得较好的模拟效果,计算结果中能得到结构在每一施工阶段的应力及位移值,同时,使用该方法进行计算时,能够更好地模拟桥梁结构形成的历程,能更好地考虑混凝土的徐变、收缩及其他非线性影响因素,可以更好地指导结构的施工,为施工提供有效的数据,因此,正装分析法在桥梁监控计算中占有重要的地位。正装分析法有以下特点:

(1)在各施工阶段中,混凝土收缩、徐变等时差效应须随着施工过程逐步计入计算模型。

(2)在每一阶段结束时,该阶段的受力及变形状态通过之前的各阶段的受力及变形情况和该阶段的施工状态、荷载作用求得。

(3)使用正装分析法进行计算,桥梁施工必须严格按照制定的施工方案逐步执行,同时分析计算也须严格按照方案中制定的工序进行,这样才能获得施工过程中及最终的受力状态和变形情况。

(4)当前阶段的分析计算是在前一阶段的计算结果上进行的。

2)倒装分析法

倒装分析法是指假设当前线形及内力结果均满足设计要求,在这个状态下,对结构进行倒拆,也就是按照正装分析的逆过程,然后分析每倒拆一个施工节段对剩下的结构的影响,倒拆后计算分析得出的内力及变形状态即该节段的理想施工状态。获得桥梁施工中各节段的理想施工状态(位移及内力)即倒装分析法的目的。一般在设计中,桥梁施工过程中各个节段在该节段施工时的状态并没有给出,只是给出了桥梁成桥状态的设计高程,而倒装分析法就是根据设计中给出的最终的成桥状态,对每一施工节段进行倒拆,分析计算出每一节段的理想施工状态。利用这种方法计算各个节段的施工状态,使桥梁最终能够达到设计要求的成桥状态。倒装分析法的计算方式及特点,使其能够适用于各类桥型,如连续梁桥、斜拉桥、连续刚构桥,特别是适用于采用悬臂浇筑法的桥梁。采用倒装分析法进行计算时须注意以下几点:

(1)在倒拆单元去除等效荷载时,用被拆单元接缝处的内力反方向作用在剩余结构接缝处来进行模拟。

(2)在拆除某一单元时,拆除部分的应力应为零,剩下的结构的接缝面应力为该节段对该接缝面施加的预应力。

(3)倒装分析法的初始状态应由正装分析法来确定。另外,倒装分析法也有其不足的地方,主要包括以下两方面:

①对于悬索桥及其他集合非线性影响较大的大跨径桥梁,如果按倒装分析法来计算和指导施工,那桥梁最终的成桥状态将偏离设计值。

②由于倒装分析法是按照施工工序的逆过程来进行分析的,因此对于混凝土收缩、徐变等与结构形成过程有关系的因素,采用倒装分析法时考虑这些因素是存在一定难度的。

3)无应力状态法

无应力状态法主要适用于悬索桥及拱桥的监控计算,它是以桥梁中的各个节段的曲率和无应力长度不变为基础的,然后使桥梁施工各个阶段的状态和成桥状态联系起来。

4)结构状态误差

桥梁结构分段施工的最终目标,是使成桥状态的结构实际状态(包括内力和线形)最大限度地逼近理想设计状态。要实现这一最终目标,必须全面了解施工过程中可能引起实际状态偏离设计状态的所有误差因素,以便对整个施工过程进行有效的控制,对误差进行合理分析和及时处理,是现场监控工作的重要环节。

当结构测量到的受力状态与模型计算结果不相符时,通过将误差输入参数辨识算法中去调节计算模型的参数,使模型的输出结果与实际测量到的结果一致,得到了修正的计算模型参数后,重新计算各施工阶段的理想状态。这样,经过几个工况的反复辨识后,计算模型就基本上与实际结构相一致了,在此基础上可以对施工状态进行更好的控制,如图 5-2、图 5-3 所示。

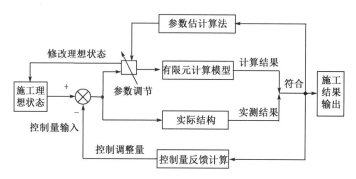

图 5-2 自适应施工控制基本原理

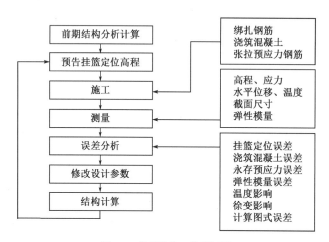

图 5-3 常用的施工控制框图

5.3 施工控制误差分析

误差分析是施工监控的难点,也是施工监控三大系统中相对最不成熟的部分,主要是由测试数据较少而影响因素较多的矛盾引起的。例如,引起主梁高程变低的因素较多,诸如混凝土超方、挂篮变形较大、预应力张拉力不够、临时荷载作用、日照影响等,在诸多的因素中,仅仅通过高程测量或者应变测量是很难判断出原因的。所以,为了得到更准确的分析,必须增加测点,增加测试工况,增加测试内容。下面将连续梁桥可能碰到的误差、误差的严重程度以及解决方法分析如下。

1) 结构刚度误差

引起结构刚度误差的因素，一方面是混凝土弹性模量的改变，另一方面是截面尺寸的变化，这两方面都对刚度有所影响。对于对称悬臂施工的连续梁桥来说，如果整体刚度提高，虽然浇筑混凝土过程中主梁变形量会减少，但是，张拉预应力束过程中变形量也会减少，所以，结构刚度误差对施工控制质量的危害不大。

2) 浇筑混凝土误差

浇筑混凝土误差，即超方现象，是浇筑混凝土过程中难以克服的误差。产生的原因有两方面：一方面是浇筑混凝土时，由现场施工负责人估计顶、底板混凝土厚度而产生误差；另一方面是由模板变形和混凝土重度变化而产生误差。

混凝土超方对连续梁桥施工阶段的内力和线形影响较大，特别是当两侧出现不平衡超方时，影响就更大。当结构悬臂伸长时，危害急剧增加。

在施工过程中，通过改进施工方法减少误差的产生是很有必要的，也是可行的。对悬臂施工的连续梁桥来说，由于两悬臂端对称荷载对结构的影响比单侧荷载要小得多，所以，施工中出现两侧不平衡荷载时，可以考虑在轻的一侧增加重量，只要保持平衡，影响不会太大。

3) 桥面临时荷载影响

桥面临时荷载的影响类似于混凝土超方，既存在对称荷载，也存在单侧荷载。桥面临时荷载可分为两类：第一类相对固定，如卷扬机、压浆机、吊索机、施工简易房等；第二类比较随机，如桥面上堆放的钢筋、型钢、锚具等。

由于桥面荷载随机性较大，只能通过实地观察，估计桥面荷载的重量和位置，在计算数据中考虑。如果能准确估计第一类荷载的重量，并且随时记录第二类荷载堆放的时间和重量，是能够在计算中消除此类误差的。由于临时荷载是随机的，把每一种荷载影响作为荷载工况输入跟踪计算并不方便。一般情况下，可先进行试算，将各种荷载影响的结果算出，作为修正值现场修正会比较方便。

当结构处于悬臂状态时，桥面临时荷载的影响效果同浇筑混凝土的超方现象。由于它是随机的，所以较难掌握。在施工过程中，加强施工管理，除了必需的施工设备外，对于无用的设备要及时清理，并且尽可能保持桥面荷载的平衡性。在计算中要考虑临时荷载的影响，特别是在挂篮定位时要将不平衡的临时荷载影响排除。

4) 挂篮及模板定位误差

由于挂篮是一个庞大的结构物，加上挂篮本身刚度的影响，实际施工时挂篮位置很难做到与设计一致。挂篮模板定位包括外模板和内模板的定位，外模板决定了梁底高程，而内模板决定了桥面的高程。

挂篮定位是控制主梁高程最重要也是最直接的手段，定位时只要认真，并且挂篮在设计上是合理的，挂篮定位误差就能够控制在允许范围以内。一般桥梁工地都是24h工作制，在挂篮定位时，其他工序仍在进行，所以挂篮定位必须考虑温度和临时荷载的影响。

5) 挂篮变形误差

浇筑混凝土过程中，挂篮会发生变形。挂篮变形包括纵向变形和横向变形，也包括弹性变形和非弹性变形。

挂篮非弹性变形对施工控制质量有较大影响，特别是后支点挂篮，由于无拉索帮助，挂篮受力较大。前支点挂篮由于拉索的帮助，其纵梁的受力得到很大改善，但是，对于宽桥，前支点挂篮优点不明显,其主要受力在横向,所以前支点挂篮的横向受力更为重要。

6) 温度影响

温度影响是施工控制中较难掌握的因素,这主要是因为温度始终变化无常,而且在同一时刻,结构各部分也存在温差,所以,在结构计算中一般不把温度影响作为单独工况,而是将温度影响单独列出,作为修正。温度测量也比较困难,一般情况下,只能测气温,而气温和结构温度是有很大差别的。

温度影响产生桥梁挠度变化有两种情况:均匀温差和箱梁内外侧的相对温差。温度变化虽然随时存在,但其对施工控制的危害主要表现在挂篮定位时,选择夜间或者早晨进行挂篮定位比较合适。温度影响变化无常,每座桥都有各自特点,所以施工控制前必须加强观测,及时掌握规律,尽可能排除温度影响。如果能掌握温度引起挠度的变化规律,可以将挂篮定位安排在任意的时间进行,对于加快施工进度是有好处的。

7) 预应力束张拉力误差

预应力束张拉误差一方面由张拉千斤顶的油压表读数误差引起,另一方面由各种预应力损失引起。预应力损失包括:管道摩阻力、锚具损失、温度损失、钢丝松弛、徐变损失。

5.4 施工控制工作内容

5.4.1 施工控制仿真计算

1) 施工控制参数的选取

施工控制计算参数主要来源有两方面:一方面来源于施工设计图纸,通过对施工设计图纸进行深入的分析,把握桥梁结构计算模型的坐标、依据图纸对桥梁结构构件进行面积和重量计算。另一方面来源于设计、施工(加工)、监理等单位,通过对设计图纸的深入理解,向有关单位收集计算的实际参数。影响施工控制计算的参数有:

(1) 混凝土主梁重量的误差。
(2) 混凝土配合比及弹性模量等的不准确。
(3) 桥面施工荷载重量的误差。
(4) 混凝土徐变及收缩参数的不确定引起的应力重分布。
(5) 永存预应力。
(6) 临时荷载的不确定性影响。
(7) 环境温度的影响因素等。

在实际施工过程中,如果以上参数与前期计算取用参数不同,需要对前期计算得到的控制参数结果进行修正,以保证结构施工的结果能够与设计吻合。

上述参数拟通过试件或试块试验、现场测试等手段选取。为了保证施工监控仿真计算的准确,在施工监控工作正式开展前和施工时进行必要的数据收集与对数据的分析计算。当出现误差时,分析误差出现的原因,确定调整误差的措施,调整以后的施工要求。

2) 设计施工图复核计算分析

在施工控制开始前,根据施工图及施工方案对结构进行全施工过程模拟计算。主要计算分析内容包括以下几个方面：
(1) 全施工过程模拟计算。
(2) 临时结构复核计算。
(3) 主跨预拱度设置计算。
(4) 预应力损失长期效应影响计算分析。
(5) 对桥梁结构在施工过程中的应力按规范要求进行验算。
(6) 对使用阶段桥梁结构的应力、变形以及承载能力进行验算。
(7) 从构造方面来检查其预应力钢筋和普通钢筋的布置是否满足规范要求。

3) 施工过程仿真模拟计算

根据施工单位提供的施工技术方案对结构进行全施工过程模拟计算，主要内容有：
(1) 各梁段挂篮前移定位的结构内力、应力和挠度。
(2) 各梁段浇筑梁段混凝土后的结构内力、应力和挠度。
(3) 各梁段张拉预应力后的结构内力、应力和挠度。
(4) 合龙段临时连接后的结构内力、应力和挠度。
(5) 合龙段浇筑混凝土后(假定为荷载)的结构内力、应力和挠度。
(6) 合龙段浇筑混凝土后(已成为结构)的结构内力、应力和挠度。
(7) 桥面铺装完成后的结构内力、应力和挠度。

4) 立模高程的确定及调整

在悬臂施工过程中，梁段立模高程的合理确定是关系到主梁的线形是否平顺、是否符合设计的一个重要问题。如果在确定立模高程时考虑的因素比较符合实际，而且加以正确的控制，则最终成桥线形一般是较为良好的；相反，如果考虑的因素和实际情况不符合，控制不力，则最终成桥线形会与设计线形有较大的偏差。可以说，连续刚构、连续梁桥的线性控制主要是立模高程的确定。

众所周知，立模高程并不等于设计中桥梁建成后的高程，总要设一定的预抛高，以抵消施工中产生的各种变形(挠度)。其计算公式如下：

$$H_{lmi} = H_{sji} + \sum f_{1i} + \sum f_{2i} + f_{3i} + f_{4i} + f_{5i} + f_{gl} \tag{5-1}$$

式中：H_{lmi}——i 位置的立模高程(主梁上某确定位置)；

H_{sji}——i 位置的设计高程；

$\sum f_{1i}$——由梁段自重在 i 位置产生的挠度总和；

$\sum f_{2i}$——由张拉各预应力在 i 位置产生的挠度总和；

f_{3i}——混凝土收缩、徐变在 i 位置引起的挠度；

f_{4i}——施工临时荷载在 i 位置引起的挠度；

f_{5i}——二期恒载在 i 位置引起的挠度；

f_{gl}——支架变形值。

其中，支架变形值是根据支架加载试验，综合各项测试结果而得；而 $\sum f_{1i}$、$\sum f_{2i}$、f_{3i}、f_{4i}、f_{5i} 五项在前进计算分析的结果中可以得到。

初始的几个节段立模高程按理论值确定，当理论值与实测值基本一致后按理论值及测量结果调整立模定位高程。

5.4.2 施工控制现场监测

施工控制主要有两方面内容,即变形监测和应力监测。对于本项目,施工控制现场监测的内容有:

1)几何线形监测

不论采用什么施工方法,桥梁结构在施工过程中总要产生变形。结构的变形受到诸多因素的影响,会使桥梁结构的实际位置偏离预期状态,甚至导致桥梁难以顺利合龙,或造成成桥线形与预期不符。桥梁施工监控中的线形监控就是使桥梁结构在施工中的实际状态与预期状态的偏差在允许的范围内,成桥线形符合设计要求。

2)关键截面应力监测

桥梁结构在施工过程中以及在成桥状态的受力情况是否与设计相符合,是施工监控要解决的重要问题。通常通过结构应力的监测来了解实际应力状态,若发现实际应力状态与理论计算应力状态的差别超限,就要进行原因查找和调控,使之控制在允许范围之内。应力监控的项目和限值目前尚无明确的规定,要根据实际情况确定,通常包括以下几个方面:

(1)结构在自重下的应力。

(2)结构在施工荷载下的应力。

(3)结构预应力。结构预加应力对张拉实施双控,即油表控制和伸长量控制。

3)结构稳定性监测

桥梁结构的稳定性关系到桥梁结构的安全,它与桥梁的强度有着同等的甚至更重要的意义。桥梁施工过程中不仅要严格监控变形和应力,而且要严格地保证开工至施工各阶段结构构件的局部和整体稳定。除桥梁结构本身的稳定性必须得到控制外,施工过程中所用的支架、挂篮、缆索吊装系统等施工设备的稳定性也应满足要求。

4)安全监控

桥梁施工过程中的安全监控是桥梁施工监控的重要内容,桥梁施工安全监控是上述变形监控、应力监控、稳定监控的综合体现。变形监控、应力监控、稳定监控取得了成效,安全监控也就得到了保障。结构形式不同,直接影响施工安全的因素也不一样,在施工监控中需根据实际情况,确定其安全监控重点。

5.5 施工控制实施组织

1)施工控制领导小组

施工控制领导小组由建设单位、设计单位、监理单位、施工单位和施工控制单位组成,包括建设单位、设计单位、监理单位、施工单位、施工控制单位的领导同志或技术负责人,各单位一人,其中建设单位任组长单位。

施工控制领导小组不定期开会,由组长召集,讨论施工控制中出现的重大问题,并提出修正方案。施工控制领导小组组织机构图见图5-4。

2)施工控制工作小组

施工控制工作小组由施工控制单位、施工单位、监理单位、设计单位和建设单位组成,包括施工控制单位的现场负责人、施工单位的现场施工技术负责人、监理单位的现场代表、设计单位的设计代表及建设单位的施工现场代表。其中,施工控制单位的现场负责人任组长。施工控制小组定期开会,由组长召集。讨论施工控制中存在的问题,并提出修正方案。如碰到重大施工问题,或需要修改设计的,提交施工控制领导小组讨论。施工控制小组组织机构图见图 5-5。施工控制工作流程如图 5-6 所示。

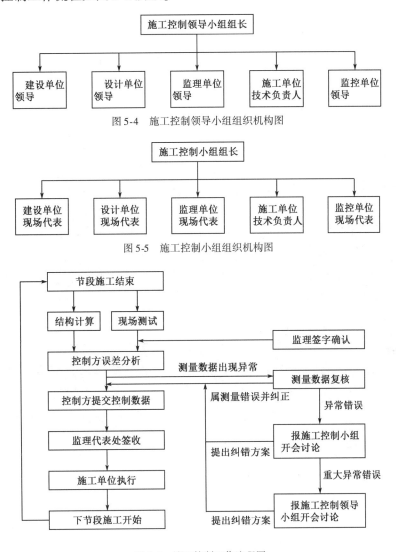

图 5-4　施工控制领导小组组织机构图

图 5-5　施工控制小组组织机构图

图 5-6　施工控制工作流程图

5.6　工 程 案 例

富绥松花江大桥全桥跨径布置为 $4 \times 40m + 10 \times (3 \times 40)m$ 预应力混凝土简支转连续 T 梁 + $(85m + 6 \times 150m + 85m)$ 预应力混凝土连续箱梁 + $4 \times 40m + 6 \times (3 \times 40)m + 4 \times 40m$ 预应力混凝土简支转连续 T 梁,桥梁全长 3 482.78 m。单幅桥面全宽 11.25m,车行道为 10m(图 5-7)。

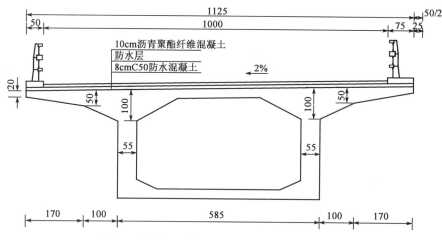

图 5-7 跨中截面混凝土应变测点布置(尺寸单位:cm)

主桥为预应力混凝土连续箱梁桥,跨径布置(85m + 6 × 150m + 85m),桥长1 070m。箱梁采用单箱单室断面,主跨墩顶高度为9.0m,跨中高度3.5m,其间的梁高在纵桥向按二次抛物线变化,抛物线方程为 $Y = 0.001\ 091\ 539\ 7X^2 + 3.5$,箱梁底板厚方程为 $Y = 0.000\ 145X^2 + 0.3$,变化范围为5~23节点。

箱梁全宽11.25m,其中,底板宽5.85m,翼缘板长度为2.7m。翼缘板厚度分成两段变化,端部为0.2m,在距离端部1.70m处为0.50m,根部为1.00m,其间按直线变化。底板与腹板相交处设置0.6m×0.33m的承托(图5-8)。

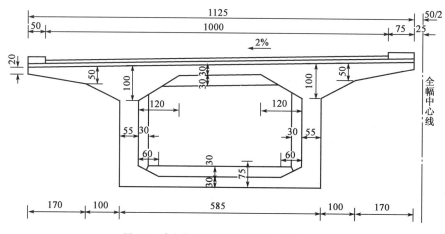

图 5-8 跨中截面箱梁构造图(尺寸单位:cm)

箱梁的顶板厚度为0.3m;腹板在跨中42m范围内为0.55m,向支点方向依次过渡为0.55m、0.7m、0.85m、0.85m、0.982m、1.00m;底板厚度在跨中为0.30m,在墩顶根部为1.5m,其间按二次抛物线变化。

每个T墩包括19种节段(0~18号),每节箱梁底按直线变化。箱梁悬浇长度为2.5~5.0m,详细的节段长度及重量见相关图纸。合龙段长度中跨为2m,边跨为2m,边跨现浇段长度为9m(图5-9)。

箱梁设纵、横、竖三向预应力。纵向预应力钢筋采用符合GB/T 5224—1995标准的270

级 $\phi^j15.2$ 低松弛高强钢绞线,标准强度 $f=1860\text{MPa}$,弹性模量 $E=1.95\times10^5\text{MPa}$。

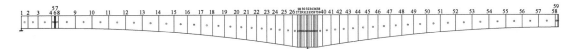

图 5-9 箱梁分段布置图

横向预应力为 $\phi^j15.2$ 钢绞线,锚具采用 BM15-2 张拉锚固体系,钢束每束 4 根,张拉控制力为 1 300MPa。钢束纵向间距为 75cm,采用 BM 扁平锚和扁平 50mm×19mm 金属波纹管。

竖向预应力采用高强精轧螺纹粗钢筋,在 0~2 号梁段为 55cm;3~13 号梁段为 40cm;其余均为 25cm。在腹板中心设置 2 根 JL25 对称于腹板中心布置。锚具采用 YGM-25 张拉锚固体系,JL25 张拉控制力为 346.8 kN。

在悬浇阶段,每个 T 梁顶板钢束 54 束,腹板钢束 36 束,共计有 90 束悬臂束。在合龙阶段,边跨有 8 束顶板钢束、12 束底板钢束;在中跨有 4 束顶板钢束、22 束底板钢束。

悬浇梁段顶板钢束,通过平弯锚固于顶板承托处,悬浇梁段腹板束通过竖弯锚固于腹板上;现浇合龙段顶、底板钢束及腹板钢束锚固于梁段齿板上。

5.6.1 施工过程中主梁几何线形监控

1) 测点布置

在墩顶现浇段(长度 9m)的顶板布置 15 个高程测点,以控制顶板的设计高程,同时也作为以后各悬浇节段高程观测的基准点(图 5-10)。在每个悬浇块件上布置 5 个对称的高程观测点,观测点布置在离块件前端约 20cm 处,利用 $\phi16$ 钢筋(或短型钢)在垂直方向与顶板的上下层钢筋点焊牢固,并要求竖直。测点露出箱梁混凝土表面不小于 2cm,测头磨成圆头并用红漆标记(图 5-11)。

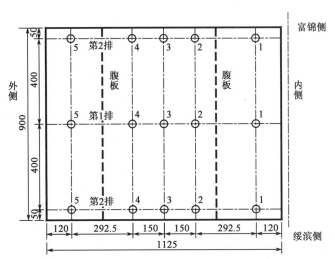

图 5-10 墩顶现浇段高程测点布置(尺寸单位:cm)

具体测试时,采用精密水准仪结合全站仪测量测点高程。在进行主梁中线偏差测量时,以两墩柱中心处预先设置的几何定位点的连线为基准线,利用全站仪进行照准,采用视准线法直接用钢尺测量每节段主梁中线的偏离值。

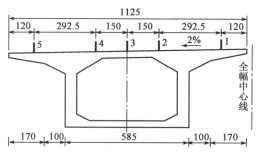

图 5-11 悬浇节段高程测点布置(尺寸单位:cm)

2)变形测量内容

在节段施工过程中,需要进行如下几个阶段的变形测量,详见表 5-1。

节段施工挠度测量　　　　表 5-1

施工阶段	挂篮移动前	挂篮立模后	混凝土浇筑前	混凝土浇筑后	钢束张拉前	钢束张拉后
悬臂端挠度	f_1	f_2	f_3	f_4	f_5	f_6
挠度变化	$\Delta f_{21} = f_2 - f_1$		$\Delta f_{43} = f_4 - f_3$		$\Delta f_{54} = f_5 - f_4$	$\Delta f_{65} = f_6 - f_5$

注:f_2、f_3 可用同一个值,f_1、f_6 可用同一个值,但 f_4、f_5 由于相隔时间较长,需分别测量。

(1)挂篮前移就位。

挂篮前移后,立即测出结构悬臂端的挠度变化值。由于挂篮的反力是已知的且为定值,所以,根据测得的 Δf_{21} 可求出对抗弯刚度 EI 的修正值。

(2)混凝土浇筑完毕。

混凝土浇筑完成后,立即测出已建结构悬臂端的挠度增量 Δf_{43},在已知其他已建节段结构参数的情况下,可确定新浇节段的重量 G_i;当已知重度 r_i 时,可求得面积 $A_i = G_i / r_i$。反之,在新浇节段重量 G_i 已知的情况下,根据测得的 Δf_{43},可求出已建节段抗弯刚度 EI 的修正系数。或者根据已建结构悬臂端的挠度增量,检查挂篮系统变形的情况。

(3)预应力钢束张拉前。

由于影响混凝土收缩、徐变的因素很多,首先必须把确定性因素定义准确,例如加载龄期、荷载、气温等,并在分析时计入截面配筋的影响。对于其他难以预先估计的因素,均归入对计算时段内混凝土收缩和徐变理论计算值的调整值 $k\varphi$。

在从混凝土浇筑后到钢束张拉前这一较长的时间段内,没有其他荷载作用,仅仅由于混凝土的收缩徐变导致了已建节段前端的挠度变化 Δf_{54},因此,通过对理论计算值和实测值的比较,可得到这一时段的调整系数 $k\varphi_i$。

每个节段均可得到这样一个调整系数,根据已建节段的调整系数变化规律,可得到待建节段的调整系数 k 和 φ,利用该值对理论值进行修正后,作为预拱度设置的依据。

(4)张拉预应力筋。

张拉预应力钢筋时,记录实际张拉力,张拉结束后,测出结构悬臂端的挠度变化 Δf_{65}。由于预应力束的张拉力较易确定,根据测得的 Δf_{65},求出已建节段抗弯刚度 EI 的修正系数。

为尽量减少温度对观测的影响,观测时间安排在早晨太阳出来之前。在施工过程中,对每一节段需进行数次(至少一次)的观测,以便观察各点的挠度及箱梁轴线的变化历程,以保证箱梁悬臂端的合拢精度及桥面的线形。采用电子精密水准仪配合全站仪进行测量。高程控制网采用精密三角高程法观测,精度满足二等水准要求。

3)观测时机

(1)挂篮移动前后,即时观测。

(2)混凝土浇筑前后,即时观测。

(3)预应力束张拉前后,即时观测。

(4)立模高程复测及调整,在早晨太阳出来之前完成。

4)主梁截面细部尺寸监测

构件实际尺寸同理论值之间会由于放样误差、模板走样等因素产生一定的偏差,这种偏差在结构分析中造成截面几何特性与恒载等偏离原设计计算参数。因此,在每一节段施工完成后,必须进行构件尺寸测量工作,为修正截面几何特性和调整恒载积累基本资料。箱梁拆模后,即对每一节段的几何尺寸进行测量。测量内容包括(图5-12):截面高度;箱梁顶板宽度、厚度;悬臂板长度、厚度;腹板厚度;底板长度、厚度。将实际值与设计值进行比较,求出由此引起的节段重量、截面面积、惯性矩的变化。

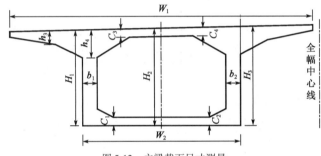

图 5-12 主梁截面尺寸测量

5.6.2 施工过程主梁应力监测

应力监测是施工监测的主要内容之一,它是施工过程的安全预警系统。

1)测试仪器

考虑要适合长期观测并能保证足够的精度,选用丹东生产的埋入式振弦式应力计和配套的读数仪作为应力观测仪器。该应力计的温度误差小、性能稳定、抗干扰能力强,适合于应力长期观测。

2)测点布置

应力计按预定的测试方向固定在主筋上,测试导线引至混凝土表面。每个T构的上部结构(箱梁)选取悬臂根部截面 $A\text{-}A$(距1号块前端100cm)及 $L/4$ 截面,每个T构4个截面,每个截面10个测点,总共布置560个应力量测点;墩柱14个断面按每个断面10个测点计算,共需要 $14 \times 10 = 140$(个)测点。全桥共计700个应变测点。

5.6.3 温度场观测

温度是影响主梁挠度的主要因素之一。温度变化包括季节温度变化和日照温度变化两个部分。其中,日照温度变化最为复杂,尤其是日照作用会引起主梁顶、底板的温度差,使主梁发生挠曲。由于日照温度变化的复杂性,在挠度理想状态计算时难以考虑日照温度的影响,日照温度的影响只能通过实施观测来加以修正。

1)测试方法

日照温差测试包括表面温度测量和体内温度测量两部分。体内温度测试采用在测点埋设温度传感器,引出测试导线,再用相应的测试仪进行观测,得到箱梁日照温变的情况。表面温度采用红外线测温计测量,大气温度采用水银温度计在两岸的空旷处进行。

2)测点布置

分别在左右幅上选取35号墩富锦侧的2号块、8号块以及41号墩绥滨侧的2号块,两侧共6个测试断面,每个断面布置10个测点(图5-13、图5-14)。全桥共计有60个温度测点。

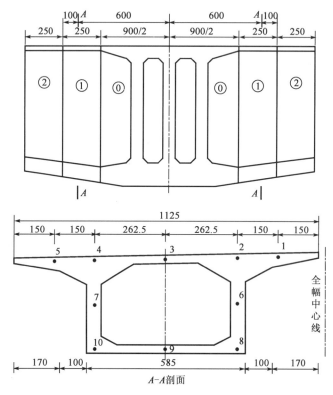

图5-13 应力测点布置图(尺寸单位:cm)

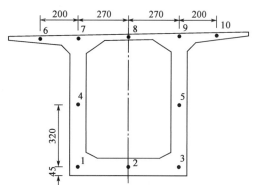

图5-14 测试断面温度测点布置图(尺寸单位:cm)

3)观测时间

在施工期间,选择有代表性的天气进行连续观测,并同步记录箱梁的变形情况。

5.6.4 混凝土强度、弹性模量及重度

1)节段混凝土强度、弹性模量及重度监测

采用现场取样的方法,进行混凝土4d、5d、7d共3个龄期的弹性模量和强度试验,置于现场自然条件下进行养护。混凝土重度的测定采用现场取样,在实验室用常规方法测定。混凝土弹性模量按如下方法测定(每节段共计18个试块):以尺寸为150mm×150mm×300mm的直角棱柱体为标准混凝土试块,6个试件为一组,采用压力实验机及混凝土弹性模量测定仪进行静力弹

性模量试验。实验按如下步骤进行:

(1)取 3 个试件作轴心抗压强度试验,求出其平均值 R_a,取 $0.4R_a$ 作为抗压弹性模量试验的加载标准。

(2)取另 3 个试件作抗压弹性模量试件。在每个试件的两侧,以中线为准划出标距 L($L=150$mm,或不大于试件高度的 1/2,同时不小于 100mm 及最大石子粒径的 3 倍),并将框架式千分表座粘在标距点处。

(3)将试件放于压力机上,调整位置使其几何对中,然后装好千分表。以 0.2~0.3MPa/s 的速度连续而均匀地加载到 P_A($P_A=0.4R_aA$),接着以同样的速度卸载至零,如此反复预压 3 次。预压时试件两侧千分表读数之差不得大于变形平均值的 15%,否则应调整试件位置。

(4)预压 3 次后,用上述同样速度进行第 4 次加载。先加载到应力约为 0.5MPa 的初始荷载 P_0,保持 30s 分别读取两侧千分表读数 δ_0,然后加载到 P_A,保持 30s 后分别读取两侧千分表读数 δ_A,分别计算两侧变形增量($\delta_A-\delta_0$),并算出其平均值,以 δ_4 表示。读取千分表读数 δ_A 后,马上以同样速度卸载至 P_0,保持 30s 后读取两侧千分表读数 δ_0。

(5)按同样的方法进行第 5 次加载,求出 δ_5。δ_5 与 δ_4 之差应不大于 $0.00002L$,否则应重复上述步骤,直到两次相邻的加载变形值之差符合要求为止。

(6)卸去千分表,以同样速度继续加载直到试件破坏,记下破坏荷载,得到轴心抗压强度 R_a'。混凝土的弹性模量按下式计算:

$$E = \frac{P_A - P_0}{A} \cdot \frac{L}{\delta_n} \quad (\text{MPa}) \tag{5-2}$$

式中:δ_n——最后一次加载时试件两侧在 P_A 及 P_0 作用下变形差的平均值;

P_A——应力为 $0.4R_a$ 时的荷载(N),$P_A=0.4R_aA$;

P_0——初始荷载,应力为 0.5MPa 时的荷载(N),$P_0=0.5A$。

弹性模量按三个试件测值的平均值计算。若其中一个试件的轴心抗压强度 R_a' 与 R_a 之差超过 $20\%R_a$,则弹性模量按余下两个试件测值的平均值计算;若两个试件超过此规定,则该试验结果无效。

2)混凝土弹性模量增长规律试验

弹性模量是混凝土的物理参数,一般在施工中不产生变异,但弹性模量的增长往往滞后于混凝土强度,当箱梁块件施工周期较短时,对梁端挠度的影响非常大。因此,在施工过程中,不能仅用混凝土的强度指标控制施工的间隔时间(尤其是预应力张拉),还应该根据混凝土弹性模量的增长规律确定施工间隔。

采用现场取样的方法,进行混凝土 2d、3d、4d、5d、6d、7d、14d、21d、28d、35d、60d、90d 共 12 个龄期的弹性模量和强度试验,得到混凝土的强度和弹性模量随时间的变化规律,为确定合理的预应力张拉时间提供依据,同时也为主梁预拱度的修正提供数据。

5.6.5 有效预应力测定

1)纵向预应力管道摩阻损失测定

本测试旨在定量地测定长钢绞线的摩阻损失,以确定实际有效的预应力吨位和预应力筋的延伸量。一般情况下,选择竖弯钢束和平、竖弯空间钢束各一组进行。试验按如下步骤进行:

(1)在梁上选取一预应力筋,在其两端装千斤顶后同时充油,保持一定的数值(约4MPa)。

(2)乙端封闭(被动端),甲端张拉(主动端)。甲端张拉时分三级进行($0.2P$、$0.6P$、$1.0P$,P 为控制张拉力),测出乙端的应力值 $P_{被}$。如此反复三次,并计算两端压力差的平均值 ΔP_1。

(3)仍按上述方法,但甲端封闭,乙端张拉,测出甲端的应力值 $P_{被}$,计算两端压力差的平均值 ΔP_2。

(4)管道摩阻损失为:$\Delta\delta = (\Delta P_1 + \Delta P_2)/2$。

按如下方法计算摩阻系数:

首先假定 k 为固定值(0.003),通过预应力损失来计算 μ 值;或确定 μ 为固定值(0.35),计算 k 值。计算公式如下:

$$\mu = \frac{-\ln\left(\dfrac{P_{被}}{P_{主}}\right) - kL}{\theta}$$

$$k = \frac{-\left[\mu\theta + \ln\left(\dfrac{P_{被}}{P_{主}}\right)\right]}{L} \tag{5-3}$$

2)竖向预应力损失测定及张拉工艺试验

高强度精轧螺纹钢筋常作为桥梁结构的竖向预应力筋用于混凝土箱梁腹板中。由于对其锚固及锚固过程中的应力损失不能做到有效控制,导致竖向预应力不满足设计要求甚至失效,这是目前箱形预应力混凝土结构腹板出现裂纹的主要原因之一。

拟在箱梁的竖向预应力施工中,现场测试竖向预应力钢筋在锚固过程中的应力损失情况,制定出张拉、锚固的施工工艺。具体过程如下:

(1)在墩顶现浇段的箱梁腹板上,选取10束竖向预应力筋作为测试对象。

(2)在锚固螺母下和张拉用千斤顶尾部各装1个经过检定的测力传感器,用于测量精轧螺纹钢筋张拉过程中和锚固前后的预拉力变化情况。

(3)在按设计要求张拉预应力钢筋达到控制荷载后,采用经过检定的专用扭矩扳手拧紧螺帽进行锚固,记录锚固扭矩值、螺母转角和对应的应力损失的变化关系。

(4)将试验用高强度钢筋中部进行必要的表面处理,采用电阻应变仪对高强度钢筋的张拉和锚固过程中的应力变化情况进行监测,以保证试验过程中高强度精轧螺纹钢筋的使用安全。

(5)通过对10根竖向预应力钢筋锚固扭矩和应力损失数据的测试,并对数据进行处理分析,制定出符合现场施工条件的锚固工艺。

(6)在混凝土箱梁实物的竖向预应力钢筋张拉施工中,在锚固螺帽下安装传感器,对按照工艺施工的竖向预应力钢筋锚固应力损失进行长时间监测,检验工艺的有效性。现场试验和检测仪器设备安装示意见图5-15。

5.6.6 挂篮预压及承载力试验

本桥采用挂篮悬臂施工方法,悬浇重量很大,挂篮的承载能力和变形性能是保证桥梁施工安全和线形控制的关键。因此,为确保挂篮的承载能力和变形性能达到要求,需进行挂篮的承载力试验,以测定挂篮的弹、塑性变形和其实际承载能力。

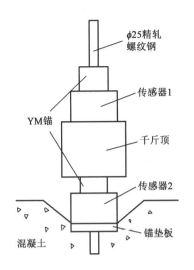

图 5-15 竖向预应力检测设备安装图

1）挂篮预压，以消除其塑性变形

为消除挂篮结构的塑性变形，首先对挂篮加载 15t，读取各控制点的变形、应变，持续一段时间后，卸载，再次读取各控制点的变形、应变，并计算其残余变形。以上加载、卸载重复三次。

2）承载力试验

根据最大悬浇块重确定加载吨位。试验时采用逐级加载的方式，记录每级荷载作用下的挂篮变形和关键截面的应力。在每级加载完成，变形稳定后读数。加载时，若出现下列情况之一，均应停止加载，查明原因后，方可继续：

（1）各控制点的变形、应变与理论计算值明显不符。

（2）挂篮各构件的焊接出现裂缝。

（3）挂篮发生明显的非弹性变形。

（4）挂篮产生出平面的变形。

试验完成后，根据试验数据画出挂篮前端变形与加载吨位之间的关系曲线，作为以后悬臂施工设置预抛高的依据。

5.6.7 横隔梁温度场及变形监测

为控制墩顶及跨中横隔梁的裂缝，需要监测横隔梁的温度场，并检验该温度场与规范规定的温度场的符合程度。另外，由于横向预应力、竖向预应力、悬浇段重量及预应力、混凝土收缩等均影响横隔梁的变形和应力，因此，需要在横隔梁内设置变形、应变测试仪器，观测在各施工阶段横隔梁的变形和应力。

选取 36 号墩的墩顶外侧横隔梁作为测试对象。墩顶横隔梁的温度测点布置如图 5-16a)所示。图中，空心圆为温度测点，实心圆为温度和应变测点。共计 27 个应变测点，73 个温度测点。

对跨中横隔梁，拟在 36 号墩的富锦侧 17 号节段上设置温度场测点，并以此温度场作为跨中横隔梁横向预应力设计的依据。温度场测点布置如图 5-16b)所示，共计 38 个温度测点。

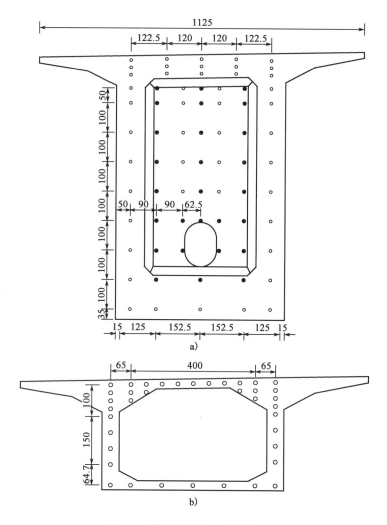

图 5-16 横隔梁温度场(尺寸单位:cm)

5.6.8 控制精度及阶段施工要求

1)施工总体要求

严格控制施工临时荷载,材料堆放要求进行监测;测量工作由施工方和监控方平行进行,测量基点统一,以便于在现场及时校对,同时由监理方进行监测;所有观测记录须注明工况(施工状态)、日期、时间、天气、温度、桥面特殊施工荷载和其他突变因素;每一施工工况完成后,由有关方进行测试,确认测量结果无误后方可进行下一工况的施工;主梁立模、浇筑、张拉前后的变形测试工作必须回避日照温差的影响;T构每一梁段的预应力张拉完成并拆掉节段模板之后,有关方把数据汇总至监控方,由监控方进行数据分析后,下达下一梁段的控制指令表;控制指令表经有关方签认后方可执行,才能进行下一梁段的施工。

2)施工控制精度

(1)控制指令执行原则与允许误差

①立模必须在一天中相对稳定均匀温度场(一般为日出前)中完成。

②立模高程允许误差：±5mm。
③控制预应力张拉最大允许误差：±2%。
④预应力束张拉伸长量最大允许误差：±6%。

(2) 已浇梁段系统控制误差
①成桥后线形(高程)误差：±20mm。
②合龙相对高差：±20mm。
③主梁重量控制要求：按施工规定对主梁横截面尺寸的误差进行严格控制。
④主梁轴线误差：±5mm。

3) 阶段施工验收

预应力张拉完毕，模板拆除，挂篮移动前，是主梁一个阶段施工结束的标志。一个梁段完成后，由控制方汇集所有的观测资料，由施工控制工作小组下达下一梁段施工控制指令表，并对上一梁段的控制情况做简要评述。指令表经施工控制领导小组签认后进入下一梁段施工。

施工4个梁段左右后进行一次施工控制小结，对有关设计参数做一次系统调整，并对出现的问题进行总结。

【复习题和思考题】

1. 简述桥梁施工监控的方法。
2. 简述桥梁施工监控的主要内容。
3. 桥梁施工过程中误差由哪些原因造成？

第6章 桥梁结构检查

【重点内容和学习要求】

本章重点讲述桥梁结构检查分类、内容、方法以及混凝土无损检测技术中回弹法和超声回弹综合法;简要介绍结构混凝土裂缝和钢结构锈蚀的检测方法。

通过学习,要求学生了解桥梁结构检测的内容和方法,掌握使用回弹仪测定混凝土的强度,并会整理和分析试验数据得出正确结论;掌握用回弹仪和超声波仪器检测混凝土抗折和抗压强度,并会推定混凝土的强度;了解检测混凝土裂缝及钢结构锈蚀的方法和原理。

桥梁结构检查的目的,在于对运营中的桥梁进行分类管理,通过桥梁技术状况的检查,建立健全桥梁技术档案;对有缺陷和损伤的桥梁进行全面而深入的现场检查,查明缺陷或潜在和损伤的性质、部位、严重程度及发展趋势,弄清出现缺陷和损伤的主要原因,分析和评价既有缺陷和损伤对桥梁技术状况和承载能力的影响,并为桥梁维修养护和加固设计提供可靠的技术参数。

桥梁结构常规质量检查主要由以下几个内容组成:首先是对桥梁结构的各种建筑材料进行质量检验,如材料的强度、塑性、密度和均匀性等。其次是对结构构件的制造质量进行检测,如结构的外观尺寸,钢筋混凝土结构中的钢筋位置和数量及钢筋锈蚀程度、保护层厚度、混凝土的裂缝和内部缺陷(如蜂窝、孔洞等),再就是对桥梁结构的连接质量(如钢结构的焊接、铆钉,装配式钢筋混凝土结构的拼装接头等)进行检查。

已建成桥梁结构的检测方法必须是非破损检测,是在不影响结构受力性能或其他使用功能的前提下,直接在结构上通过测定某些物理、连续性、耐久性等一系列性能的检查方法。目前,无损检测技术主要用于既有结构的强度推定、施工质量检验、结构内部缺陷检测等方面。随着对混凝土制作全过程质量控制要求的不断提高,对既有结构物维修养护的日益重视,无损检测技术在工程建设中会发挥越来越重要的作用。

6.1 桥梁检查的分类

在我国,按照桥梁的使用用途来划分,在役桥梁分属公路、市政、铁路三个主要行业。一般的,根据行业管理的要求,考虑到桥梁结构的用途、重要性差异等因素,各个行业管理部门制定了相应的养护规范。目前,我国关于桥梁检查检测的规范主要有交通运输部2004年颁布的《公路桥涵养护规范》(JTG H11—2004)和建设部2004年颁布的《城市桥梁养护技术规范》(CJJ 99—2003)。《公路桥涵养护规范》和《城市桥梁养护技术规范》都根据桥梁检测的深度、内容不同将桥梁检测分为三大类别。具体说来,《公路桥涵养护规范》按照桥梁检查的范围、方式和检查结果的用途,分为经常检查、定期检查和特殊检查三大类;《城市桥梁养护技术规范》按照桥梁检查的内容、周期、评估要求,分为经常性检查、定期检查和特殊检查。

6.1.1 《公路桥涵养护规范》中的分类

1)经常检查

经常检查是对桥梁构筑物及附属设施进行日常巡视检查。一般采用目测方法,也可配以简单工具进行测量。经常性检查应由专职桥梁养护管理人员或有一定经验的工程技术人员负责。

按照桥梁类别、技术状态等级分别确定经常性检查周期。一般结构的桥梁,其经常性检查一月一次,最长周期每季度至少一次,遇恶劣天气、汛期、冰冻等特殊情况,周期宜缩短,特殊情况可设专人看护。当场填写《桥梁经常性检查记录表》,登记所检查项目的缺损类型,估计缺损范围,为养护维修计划的制定提供依据。

经常性检查过程中发现重要病害或病害发展较快、影响桥梁的正常使用、危及车辆与行人安全时,应及时采取相应措施,并立即向主管部门报告,以便桥梁结构能得到及时的养护、保养或紧急处理,对需要检修和一些重大问题提出专门报告。

2)定期检查

定期检查是按规定的周期,对桥梁主体结构及其附属结构物跟踪的全面检查。定期检查要求具有丰富的实践经验、受过专门桥梁检查培训并熟悉桥梁设计、施工等方面知识的工程师来进行。桥梁定期检查采集的数据作为桥梁养护管理系统中结构技术状况动态系数,为评定桥梁使用性能提供基础数据,并据此来确定结构维修、加固或更换的先后次序。

定期检查以目测为主,附以必要的测量仪器、探查工具、望远镜、照相机和现场用器材等设备进行。通过对结构物及其材料进行彻底的、视觉的和系统的检查,建立和完善桥梁管理与养护档案。

定期检查的时间应符合下列规定:

(1)新建桥梁交付使用1年后,进行一次全面检查。

(2)桥梁定期检查周期一般为3年,桥梁检查工程师可视被检查桥梁的技术状况,适当调整定期检查周期。

(3)非永久性桥梁1年检查一次。

(4)根据养护工程师的报告,对于在经常性检查中发现重要部位(构件)有严重病害的桥梁,应立即安排一次定期检查。

尽管经常检查和定期检查必要时可辅以简单手持工具进行检查,但是由于它们均是以目测为主的桥梁外观检查,检查结果的评定大多是基于经验,所以这两类检查比较适合于桥梁管理与养护部门。

3)特殊检查

桥梁特殊检查是采用特定的物理、化学或无破损检测手段对桥梁一个或多个组成部分进行的全面察看、测强、测伤或测缺,旨在找出损坏的明确原因、程度和范围,分析损坏所造成的后果以及潜在缺陷可能给桥梁结构带来的危险,为评定桥梁耐久性和承载能力以及确定维修加固工作的实施提供依据。桥梁特殊检查分为应急检查和专门检验。

(1)应急检查。

应急检查是指桥梁遭受地震、洪水、风灾、车辆撞击或超重车辆自行通过等紧急情况或发生突发性严重病害时,为及时得到构筑物状态的信息而进行的检查。应急检查由上级管理机构的专职桥梁养护工程师主持。应急检查应首先进行现场勘查,根据桥梁是否破损,必要时采用专门的仪器设备或试验等特殊手段和科学分析方法,查明桥梁病害原因、破损程度和承载能力,以便采取相应的加固、改造措施。

(2)专门检查。

专门检查是对桥梁结构及部件的材料质量和工作性能所存在的缺损状况进行详细检测、试验、判断和评价的过程。桥梁遇到下列情况,应进行专门检查:

①定期检查中难以判明桥梁损坏程度和原因的桥梁。

②不能确定承载能力和要求提高承重等级的桥梁。

③桥梁技术状况为4、5类的桥梁。

④超过设计年限,需延长使用的桥梁。

⑤常规定期检查发现加速退化的桥梁构件,需要补充检测的桥梁。

专门检查的准备工作应收集以下资料:竣工文件、历次桥梁定期检查和应急检查报告、历次维修资料以及交通统计资料等。当原资料不全或有疑问时,可现场测绘构造尺寸,测试构件材料组成及性能,勘查水文地质情况。

特殊检查一般由现场检查和实验室测试分析两大部分构成。现场检查可分为一般检查和详细检查两个阶段。一般检查如同定期检查那样对结构及其附属设施的所有构件或部位进行详细检查;详细检查主要是对一些重点部位或典型桥孔采用一些专门技术和设备进行深入而细致的检测。

6.1.2 《城市桥梁养护技术规范》中的分类

1)经常性检查

经常性检查应对结构变异、桥及桥区施工作业情况、桥面系、限载标志、交通标志及其他附属设施等状况进行日常巡检。经常性检查以目测为主,现场填写《城市桥梁日常巡检日报表》,登记所检查城市桥梁的缺损类型、维修工程量,提出相应的养护措施。经常性检查应按桥梁的类别、级别、技术等级分别制定巡检周期。对重要桥梁,或遇恶劣天气、汛期、雨季、冰冻等特殊情况,周期宜短,特殊情况可设专人看护。

2) 定期检测

定期检测分为常规定期检测和结构定期检测。常规定期检测一般每年进行一次,可根据城市桥梁实际运行状况和结构类型、周边环境等适当增加检测次数。结构定期检测是在规定的时间间隔进行,Ⅰ类养护的城市桥梁宜为3~5年,关键部位可设仪器监控测试;Ⅱ~Ⅴ类养护的城市桥梁间隔宜为6~10年。

常规定期检测要对每座桥梁制定相应的定期检测计划或实施方案,以目测为主,并配备如照相机、裂缝观测仪、探查工具及现场的辅助器材与设备等必要的量测仪器。Ⅰ类养护的城市桥梁,结构定期检查应根据桥梁检查技术方案和细节分组,并加以标识,确定相应的检测频率;Ⅱ~Ⅴ类养护的城市桥梁结构定期检测应包括桥梁结构中的所有构件。

3) 特殊检测

特殊检测是由专业人员采用专门技术手段,并辅以现场和实验室测试等特殊手段进行详细检测和综合分析。城市桥梁在下列情况下应进行特殊检测:

(1) 遭受洪水冲刷、流冰、漂浮物、船舶或车辆撞击、滑坡、地震、风灾、火灾、化学剂腐蚀、车辆荷载超过桥梁限载的车辆通过等特殊灾害造成结构损伤的城市桥梁。

(2) 常规定期检测中难以判明是否安全的城市桥梁。

(3) 为提高或达到设计承载等级而需要进行养护修复加固、改建、扩建的城市桥梁。

(4) 超过设计年限,需延长使用年限的城市桥梁。

(5) 常规定期检测中,桥梁技术状况Ⅰ类养护的城市桥梁被评定为不合格级的桥梁,Ⅱ~Ⅴ类养护的城市桥梁被评定为D级或E级的城市桥梁。

(6) 常规定期检测发现加速退化的桥梁构件需要补充检测的城市桥梁。

总体来看,《公路桥涵养护规范》和《城市桥梁养护技术规范》对检测类别划分的出发点、检查手段、检查层次基本一致,规定的各类检测深度、内容也基本相同,其实质都是要深入地检查桥梁缺陷和损伤情况,全面把握桥梁总体状况,为桥梁养护、进一步检测提供依据。但在检查周期、具体表述、评价规定等方面有所不同,同时,《城市桥梁养护技术规范》提出了结构定期检测的概念,对于一些特殊、复杂而且重要的结构提供了更加有针对性、可操作性的检测手段。

6.2 桥梁检查内容和方法

不同阶段桥梁检查侧重点不尽相同,所涉及的检查内容亦有差别。经常检查主要从外观方面目测主体结构及附属设施有无明显的病害特征;定期检查是按细部结构对桥梁进行全面的技术检查,并依此建立和修正桥梁技术档案;特殊检查针对桥梁存在的具体问题或为满足特殊要求而进行的,并借助检测仪器对结构材料等进行定性或定量分析。

为确保桥梁现场检测工作的准确性,需要对桥梁进行初步调查,并收集资料,主要有以下内容:

(1)设计资料:包括地质勘察报告、计算书、设计图纸以及变更设计书和图纸。
(2)竣工资料:包括竣工图、竣工质检及验收文件(含隐藏工程验收记录)、定点观测记录。
(3)养护资料:包括桥梁维修、加固记录和图纸、日常养护定期检查资料。
(4)检测资料:历次检测报告和常规定期检测中提出的建议。
(5)校核桥梁的基本数据,寻找有关基准点。

6.2.1 桥梁检查内容

桥梁外观检查通常应包括以下内容:

(1)外观是否整洁,有无杂草堆积、杂草蔓生。构件表面的涂装层是否完好,有无损坏、老化变色、开裂、起皮、剥落、锈迹。
(2)桥面铺装是否完整,有无裂缝、局部坑槽、积水、沉陷、波浪、碎边;混凝土桥面是否有剥离、渗漏,钢筋是否露筋、锈蚀,缝料是否老化、损坏,桥头有无跳车。
(3)排水设施是否良好、桥面泄水管是否堵塞和破损。
(4)伸缩缝是否堵塞卡死,连接部件有无松动、脱落、局部破损。
(5)人行道、缘石、栏杆、扶手、防撞护栏和引道护栏有无撞坏、断裂、松动、错位、断件、剥落、锈蚀等。
(6)观察桥梁结构有无异常变形,异常的竖向震动、横向摆动等情况,然后检查各部件的技术状况,知道异常原因。
(7)支座是否有明显缺陷,活动支座是否灵活,位移量是否正常。支座的经常检查一般可以每季度进行一次。
(8)桥位区段河床冲淤变化情况(河床冲刷破坏、河床堵塞)。
(9)基础是否受到冲刷破坏、外漏、悬空、下沉,墩台及基础是否受到生物腐蚀(墩身基础冲刷破坏、墩身基础冲刷破坏)。
(10)墩台是否受到船只或漂浮物撞击而受损(墩身受撞击坍塌、墩身受撞击坍塌)。
(11)翼墙有无开裂、倾斜、滑移、沉降、风化剥落和异常变形(翼墙滑移、翼墙开裂)。
(12)锥坡、护坡、调治构造物有无塌陷,铺砌面有无缺损、勾缝脱落、灌木杂草丛生(锥坡塌陷、锥坡破损)。
(13)交通信号、标志、标线、照明设施以及桥梁其他附属设施是否完好(墩身反光标志破损、限高标志变形)。

经常检查尤其需要注意的问题包括:桥梁支撑结构损坏或失稳、车船的意外碰撞损坏、桥梁墩台基础冲刷损坏、桥面交通安全设施的损坏、立交桥梁是否有危险物掉下。

6.2.2 桥梁检查方法

(1)顺线路走向到桥位,面向桥梁正面首先拍一张桥面照,然后面向桥梁右侧拍一张桥梁立面照片,桥梁改建后应重新拍照一次,上下游桥梁结构或长度不一致,或起止桩号不一致还要有下游侧立面照片,并标注清楚。

(2)上0号桥台,从右侧翼墙开始按逆时针方向依次检查。

①翼墙、耳墙:应检查其是否有开裂、倾斜、滑移、沉陷等降低或丧失挡土能力的状况。

②锥坡、护坡:应检查其是否有冲刷、滑坍、沉陷等现象,造成坡顶高度显著下降。土质锥形护坡表面覆盖草皮是否损坏,有无沟槽和坍塌现象,铺砌面是否开裂,有无勾缝砂浆脱落、隆起或下陷、灌木杂草丛生和下滑,坡脚是否损坏。埋置式桥台台前溜坡基础埋置深度是否足够,有无冲刷损坏。

(3)检查下部结构(墩台身、墩台基础和墩台帽梁),对于桥下净空较大的情况,可采用高倍望远镜、人字梯、桥检车等手段进行检查,对于跨河桥利用高倍望远镜及桥检车对墩台身进行检查。

①桥墩、桥台:检查桥墩、桥台有否滑动、倾斜、下沉、冻拔或冲撞损坏;混凝土墩台及台帽有无冻胀、风化、腐蚀、开裂、剥落、空洞、露筋、变形等;台背填土有无沉降、裂缝、挤压、受冲刷等情况;空心墩的水下通水洞是否堵塞;石砌墩台有无砌块断裂、通缝脱开、变形,砌体泄水孔是否堵塞,防水层是否损坏;墩台顶面是否清洁,有无泥土杂物堆积、滋生草木,伸缩缝处是否漏水。

②墩台基础:检查基础下是否产生不许可的冲刷或淘空现象;扩大基础的地基有无侵蚀;桩基顶段在水位涨落、干湿交替变化处有无冲刷磨损、径缩、露筋,有无环状冻裂,有无受到污水、咸水或生物的腐蚀。

(4)检查上部结构(上部承重构件、上部一般构件和支座),对于损坏严重或桥梁病害可能对结构承载力产生较大影响的桥梁,除了全面检查外,还要结合无损检测方法对结构性损伤进行加密检查,对病害原因判断困难的需增加必要的附加检查内容等手段对重点病害进行进一步的检查。

①钢筋混凝土和预应力混凝土桥跨结构的检查,包括下列内容:

混凝土有无裂缝、渗水、表面风化、剥落、露筋和钢筋锈蚀,有无活性集料硅碱反应引起的整体龟裂现象;预应力钢束锚固区段混凝土有无开裂,沿预应力筋的混凝土表面有无纵向裂缝。

对梁(板)式结构,主要检查梁(板)跨中、支点、变截面处、悬臂端牛腿或中间铰部位;对刚构和桁架结构,主要检查刚构固结处和桁架节点部位的混凝土开裂和钢筋锈蚀等缺损状况。

装配式梁桥应注意联结部位的缺损状况。如:组合梁的桥面板与梁的结合部位,以及桥面板之间的接头处混凝土有无开裂、渗水;梁(板)接缝混凝土有无开裂和钢筋出露;横向联结件是否开裂,连接钢板的焊缝有无锈蚀、断裂,边梁有否横移或向外倾斜。

②拱桥主要检查内容:主拱圈的拱脚、$L/4$、$3/4L$、拱顶处和横向联系、拱上结构的变形,混凝土开裂与钢筋锈蚀等缺损状况。拱上立柱(或立墙)上下端、盖梁和横系梁的混凝土有无开裂、剥落、露筋和锈蚀。中下承式拱桥的吊杆上下锚固区的混凝土有无开裂、渗水,吊杆锚头附近是否有锈蚀现象。对劲性骨架拱桥,还要检查是否沿骨架出现纵向或横向裂缝。

a.双曲拱桥的定期检查应特别注意:拱脚有无压裂;拱肋 $L/4$、$3/4L$ 处、顶部是否开裂、破损、露筋锈蚀;拱肋间横向联结拉杆是否松动、开裂、破损;拱波与拱肋结合处是否开裂、脱裂;

拱波之间的砂浆有否松散脱落,拱波顶是否开裂、渗水等。

b.检查圬工拱桥的定期检查应特别注意:主拱圈有否开裂、渗水、砂浆松动、脱落变形;砌块有无断裂、脱落;拱脚是否开裂;腹拱是否变形;拱铰功能是否正常;实腹拱的侧墙与主拱圈间有无脱落,侧墙有无变形,拱上填土有无沉陷或开裂;空腹拱的小拱有否变形、错位,立墙或立柱有无倾斜、开裂;砌体表面有无苔藓,砌缝有否滋生草木。

③检查支座简易支座的油毡是否老化、破裂或失效;钢板滑动支座和弧形支座是否干涩、锈蚀;摆柱支座各组件相对位置是否准确,受力是否均匀;四氟板支座是否脏污、老化;橡胶支座是否老化、变形、移位;盆式橡胶支座的固定螺栓有否剪断,螺母是否松动;辊轴支座的辊轴是否出现不允许的爬动、歪斜;摇轴支座的辊轴是否倾斜;活动支座是否灵活,实际位移量是否正常;支座垫石是否破碎。

(5)检查防护工程设置是否合理,构造功能是否正常,构件有无遭受破坏。

(6)检查河床冲刷是否严重,有没有产生河床变迁,对桥梁结构有没有影响。对于桥下有河床铺砌的桥梁,检查铺砌的损坏状况。

(7)检查桥面系(桥面铺装、桥面板、伸缩缝、人行道、栏杆和排防水系统)的破损情况,特别注意沥青混凝土桥面病害和水泥混凝土桥面病害特征的区别,伸缩缝的功能是否有缺陷。

①桥面铺装。

a.高低差:在与结构物连接部位的高低差。

b.凸凹:沿纵断方向周期性的波即搓板,或表面的鼓包,如铺装表面的局部超填。

c.车辙:横断方向的波,即横断方向的凸凹,车轮通过频率较高的地方产生的规则凹槽。

d.泛油:在铺装表面沥青渗出的状态。

e.松散:由于行驶车轮的作用,铺装表面的细集料慢慢地脱离,表面呈现锯齿式的粗糙状态。

f.磨光:铺装被行驶的车轮所细磨,形成平滑的状态。

g.坑槽:铺装层局部脱落而产生的洞穴或长槽。

h.桥头跳车:桥梁两端路基下沉而造成行车颠跳。

i.线状裂缝:横车道方向,或在其纵断方向,几乎沿直线伸展的裂缝。

j.网状裂缝:裂缝形成相互联结的网状或格子状。

②伸缩缝。

检查伸缩缝有无破损结构脱落、淤塞填料凹凸跳车漏水等。

③人行道。

检查人行道有无开裂、断裂、缺损。

④栏杆。

检查栏杆是否松动、撞坏、锈蚀、变形。

⑤排水设施。

检查桥面横坡、纵坡是否顺适,有无积水;泄水管有无损坏、堵塞;泄水能力情况;防水层是否工作正常,有无渗水现象等。

⑥照明标志。

检查标志标线有无缺失,照明设备是否完好。

(8)检查交通工程设施的完整性和有效性,包括视线诱导设施、防眩设施、隔离设施、标志标线等设施。

(9)在出现各种缺损的部位,用油漆等涂料对其范围、日期进行标识、拍照,用中文对损坏部位和程度加以描述,发现三类以下桥梁和难以判明损坏原因及程度的桥梁,作影像记录,并附病害状况说明。

(10)对各部件进行评分,提出维修建议和时间。

(11)检查日常养护情况。

(12)给出桥梁养护工作建议和桥梁总体技术状况评分。

6.3 混凝土无损检测技术

混凝土是现代建筑工业中最重要也是使用最普遍的建筑材料,换句话说,任何建筑工程都离不开混凝土。在实际施工过程中,为保证建筑工程的百年大计,需对混凝土结构的质量进行经常的、必要的检测和控制。

传统的混凝土结构质量控制主要是在拌和机口取样、制作试件,然后进行物理力学试验,然而,在机口取样的混凝土强度主要用于拌和质量控制,因为没有反映施工中浇筑、振捣和养护等因素的影响,不能完全代表结构物中混凝土的强度。由于快速、安全施工的要求,如快速、安全拆模,预应力张拉,静止养护等,需要更为可靠与实际的混凝土强度检测方法。此外,出于对混凝土施工的快速成型的使用安全,除了通过试件测其强度外,还需要对已筑混凝土施工的快速成型和使用安全,通过试件测其强度,并对已筑混凝土结构的性能、质量和内部情况进行更为详细的检测。这些检测包括对混凝土的早期强度,内部缺损(如孔洞、开裂等),钢筋位置和钢筋锈蚀等方面的检测。这些现场检测是非常有必要的。但混凝土结构成型后,若采用破损法(如开凿、切块和钻芯等)进行检测,不但费时费工,还可能破坏原结构,既影响其使用寿命,又影响其外表美观,是很不理想的。特别是对某些隐蔽工程,如桥基钻孔灌注桩的质量检测用传统方法是无法进行的。于是一门新的学科——混凝土无损检测技术就逐步发展起来,这对推动混凝土结构工程质量的监督和检测工作,加强混凝土结构质量的控制与管理,实现优质工程具有极其重要的现实意义。

混凝土无损检测技术是指在不破坏混凝土结构构件的条件下,在混凝土结构构件原位上对混凝土结构构件的混凝土强度和缺陷进行直接定量检测的技术。

6.3.1 混凝土无损检测技术的分类

依据无损检测技术的检测目的,通常将无损检测方法分为五大类:

(1)检测结构构件混凝土强度值。

(2)检测结构构件混凝土内部缺陷,如混凝土裂缝、不密实区和孔洞、混凝土结合面质量、混凝土损伤层等。

(3)检测几何尺寸,如钢筋位置、保护层厚度、板面、道面、墙面厚度等。

(4)结构工程混凝土强度质量的匀质性检测和控制。

(5)建筑热工、隔声、防水灯物理特性的检测。

从当前的无损检测技术水平与实际应用情况出发,为达到同一检测目的,可以选用多种具有不同检测原理的检测方法,例如结构构件混凝土强度的无损检测,可以利用回弹法、超声回弹综合法、超声脉冲法拔出法、钻芯法、射钉法等。这样为无损检测工作者提供多种可能并可依据条件与趋利避害原则加以选用。按检测目的、检测原理、检测的方法列表(表6-1),也可以按构件破坏与否分三大类,即无损检测技术、半破损检测技术及破损检测技术。

混凝土无损检测方法分类 表6-1

按检测目的分类	检测原理及方法名称分类	测 试 值
混凝土强度检测	压痕法	压力机压痕直径和深度
	射钉法	探针射入深度
	嵌试件法	嵌注试件的抗压强度
	回弹法	回弹值
	钻芯法	芯样抗压强度
	拔出法	拔出力
	超声脉冲法	超声脉冲传播速度
	超声回弹综合法	声速值和回弹值
	声速衰减综合法	声速值和衰减系数
	射线法	射线吸收和散射强度
	成熟度法	度、时积
混凝土内部缺陷检测	超声脉冲法	声时、波高、波形、频谱、反射回波
	声发射法	声发射信号、事件计数、幅值分布能谱
	脉冲回波法	应力波的时域、频域图
	射线法	穿透缺陷区后射线强度的变化
	雷达波反射法	雷达反射波
	红外热谱法	热辐射
混凝土几何尺寸检测,如厚度、钢筋位置、钢筋保护层厚度检测	冲击波反射法	应力波的时域
	电测法	电阻率及半电池电位
	磁测法	磁场强度
	雷达波反射法	雷达反射波
混凝土质量匀质性检测与控制	回弹法	回弹值
	敲击法	频率对数衰减
	声发射法	声发射信号、幅值分布能谱
	超声脉冲法	超声脉冲传播速度

本节所指的无损检测技术包括上述的无损检测技术和半破损检测技术两类。至于破损检测因费用昂贵、耗时长,仅在特别重要的结构处采用。

从表 6-1 中可以看到，混凝土无损检测方法目前已有几十种，已用于现场检测的也近 20 种，各种方法有其自己的特点、适用范围，但也有其自身的局限性，如技术的成熟性、装备的经济性、测量的简便性等都是不同的。希望某种方法尽善尽美，能解决一切问题是不现实的，因而不能盲目地认定某种方法而排斥其他方法。要确定哪种方法比较可靠和适宜，需要通过不断地更新和发展来检验，同时也受到技术发展和经济状况的约束。

6.3.2 重要无损检测方法的原理及特点

1）回弹法

回弹法采用回弹仪进行混凝土强度测定，其原理是回弹仪中运动的重锤以一定的冲击功能撞击顶在混凝土表面的冲击杆后，重锤回弹并带动一指针滑块，得到反映重锤回弹高度的回弹值。回弹值大小与混凝土表面硬度即混凝土的强度有密切关系。根据回弹值的大小，可以推算混凝土的强度。回弹法由于其操作简便、经济快速等特点，在国内外得到广泛应用。

由于回弹法测定的是混凝土表面强度，所以受到混凝土表面状况，特别是表面碳化层厚度及干湿状况的影响较大。另外，由于回弹仪是纯机械结构，其测定值受到各种部件性能及其装配情况的影响，同类仪器测定值的同一性较差，易随时间变化，这样会影响回弹仪测强的准确性。故回弹仪使用的目的是仅适用于下述三种情况：一是规定只作均匀性的判断及各构件质量的查对比较用，不作强度推算；二是以一定数量试件来标定，求出强度与回弹值关系后作为判断强度的辅助手段；三是以一定试件数量来标定，求得相关关系后可作为推算强度手段。

2）压痕法

压痕法是在混凝土表面以一定压力压一钢球，在混凝土表面留下一定直径的压痕，根据压痕直径推算混凝土的强度。压痕法受混凝土表面状况影响也较大，使用得并不普遍，仅在少数国家采用。

3）拔出法

拔出法是使用拔出仪器拉拔埋在混凝土表面内的锚件，将混凝土拔出锥形体，根据混凝土抗拔力推算其抗压强度的方法。该方法包括预埋法和后装法两种。前者是浇筑混凝土时预先将锚杆埋入；后者是在硬化后的混凝土上钻孔，装入（黏结和锚嵌）锚件。在试验时用专门的拉拔装置将锚件拔出，测定其抗拔力，然后根据测定的抗拔力与抗压强度的相关关系测定混凝土的强度。

预埋法适用于测定混凝土的早期强度，如确定供热养护时间或脱模时间，由于锚件和混凝土紧密结合，混凝土受力状况一致，因此抗拔力相对稳定。但预埋法需事先埋入锚固件，但在钻孔、锚嵌锚件时，由于操作等原因，对其测定结果也会有一定影响。此外，就整个拔出法而言，由于其锚件埋入较浅（一般为 2～5cm），因而其强度也只能反映混凝土表面情况。故该法只适用于小粒径集料混凝土。

目前，美国、俄罗斯和丹麦等国正在推广使用该法。我国也进行了许多研究，生产了许多类型的拔出仪，但都偏重于后装法。

4）射钉法

国外称该法为穿透法或贯入阻力法。它是使用一种火力发射装置将一合金钉射入混凝土一定深度,根据钉的外露长度作为混凝土贯入阻力的度量并以此推算混凝土的强度。钉的外露长度越多,表明其混凝土强度越高。1964 年,美国最早研究开发此法。我国是从 1986 年开始研究此法的,几年来取得了可喜的进展。该法的优点是测量迅速、简便,由于有一定的射入深度(20~70mm),受混凝土表面状况及碳化层影响较小。当然,它也受粗集料的数量及硬度影响。但就总体而言,这种测试方法将有良好的应用前景。

5) 超声脉冲法

超声脉冲法是一种研究最多、应用最广的无损检测方法。其原理是仪器先发射超声脉冲波,同时测量接收波的参数(声速、振幅、频率等),根据声学参数的大小及变化,判断混凝土内部质量情况。

该法可用于检测混凝土强度、裂缝及其深度、内部缺损、混凝土弹性参数、表面损伤层厚等。探测混凝土内部缺陷、裂缝则是超声脉冲法的主要特点,它不仅可用于地面结构,也可用于深基础(如灌注桩)质量的检测。此法在大量的工程实测中取得了良好的效果。目前,超声脉法已列入了各国的检测规程中,我国也将其列入有关混凝土试验规程中。

6) 脉冲回波法(应力波法之一)

以机械方法或其他形式的激振方法在结构中产生应力波,根据结构物的响应及波的传播,反映被测结构物内部缺陷及尺寸(长度或厚度),统称为应力波法。这类方法包括地震回波法(简称 SE 法)、冲击响应法(简称 IR 法)及冲击反射法(简称 ET 法)。目前,SE 法和 IR 法多用于桩的检测,而 IE 法常用于一般混凝土结构,特别像底板、路面、机场等单面结构内部缺陷及厚度检测。图 6-1 反映了冲击反射法的基本原理。国外 20 世纪 80 年代末研究出这一方法并用于探测内部孔洞、蜂窝体、剥离层、裂缝深度、预应力钢丝束灌浆管隙、钢筋锈蚀膨胀引起的破坏及混凝土厚度,这是一种很有发展前途的新型检测技术。目前南京水利科学研究院已获得初步成功。

7) 声发射法

声发射法(简称 AE 法),即当材料受力后将产生变形并不断积蓄应变能,当变形达到某一临界状态时,材料将以塑性变形、微开裂、裂缝扩展等形式释放应变能,这种能量释放的形式之一是声发射,即从释放源发射出应力波,虽然这种应力波振幅很小,但可以由传感器接收到,再通过放大、滤波、整形等处理,可记录发射的有关信息和数据,根据不同位置的接收器所获得的数据判断其变形情况及位置。

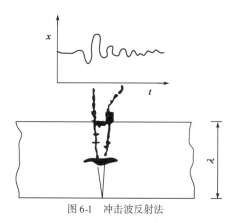

图 6-1 冲击波反射法

目前,混凝土中的声发射法主要用于研究结构开裂过程及断裂力学试验,也可用于结构破坏的预报工作中。该法的应用必须是在变形或应力增加时才能观测到声发射,不变荷载下不能单独用于测量混凝土结构。

8) 磁测法

这种方法的原理是在 U 形铁磁两端分别绕环线制成探头,从一端的线圈输入交变电流,在磁铁中产生出交变磁场,其磁力线也穿过另一线圈并在其中产生交变电流,当探头靠近钢筋,则磁场电流发生变化,且钢筋距离越近钢筋直径越粗,则电流变化也越大。因而可根据这一原理来测定钢筋的位置、直径及保护层的厚度等。目前,美国、日本使用这种方法较多,我国也研究制造出了类似的仪器,并应用于实际工程检测中。

9)电测法

电测法主要用来检测混凝土结构物内钢筋的锈蚀状况。因为钢筋的锈蚀是一种电化学过程或者说是一种氧化还原反应,钢筋中某些电位较负,成为阳极,另外一些部位较正,成为阴极,在电介质参与下在钢筋中形成电池。在这种电池作用下,铁不断溶解成铁的氢氧化物,致使钢铁锈蚀且体积增大,使混凝土膨胀。锈蚀的钢筋在钢筋混凝土系统中形成一个开路电位。如果提供一个参考电极(常用铜—硫酸铜电极),则可测出钢筋表面的锈蚀电位差。也就是说,钢筋的锈蚀程度与所测电位差有关。锈蚀越严重,则电位差越大,电化学法就是根据这一原理来检测钢筋锈蚀程度的。

10)雷达波反射法

近几年来,国外又将雷达波用于混凝土内部缺陷的检测。其原理是由雷达天线发射电磁波,电磁波到达结构物是部分被反射,部分进入混凝土中,当混凝土中存在缺陷(孔洞、剥离层等)时,由于不同物质的介电常数或导电等电性能不同,形成界面,电磁波在界面上将发生反射,接收器将这些不同的反射信号接收后并进行处理,可获得与界面相应的黑白相间的图像,从而判定混凝土内部的缺陷。雷达波可实行单面检测,也可不接触被测体,因而可车载做移动检测(如可以每秒十多米的速度检测混凝土路面剥离层),而且所得图像直观。这也是一种很有发展前途的检测技术。

11)射线法

射线法是利用具有很高穿透力的射线(X射线、Y射线)照相获得混凝土内部钢筋及缺陷的感光照片的方法。该方法多用于检测钢筋的直径、保护层厚度及钢筋锈蚀状况。目前,国外利用这样的仪器已经透照36cm厚的混凝土构件。

12)综合法

综合法是指用两种以上无破损方法来检测混凝土结构,以两种以上检测数据来推断混凝土结构质量的方法,如超声波与回弹值、超声波与回弹模量、回弹值与拔出强度等。综合法可以克服仅用一种方法来检测时出现的某些误会或局限性,即可以相互限制、相互配合,使检测结果更精确。

6.4 混凝土结构的强度检测

6.4.1 回弹仪测定混凝土强度

由于混凝土的抗压强度与其表面坚硬度之间存在一定的关系,因此混凝土强度的检测实际上是检测混凝土表面的硬度,根据二者之间的关系可以推算出混凝土的强度。

回弹法是目前广泛采用的一种测定混凝土强度的无损检测方法。回弹法所使用的仪器称为回弹仪,回弹仪是混凝土无损检验中经常使用的一种仪器,它是根据弹性能量与线性回弹值构成一定比例的原理,以线性回弹值反映混凝土表面硬度,根据表面硬度则可推求混凝土的抗压强度。

回弹仪反映混凝土表面的厚度约为3cm,对测定结果起决定作用的厚度是1.5cm。因此这种方法不能反映混凝土内部的质量,在使用上有一定的局限性,目前仅作为粗略测定短期混凝土构件强度的一种简便快捷的方法。

在回弹仪进行测定时,利用冲击锤弹击混凝土表面,回弹的数值用来测定混凝土强度。回弹值与混凝土表面的硬度存在一定的函数关系,而混凝土表面的硬度又因为混凝土强度的高低而不同。

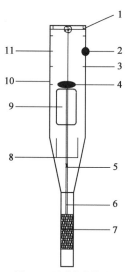

图6-2 回弹仪的构造
1-尾盖;2-按钮;3-外壳;4-挂钩;5-中心导杆;6-弹击杆;7-缓冲压簧;8-盖帽;9-弹击锤;10-刻度尺;11-压簧

1)回弹仪的构造

(1)回弹仪的构造如图6-2所示。

(2)回弹仪的检验。

当遇有下列情况之一者,回弹仪应送专门检验机构检验:

①新回弹仪使用前。

②超过检定有效期。

③累计弹击次数超过6000次。

④更换主要零件(弹击拉簧、弹簧座、弹击杆、缓冲压簧等)。

⑤经常规保养后钢率定值不合格。

⑥经受严重撞击或者其他损害。

(3)回弹仪应符合下列标准的要求:

①水平弹击时,在弹击锤脱钩的瞬间,回弹仪的标称动能为2.207J。

②弹击锤与弹击杆碰撞的瞬间,弹击拉簧应处于自由状态,此时弹击起点应位于刻度尺的零点处。

③在洛氏硬度 HRC 60±2 的钢砧上,率定回弹值为 80±2(率定试验见《超声回弹法测混凝土强度技术规程》)。

2)检测及数据整理

(1)所检测混凝土构件的测区,应符合下列要求:

①对长度大于3m的构件,其测区数不少于10个,对于长度小于3m的且高度低于0.6m的构件,其测区数量可适当减少,但应不少于5个。

②相邻测区的间距应控制在2m以内,测区离构件边缘的距离不宜小于0.5m。

③测区应选在回弹仪处于水平方向检测混凝土浇筑的侧面,如不能满足这一要求时,方可选在非水平方向检测混凝土浇筑的表面或底面(图6-3)。

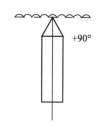 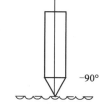  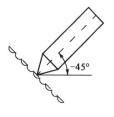

图6-3 回弹仪非水平方向检测示意图

④测区宜选在构件两对称可测面上,也可选在一个可侧面上,测区应分布均匀,在构件的受力及薄弱部位必须布置测区并应避开预埋铁件。

⑤测区的面积控制在$(20 \times 20)\,cm^2$为宜。

⑥测试面应清洁、平整,不应有疏松层、接缝、饰面层、粉刷层、浮浆、油垢以及蜂窝麻面,必要时可用砂轮清除疏松层和杂物,且不应有残留的粉末和碎屑。

⑦对于弹击时会产生振动的薄壁、小型构件,应设置支撑。

⑧结构或构件的测区应标有清晰的编号,必要时可在记录纸上描述测区布置示意图和外观质量情况。

(2)检测步骤。

①检测时,回弹仪的轴线应始终垂直于结构或构件的混凝土测试面,缓缓施压,准确读数,快速复位;每个测区布置16个测点,测点在测区范围内均匀分布,相邻两测点的距离一般不小于2cm,测点距构件边缘或外露钢筋、铁件的距离一般不小于3cm,测点不应弹击在气孔和外露石子上,同一测点只允许弹击一次,每一测点的回弹值测读至1。

②回弹值测量完毕后,可选择不少于构件个数30%的测区数在有代表性的位置上测量碳化深度值,也可视为相邻测区的碳化深度值。测量碳化深度值时,可用装有直径为20mm钻头的冲击钻在测点位置钻孔,孔洞深度应大于混凝土的碳化深度(大于10mm),然后除去孔洞中的粉末和碎屑,不得用水冲洗,并立即将浓度为1%的酚酞酒精滴在孔洞内壁边缘处,再用碳化深度测量仪(图6-4)或游标卡尺测量已碳化与未碳化混凝土交界面至混凝土表面的垂直距离多次,该距离即为混凝土碳化深度值,每次测读至0.5mm。

图6-4 碳化深度测定仪

(3)数据整理。

①计算测区平均回弹值时,应从该测区的16个回弹值中剔除3个最大值和3个最小值,然后将余下的10个回弹值按式(6-1)计算:

$$\overline{N}_s = \frac{\sum_{i=1}^{10} N_i}{10} \tag{6-1}$$

式中:$\overline{N}_s$——测区平均回弹值,精确值0.1mm;

N_i——第i个测点回弹值。

②回弹仪非水平方向检测混凝土侧面时,应按式(6-2)修正:

$$\overline{N} = \overline{N}_s + \Delta N \tag{6-2}$$

式中:$\overline{N}$——经非水平方向测定修正的测区的平均回弹值,精确至0.1mm;

ΔN——非水平方向检测时回弹值修正值,查表6-2,精确至0.1mm。

③回弹仪水平方向检测混凝土表面或底面时,应按式(6-3)修正:

$$\overline{N} = N_s + \Delta N^a (\Delta N^b) \tag{6-3}$$

式中：N_s——水平方向检测混凝土浇筑面积、底面积时的测区平均回弹值，精确至0.1；
ΔN^a、ΔN^b——浇筑面积、底面积的修正值，按表6-3查得，精确至0.1。

非水平方向检测的回弹值修正值　　　　　　　　　　　　　　　　　　表6-2

测试角度 $\overline{N}$	向上（为负）				向下（为正）			
	90°	60°	45°	30°	-30°	-45°	-60°	-90°
20	-6.0	-5.0	-4.0	-3.0	+2.5	+3.0	+3.5	+4.0
30	-5.0	-4.0	-3.5	-2.5	+2.0	+2.5	+3.0	+3.5
40	-4.0	-3.5	-3.0	-2.0	+1.5	+2.0	+2.5	+3.0
50	-3.5	-3.0	-2.5	-1.5	+1.0	+1.5	+2.0	+2.5

注：1. 小于20大于50时，均分别按20或50查表。
　　2. 表未列入的相应于N的ΔN_6的修正值，可用内插法求得。

不同浇筑面的回弹值修正值　　　　　　　　　　　　　　　　　　表6-3

N_s	表面修正值（ΔN^l）	底面修正值（ΔN^b）	N_s	表面修正值（ΔN^l）	底面修正值（ΔN^b）
20	+2.5	-3.0	40	+0.5	-1.0
25	+2.0	-2.5	45	0	-0.5
30	+1.5	-2.0	50	0	0
35	+1.0	-1.5			

④每一测区的平均碳化深度值，按下式计算：

$$\overline{L} = \sum_{i=1}^{n} \frac{L_i}{n} \tag{6-4}$$

式中：$\overline{L}$——测区的平均碳化深度，计算至0.5mm；
　　　L_i——第i次测量的碳化深度；
　　　n——测区的碳化深度次数。

当$L \leqslant 0.4$mm，按无碳化深度处理取为$L=0$；当$L \geqslant 6$mm时，取6mm。对3个月内的新混凝土可视为无碳化。

⑤测区混凝土强度计算及推理

a. 查表法：测区混凝土强度的确定，根据回弹值和碳化深度值查表6-5，表内未列者用内插法。此强度只能作为参考，不能作为评定混凝土强度的依据。

b. 回归法：有试验条件时，首先按水灰比不同，但养护条件、材料、龄期均相同，制备混凝土试块，得到不少于30组数据。到达龄期后，抗压强度和平均回弹值建立回归方程。相关系数应大于0.9，绘制测强曲线，根据测区平均回弹值回归曲线推定混凝土强度。

c. 经验公式法：推算构件混凝土的强度。当无试验条件时，用下式推算：

$$R_n = 0.025 \overline{N}^{2.0108} \cdot 10^{-0.0358\overline{L}} \tag{6-5}$$

式中：R_n——构件混凝土强度的推算值（MPa）；
　　　$\overline{N}$——测区修正后的平均回弹值；

$\overline{L}$——测区平均碳化深度。

d.结构混凝土平均抗压强度按下式推算:

$$\overline{R}_n = \sum_{i=1}^{n} \frac{R_{ni}}{n} \tag{6-6}$$

式中:$\overline{R}_n$——结构(或构件)混凝土强度平均值(MPa),精确至 0.1MPa;

R_{ni}——第 i 个测区结构混凝土的抗压强度(MPa);

n——测区数。

⑥结构混凝土强度的评定。

用数理统计法时,有下列规定:

a.用于单个评定的结构或构件,构件最小测区强度值即构件强度推定值。

b.用于抽样评定的构件,随机抽样数不少于构件总数的30%,结构强度第一条件值和第二条件值满足下列要求(已低值评定):

$$R_{n1} = 1.18(\overline{R}_n - K_1 \cdot S_n) \tag{6-7}$$

$$R_{n2} = K_2 \cdot (R_{ni})_{\min} \tag{6-8}$$

式中:R_{n1}——结构或构件混凝土强度第一条件值,精确至 0.1mm;

R_{n2}——结构或构件混凝土第二条件值,精确至 0MPa;

$R_{(ni)\min}$——结构或构件混凝土强度最小值;

K_1、K_2——混凝土强度的合格判定系数,如表 6-4 所示。

合格率判定系数 K_1、K_2　　　　　　表6-4

n	10~14	15~24	>25
K_1	1.70	1.65	1.60
K_2	0.9	0.85	

注:1.对于抽样评定的结构或构件,为各抽检试样中测区混凝土强度的最低值;对于抽样评定的结构或构件,$(R_{ni})_{\min}$ 为各抽检试样中测区混凝土强度的最低值。

2.无论是单个评定的结构,还是抽样评定的结构,均取 R_{n1}、R_{n2} 的低值作为评定强度值。

3.对于按批量检测的构件,当平均强度<25MPa时,标准值>4.5MPa 或当平均值≥25MPa,标准值>5.5MPa 时,该批构件按单个构件检测。

⑦检测报告。

检测报告中包括测区混凝土回弹值、测强曲线、相关系数、推算结果、计算平均值、标准值和变异系数。当测区大于等于 10 时,标准值按下式计算:

$$S_n = \sqrt{\frac{\sum_{i=1}^{n}(R_{ni} - \overline{R}_n)^2}{n-1}} \tag{6-9}$$

式中:S_n——构件混凝土强度标准值(MPa),精确至 0.01MPa;

R_{ni}、$\overline{R}_n$——同式(6-6)。

记录格式如表 6-5、表 6-6 所示。

回弹仪检测混凝土强度记录

表 6-5

工程名称：		结构名称：			设计强度：		成型日期：	
测点编号	测区位置							
	回弹值							
1								
2								
3								
4								
5								
6								
7								
8								
9								
10								
$\overline{N}$								
ΔN								
N								
R_n(MPa) S(MPa) C_v(%)								

测区混凝土强度换算

表 6-6

平均回弹值 R_m	测区混凝土强度(MPa)										
	平均碳化深度值 $L_{m(mm)}$										
	0	0.5	1.0	1.5	2.0	2.5	3.0	3.5	4.0	4.5	5.0
20	10.3	10.1	9.8								
21	11.4	11.2	10.8	10.5	10.0						
22	12.5	12.2	11.9	11.5	11.0	10.6	10.2	9.9			
23	13.7	13.4	13.0	12.6	12.1	11.6	11.2	10.8	10.5	10.1	
24	14.9	14.6	14.2	13.7	13.1	12.7	12.2	11.8	11.5	11.0	10.7
25	16.2	15.9	15.4	14.9	14.3	13.8	13.3	12.8	12.5	12.0	11.7
26	17.5	17.2	16.6	16.1	15.4	14.9	14.4	13.8	13.5	13.0	12.6
27	18.9	18.5	18.0	17.4	16.6	16.1	15.5	14.8	14.6	14.0	13.6
28	20.3	19.7	19.2	18.4	17.6	17.0	16.5	15.8	15.4	14.8	14.4
29	21.8	21.1	20.5	19.6	18.7	18.1	17.5	16.8	16.4	15.8	15.4
30	23.3	22.6	21.9	21.0	20.1	19.3	18.6	17.9	17.4	16.8	16.4
31	24.9	24.2	23.4	22.4	21.4	20.7	19.9	19.2	18.4	17.9	17.4
32	26.5	25.7	24.9	23.9	22.8	22.0	21.2	20.4	19.6	19.1	18.4

续上表

| 平均回弹值 R_m | 测区混凝土强度(MPa) |||||||||||
| | 平均碳化深度值 L_{m} (mm) ||||||||||
	0	0.5	1.0	1.5	2.0	2.5	3.0	3.5	4.0	4.5	5.0
33	28.2	27.4	26.5	25.4	24.3	23.4	22.6	21.7	20.9	20.3	19.4
34	30.0	29.1	28.0	26.8	25.6	24.6	23.7	23.0	22.1	21.3	20.4
35	31.8	30.8	29.6	28.0	26.7	25.8	24.8	24.0	23.2	22.3	21.4
36	33.6	32.6	31.2	29.6	28.2	27.2	26.2	25.2	24.5	23.5	22.4
37	35.5	34.4	33.0	31.2	29.8	28.2	27.7	26.6	25.9	24.8	23.4
38	37.5	36.4	34.9	33.0	31.5	30.3	29.2	28.1	27.4	26.2	24.8
39	39.5	38.2	36.7	34.7	33.0	31.8	30.6	29.6	28.8	27.4	26.0
40	41.6	39.9	38.3	36.2	34.5	33.3	31.7	30.8	30.0	28.4	27.0
41	43.7	42.0	40.2	38.0	36.0	34.8	33.2	32.3	31.5	29.7	28.4
42	45.9	44.1	42.2	39.9	37.6	36.3	34.9	34.0	33.0	31.2	29.8

6.4.2 用超声回弹综合法测定混凝土的抗压强度

使用超声回弹综合法测定混凝土强度,是目前我国使用较广的一种结构混凝土强度非破损检测方法。它较之单一的超声或回弹非破损检测方法具有精度高、适用范围广等优点。

1)目的和适用范围

超声回弹综合法适用于以中型回弹仪、低频超声回弹仪按综合法检测建筑结构和构筑物中的普通混凝土抗压强度值。当对结构混凝土有怀疑时,可按本方法进行检测,以推定混凝土强度,并作为处理混凝土质量问题的一个主要依据。在具有用钻芯试件作校核的条件下,可按本试验对结构或构件长龄期的混凝土强度进行检测推定。

按本试验检测所得的混凝土强度换算值(f_{cuc})是根据综合法取得的测值换算成相当于北侧结构物所处条件及龄期下、边长150mm的立方体试块的抗压强度。应用超声回弹综合法时,混凝土强度曲线应根据原材料品种、龄期和养护条件等,通过专门试验确定。专用测强曲线和地区测强曲线应按本试验的基本要求确定,并需经主管质量的部门审定。专用或地区测强曲线的强度误差规定为专用测强曲线相对标准误差 $e^r \leqslant \pm 12\%$;地区测强曲线标准误差 $e^r \leqslant \pm 14\%$。

检测结构或构件的混凝土强度时,应优先采用专用或地区测强曲线。当缺少该类曲线时,经检验证明符合要求后方可采用通用测强曲线。

2)检测仪器与材料

(1)回弹仪

技术要求测定回弹值时,应采用中型回弹仪。回弹仪应通过技术鉴定,并必须具有产品合格证及检验证。回弹仪应符合下列标准状态的要求:水平弹击时,在弹击锤脱钩的瞬间,回弹仪的标称动能应为2.207J;弹击锤与弹击杆碰撞的瞬间,弹击拉簧应处于自由状态,此时弹击锤起点应位于刻度尺的零点处;在洛氏硬度为HRC 60±2的钢砧上,回弹仪的率定值应为80±2;回弹仪的率定试验,宜在气温为20℃±5℃的条件下进行。率定时,钢砧应稳固地平放在坚实的混凝土地坪上。回弹仪向下弹击,弹击杆应旋转 4 次,每次旋转角度 90℃左右,弹击 3~5 次,取连续 3 次稳定回弹值计算平均值。弹击杆每旋转一次的率定平均值应符合第三项的要求;当遇有新回弹仪启动前,超过检定有效期,累计弹击次数超过 6000 次(弹击拉簧、弹击杆、缓冲压簧、中心导杆、导向法兰、弹击锤、指针轴、指针片、指针块、挂钩及调零螺丝)后,弹簧前端不在拉簧座原孔位或调零螺丝松动,遭受严重撞击或其他损害。回弹仪应送专门检定机构检验。当遇回弹仪当天使用前或测试过程中对回弹值有怀疑时,应在钢钻上进行率定试验。当回弹率定值不在 80±2 的范围内时,应对回弹仪进行常规保养后再进行率定。若再次率定仍不合格,则应送专门机构检验。

测试过程中,仪器的纵轴线应始终与被测混凝土表面保持垂直,其操作程序应符合使用说明书的规定。仪器每次使用完毕后,应对其及时进行维护,先把仪器外壳和伸出机壳的弹击杆及前端球擦拭清洁,然后将弹击杆压入仪器内,待弹击后用按钮锁住机芯,装入套筒,置于干燥阴凉处。

当仪器有下列情况之一时,应将仪器拆开维护:弹击超过 2000 次;仪器发生故障或零件损坏时;率定试验不合要求。

回弹仪拆开维护时,应按下列步骤进行:首先,使弹击键脱钩,取出机芯,然后卸下弹击杆、中心导杆(连通导向法兰)、缓冲压簧、刻度尺、指针轴和指针;其次,清洗机芯的中心导杆、弹击拉簧、拉簧座、内孔和冲击面、指针滑块及其内孔、指针片、指针轴、刻度尺、卡环及仪器外壳的内壁和指针导槽。清洗完毕后组装仪器做率定试验;最后,回弹仪的拆开维护,应注意下列事项:经过清洗的零部件,除中心导杆需涂上微量的轻油外,其他部件均不得涂油;应保持弹击拉簧、前端钩入拉座的原孔位,不得旋转尾盖上已定位紧固的调零螺丝;不得自制或更换零件。

(2)超声波检测仪技术要求

超声波检测仪应通过技术鉴定,并必须具有产品合格证。仪器的声时范围应为 $0.5\sim9999\mu s$,测读精度为 $0.1\mu s$。仪器应具有良好的稳定性,声时显示值调节在 $2030\mu s$ 范围内时,2h 内声时显示的漂移不得大于 $\pm 20\mu s$。仪器的放大器频率响应宜分为 $10\sim200kHz$ 和 $200\sim500kHz$ 两频段。仪器宜具有示波屏显示及移动游标测读功能,显示应清晰稳定。若采用整形自动测读,混凝土超声测距不得超过 1m。仪器应能适用于温度为 $-10\sim40℃$、相对湿度不大于 80%、电源电压波动为 $220V\pm 24V$ 的环境中,且能连续 4h 正常工作。

(3)换能器技术要求

换能器宜采用厚度振动形式压电材料。换能器的频率宜在 50Hz 范围以内。换能器实测频率与标称频率相差应不大于 $\pm 10\%$。

(4)超声波仪器检验和操作

①超声波仪器检验。

a. 缓慢调节延时旋钮,数字显示满足十进位递变的要求。

b. 调节聚焦、灰度和扫描延时旋钮,扫描基线清晰稳定。

c. 换能器与标准棒耦合良好,衰减器及发射电压正常。

d. 超声波在空气中传播的计算声速与实测声速值相比,相差不大于 $\pm 0.5\%$。

②超声波仪操作步骤。

a. 操作前应仔细阅读仪器使用说明书。

b. 仪器在接通电源前,应检查电源电压,接上电源后,仪器宜预热 10min。

c. 换能器与标准棒耦合良好,调节首波幅度为 30～40mm 后读声时值。有调零装置的仪器,应调节调零电位器以扣除初读数。

d. 在实测时,接收信号的首波幅度均应调至 30～40mm 后,才能测得每个测点的声时值。

③超声波仪器应进行下列维护:

a. 如仪器在较长时间内停用,每月应通电一次,每次不少于 1h。

b. 仪器需存放在通风、干燥处,无论存放或工作,均需防尘。

c. 在搬运过程中需防止碰撞或剧烈振动。

d. 换能器应避免摔损和碰撞,工作完毕应擦拭干净,单独存放。换能器的耦合面应避免磨损。

3)测区回弹仪及声速值的测量与计算

(1)测试前应具备的资料。

工程名称及设计、施工、建设单位名称;结构或构件名称、施工图纸及要求的混凝土强度等级;水泥品种、标号、用量、出厂厂名、砂石品种、粒径、外加剂或掺料品种、掺量及混凝土配比等;模板类型;混凝土浇灌、养护以及成型日期;结构或构件存在的质量问题。

(2)测区布置应符合的规定。

①当按单个构件检测时,应在构件上均匀布置测区,每个构件上的测区数不应少于 10 个。

②对同批构件按批抽样检测时,构件抽样数应不少于同批构件数的 30%,且不少于 10 件,每个测区构件数不应不少于 10 个。

③对长度小于或等于 2m 的构件,其测区数量可适当减少,但不应少于 3 个。

④当按批抽样检测时,符合下列条件的构件才可作为同批构件:混凝土强度等级相同;混凝土原材料、配合比、成型工艺、养护条件及龄期基本相同;构件种类相同;在施工阶段所处状态相同。

⑤构件的测区应满足下列要求:

a. 测区布置在构件混凝土浇灌方向的侧面。

b. 测区均匀分布,相邻两测区的间距不宜大于 2m。

c. 测区避开钢筋密集区和预埋件。

d. 测区尺寸为 200mm×200mm。

e. 测试面应清洁、平整、干燥,不应有接缝、饰面层、浮浆和油垢,并避开蜂窝、麻面部位,必要时可用砂轮片清除杂物和磨平不平整处,并擦净残留粉尘。

f. 结构或构件上的测区应注明编号,并记录每一测区位置和外观质量情况。首先进行回弹测试,之后进行超声测试。在计算混凝土强度值时,非同一测区内的回弹值和超声声速值不得混用。

(3)测区回弹值的测量和计算同前。

(4)超声声速值的测量与计算。

①测点应布置在回弹测试的同一测区内。

②测量声时时,应保证换能器与混凝土耦合良好。

③测试的声时值应精确至 $0.1\mu s$,声速值应该精确至 $0.01km/s$,超声测距的测量误差应不大于 $\pm 1\%$。

④在每个测区内的相对测试面上,应各布置 3 个测点,且发射和接收转换器的轴线应在同

一轴线上。

⑤测区声速应按式(6-10)计算：

$$V = \frac{L}{t_m} \tag{6-10}$$

$$t_m = \frac{t_1 + t_2 + t_3}{3} \tag{6-11}$$

式中：V——测速区声速值(km/s)；

L——超声测距(mm)；

t_m——测区平均声时值(μs)；

t_1、t_2、t_3——测速区中三个测点的声时值。

当在混凝土浇灌的顶面与底面测试时，测区声速值应按下式修正：

$$V_\alpha = \beta \cdot V \tag{6-12}$$

式中：V_α——修正后的测区声时值(km/s)；

β——超声测试面修正系数。在混凝土顶面和底面测试时，$\beta = 1.034$；在混凝土侧面测试时，$\beta = 1$。

(5)混凝土抗压强度的推定。

测区回弹值 N_{ai} 及修正后的测区声速值 V_{ai}，优先采用专用或地区测强曲线推定。当无该类测强曲线时，也可按式(6-13)、式(6-14)计算。

当粗集料为卵石时，按下式计算：

$$f_{cu,i} = 0.038 V_{ni}^{1.23} g N_{ai}^{1.95} \tag{6-13}$$

当粗集料为碎石时，按下式计算：

$$f_{cu,i} = 0.008 V_{ni}^{1.72} g N_{ai}^{1.57} \tag{6-14}$$

式中：$f_{cu,i}$——第 i 个测区混凝土强度的换算值，精确至 0.1MPa；

N_{ai}——第 i 个测区修正后的回弹值，精确至 0.1；

V_{ai}——第 i 个测区修正后的超声速值，精确至 0.01km/s。

①当结构所用的材料与制定的测强曲线所用材料有较大差异时，须用同条件试块或从结构构件测区钻取的混凝土芯样进行修正，试件数量不少于 3 个。此时得到的测区混凝土强度换算值应乘以修正系数。

②建立测强曲线。

选用本地区常用水泥、粗集料、细集料，按最佳配合比制作混凝土强度等级为 C10 ~ C50、边长为 150mm 的立方体试块。

分别测各龄期(7d、14d、28d、60d、90d、180d 和 365d)立方体试块强度。每一龄期的每组试件由 3 个(或 6 个)试块组成，每种混凝土强度等级的试块不应少于 30 块，并宜在同一天内用同条件的混凝土成型，试块采用振动台成型，成型后的第二天拆模，如系自然养护，也将试块移至不直接受日晒雨淋处，按品字形对方，盖上草袋并浇水养护。如用蒸汽养护，则试块静停时间和养护条件应与构件预期的相同。

③试块声时值测试，应按下列规定进行：

a. 试块声时测量,应取试块浇灌方向的侧面为测试面,宜采用黄油为耦合剂。

b. 声时测量应采用对测法,在一个相对测试面上测三点,发射和接收换能器轴线应在一直线上,试块声时值为三点平均值,保留小数点后一位数字。试块边长测量精确至 1mm,测量误差不大于 1%。

c. 试块声速值应按式(6-10)计算。

④试块回弹值应按下列规定进行测试:

a. 回弹值测量应选用不同于声时测量的另一相对侧面。将试块油污擦净放置在压力机上下承压板之间,加压至 30~50kN,并在此压力下,在试块相对测试面上各测 8 点回弹值,剔除 3 个最大值和最小值,将余下的 10 个回弹值的平均值作为该试块的回弹值,计算精确至 0.1;

b. 回弹值的测试完毕后,以 6kN/s ± 41kN/s 的力连续均匀加压直至破坏。计算抗压强度精确至 0.14。

⑤将各试块测试所得的声速值 V_i、回弹值 N_i 及试块抗压强度值汇总,进行多元回归分析和误差分析。列回归方程:

$$f_{cu,i} = aV_{ai}^b g\ N_{ai}^c \tag{6-15}$$

式中:a——常数项系数;

b、c——回归系数;

$f_{cu,i}$——混凝土强度换算值(MPa)。

⑥经上述计算,则可报请有关部门批准,作为专用或地区测强曲线。

⑦按回归方程式,列出混凝土—超声声速—回弹值测区混凝土强度换算表。超声声速应精确至 0.01km/s,回弹值应精确至 0.1mm,强度应精确至 0.1MPa。强度换算限于所试验的范围,不得外推。

6.4.3 超声回弹综合法测定混凝土的抗折强度

为了提高检测混凝土强度精度,常用回弹法与超声法联合作用,即将超声波测点布置在回弹测试的同一测区内,测区的面积为 15cm × 55cm,测点 16 个,先采用回弹法测回弹值。测量声时值时,应保证换能器与混凝土耦合良好,将测试的声时值精确至 0.1μs,声时值精确至 0.01km/s。超声测距的测量误差不大于 ±1%。在每个测区内的相对测试面上,应各布置 3 根轴线,每个轴线布 3 个测点,分别将发射和接收换能器(图 6-5)放于各轴线各测点上,测各轴线各测点之间的声时值 t_{11}、t_{12},t_{21}、t_{22},t_{31}、t_{32}。检测步骤如下:

(1)将发射探头放于 1 点。

(2)接收探头放于 2、3 点读取对应的声时值,第一轴线为 t_{11}、t_{12};第二轴线为 t_{21}、t_{22};第三轴线为 t_{31}、t_{32}。

(3)计算测区的波速。

$$V_{11} = \frac{350}{t_{11}} V_{12} = \frac{450}{t_{12}} V_1 = \frac{V_{11} + V_{12}}{2}$$

同样得:

$$V_{21} = \frac{350}{t_{21}} V_{22} = \frac{450}{t_{22}} V_2 = \frac{V_{21} + V_{22}}{2}$$

$$V_3 = \frac{V_{31} + V_{32}}{2}$$

$$V = \frac{V_1 + V_2 + V_3}{3}$$

每一轴线的平均波速不大于 15%,有两条超过规定,则检测无效。

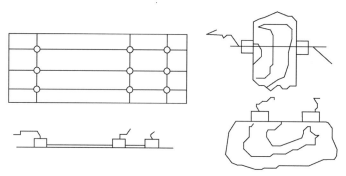

图 6-5 换能器布置示意图

(4)修正回弹值:当碳化深度 $L=0$ 时,修正值 N_i 等于测区平均回弹值。当碳化深度部位为零时,按式($N_i = 0.8795N - 1.4443L + 4.48$)修正。

(5)混凝土抗折强度推算。

建立测强曲线:取用与混凝土相同的原材料,设计 4 种不同水灰比的混凝土,每组制 6 个试件,标准养护 28d 后,测定混凝土的抗折强度,用回归法确定回归系数,得出测强曲线。

$$R_f = aV^b N^c e \tag{6-16}$$

式中:R_f——混凝土抗折强度(MPa);

V——声速(km/s);

N——修正后的回弹值;

a、b、c——回弹系数;

e——相对标准误差,计算见式(6-17):

$$e = \sqrt{\frac{\sum \left(\frac{R'_{fi}}{R_{fi}} - 1\right)^2}{n - 1}} \tag{6-17}$$

R_{fi}——第 i 块实测抗折强度(MPa);

R'_{fi}——第 i 块由超声、回弹值推算的抗折强度(MPa);

n——试件数。

6.5 混凝土结构的裂缝检测

钢筋混凝土结构在正常使用条件下,允许有一定限度的细微裂缝,但也有些结构不允许有裂缝出现。因此,常常需要对结构的裂缝进行观察与测定。测定裂缝的简单仪器有刻度放大镜与塞尺,测定方法有超声检测法和表面波法。

1)刻度放大镜

这种仪器可用来测定混凝土裂缝的宽度。最小值为 0.01mm,量程为 3~8mm。使用时将放大镜的物镜对准需测定的裂缝,经过目测即读出裂缝的宽度。

2)塞尺

塞尺的用途是测定混凝土的深度,它是由一些不用厚度的薄钢片组成。

按裂缝宽度选择合适的塞尺厚度并插入裂缝中,根据塞尺插入深度即可得到裂缝的深度。

3)超声检测法

(1)本法适用于结构混凝土开裂深度小于或等于 500mm 的裂缝检测;需要检测的裂缝中,不得充水或有泥浆;如有主钢筋穿过裂缝且与 T.R 换能器的连接线大致平行,布置测点时应注意使用 T.R 换能器连线,至少与该钢筋轴线相距 1.5 倍的裂缝预计深度。

(2)测试方法。

当结构的裂缝部位只有一个可测表面,可采用单面平测法检测,平测是应在裂缝的被测部位以不同的测距同时按跨缝布置测点进行声时测量,其测量步骤为:不跨缝声时测量;将 T.R 换能器置于裂缝同一侧,以两个换能器内边缘距离($I_{i'}$)等于 100mm、150mm、200mm、250mm…分别读取声时值(t_i)绘制声时值—距离坐标图或用统计方法求出两者关系式。

每测点声时值实际传播的距离应为:

$$I_i = I_{i'} + a + \cdots$$

各测点裂缝深度计算值按下式计算:

$$h_f = \frac{l_0}{2} \cdot \sqrt{\left(t_i^0 \cdot \frac{v}{I_i}\right)2 - 1} \tag{6-18}$$

此外,还有双面斜测法、钻孔对测法等(可参考《混凝土无损检测技术手册》)。

6.6 混凝土结构中钢筋锈蚀的检测

综合评定结构钢筋锈蚀,需要了解钢筋锈蚀的程度、钢筋锈蚀的原因、钢筋锈蚀的速度、钢筋锈蚀的环境依据。表 6-7 给出了目前实用的一些解决上述问题的方法。应该了解桥梁结构钢筋锈蚀的程度,有必要的话再做其他方面的了解,以便给出合乎实际情况的评价。

显然,目测法对钢筋锈蚀程度的了解很不全面,这种方法只能发现并记录那些可见的锈蚀部分;印痕法可以估测修饰钢筋的截面损失,而面对的是同样是可见的锈蚀部位。显而易见,这两种方法是不完善的,人们普遍关心的是那些不可见部位的钢筋锈蚀与否、修饰程度如何及钢筋的截面损失有多大。目前我国已研制出一套检测方法(即半电池单位法)并开发了相应仪器设备,用来检测钢筋锈蚀与否或者修饰程度,但对于钢筋截面损失有多大,目前还没有一种合适的解决办法。

钢筋锈蚀检测方法　　　　　　　　表 6-7

检测目的	检测方法	检测设备
腐蚀程度	半电池电位法	JXY-1 钢筋腐蚀测量仪
	目测法	相机
	印痕法	刻刀、钢板尺

续上表

检测目的	检测方法	检测设备
腐蚀成因	混凝土中和试验(碳化)	酚酞试剂
	混凝土裂缝检测	刻度放大镜(宽度)
		超声波仪(深度)
	混凝土氯化物含量试验	滴定、测试条
	混凝土保护层厚度试验	钢筋保护层测定仪
腐蚀速率	混凝土电阻检测(导电性)	混凝土电阻率测定仪
外界环境	大气、雨水、河水等成分调查,构件损坏	—

6.6.1 半电池电位法检测原理

1)混凝土中钢筋腐蚀机理

由于混凝土是碱性材料,在钢筋周围形成一层紧凑的钝化膜,为钢筋提供了良好的保护,使之免受腐蚀。但由于混凝土质量差、结构受力后开裂、工作环境恶劣等原因,使得氧气和水分侵入,就会发生电化学腐蚀现象,造成混凝土结构中的钢筋锈蚀。另外,由于某些添加剂或使用氯盐消除冰雪的作用,使得氯离子渗入,也可加速钢筋腐蚀。混凝土与空气中的二氧化碳反应,发生碳化时,如果碳化深度超过了钢筋保护层厚度,则钢筋不再处于钝化状态,钢筋一旦遇到氧气,极可能发生锈蚀,钢筋的锈蚀是一个电化学过程,反应液较复杂,但腐蚀反应纯属于一种氧化还原反应,即在钢筋混凝土系统中,存在一个电路开位,这个电路开位的绝对值是无法测定的。将钢筋混凝土系统与一个参考电极(半电池)组成测试出路,即可测出一个实际电位的量度,以反映锈蚀的可能性和程度,也就是说,可以将钢筋的锈蚀状态与可测到的锈蚀电位建立一定的关系。

2)检测原理

如图6-6所示为测试系统简图。根据混凝土中钢筋锈蚀机理,若要测量钢筋表面的电位,必须提供一个参考电极。从电化学的理论可知,当把两种活泼各异的不同金属放入公共电解液中,可在两种金属中测得电位差,这是单电池原理。如果将两个金属电极及电解液分开,就形成两个半电池,再把两个半电池的电解液相接触,则形成一个完全的单电池。可以认为混凝土是一种特殊的"电解液",则钢筋/混凝土就形成一个半电池。在测试系统中,将一只参考电极的电解液与混凝土表面相连接,实际就形成一个半电池,进而完成电位差的测量。参考电极是稳定的,它的电极电势随温度和时间变化量极小,可以忽略。这样,所测电位差的变化仅由钢筋/混凝土变电池决定,即由钢筋的状态决定。

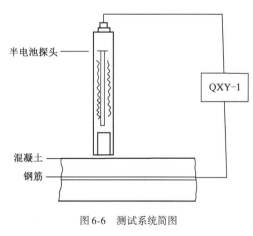

图6-6 测试系统简图

6.6.2 用半电池电位法测钢筋混凝土构件中钢筋锈蚀状态的影响因素

混凝土中钢筋的锈蚀是一种复杂的电化学反应过程,然而表征的腐蚀状态是客观的。用半电池电位法测定钢筋的腐蚀状态,不可避免地受到各种因素的影响,合理地使用判断,以便正确做出钢筋腐蚀评价十分重要。其影响因素主要有以下几种:

1) 半电池参考电极的影响

稳定的电极,在标准范围内(一般为 68MV ± 10MV),分别选定标定电位差在试件上量测,在同一侧位,测出的值相差不大于 20MV,表明电极在测试系统中稳定,每只电极的重复测试误差不超过 10MV,这是该测试方法可以接受的测试重复误差,作为参考电极,铜/硫酸铜电极有较好的适用性。

2) 测试系统的正反向接法对量测的影响

当使用某一个半电池(铜/硫酸铜电极)作为参考电极,另一个半电池(如钢筋/混凝土)作为被测电极时,惯例是把参考电极接到仪器的负输出端,如果在 22℃ ±5℃ 范围之外,则应接电极的温度系数对测试结果进行修正。

3) 边界条件影响

在试件边缘点进行重复试验,结果表明,多数测点的重复量测误差超过 10MV。为保证系数应有的量测误差,在现场选择测区时,应保证距构件边缘大于 5cm,以避免边界条件对量测误差的影响。

4) 钢筋保护层厚度对测值的影响

试验表明,钢筋保护层厚度对电位量测几乎没有影响。

5) 混凝土含水率对测值的影响

控制试件的含水率在 1% ~6% 间变化,试验量测结果表明,量测值随试件含水率的增加而明显增大;含水率在 2% ~3% 时,测值相差达 40 ~50MV,影响较大。

综上所述,用半电池电位法测钢筋混凝土钢筋锈蚀状态的主要影响因素来自两个方面,一个方面是环境温度影响,另一个方面就是混凝土含水率的影响。对环境温度影响,应在现场测试前及时测量环境温度,如环境温度在 22℃ ±5℃ 范围之外,则按电极的温度系数对测量结果进行修正。

对混凝土含水率对测值的影响,主要采取以下措施解决:一是现场测试前,对测区加以充分湿润,以最大限度地降低测试回路电阻,尽可能使测试值接近电位的真值。二是现场影响因素复杂,包括含水率影响在内的累积影响还不能定量确知,因此有必要做现场的比较性试验。对于需要作钢筋锈蚀状态评定的那些结构,钢筋通常有锈蚀暴露。按暴露钢筋的锈蚀程度不同,在它们附近分别测出相应的一些电值,比较这些钢筋的锈蚀程度和相应测值的对应关系,即可人为地增加判断的适用性,然后通过大面积的检测,判定整个构件的钢筋锈蚀状态。目前我国使用的判断依据如表 6-8 所示。

目前我国使用的依据 表 6-8

电位水平(MV)	钢 筋 状 态
0 ~ 100	未锈蚀
-200 ~ -100	钢筋锈蚀的概率 <10% ,可能有锈斑
-300 ~ -200	钢筋状态不确定,可能有坑蚀

续上表

电位水平(MV)	钢 筋 状 态
-400 ~ -300	钢筋锈蚀的概率>90%,全面锈蚀
≤ -400	肯定锈蚀,锈蚀严重
相邻两测点,测量差≥150MV	电位低处判为锈蚀

【复习题和思考题】

1. 试述回弹法测定混凝土抗压强度的方法和步骤。
2. 超声波回弹综合法适宜测什么强度的混凝土？如何推算？
3. 混凝土裂缝检测有几种方法？试述每种方法的特点。
4. 混凝土中钢筋锈蚀如何检测？哪种方法更好一些？
5. 什么是无损检测技术？
6. 混凝土无损检测技术是如何分类的？
7. 试述各种方法的主要特点。
8. 试述桥梁检查分类和内容。

第7章 既有桥梁技术状况评定

【重点内容和学习要求】

本章重点讲述桥梁技术状况评定方法、等级分类、评定流程以及计算方法。要求学生了解桥梁技术状况评定方法,掌握评定工作流程和评定计算方法。

7.1 桥梁评定方法及等级分类

7.1.1 桥梁技术状况评定方法

公路桥梁技术状况评定包括桥梁构件、部件、桥面系、上部结构、下部结构及全桥评定。公路桥梁技术状况评定应采用分层综合评定与五类桥梁单项控制指标相结合的方法,其中分层综合评定方法共分四步;第一步是桥梁各构件评定,第二步是桥梁各部件评定,第三步是桥梁结构(上部结构、下部结构及桥面系)评定,第四步桥梁总体技术状况评定。

例如,对梁式桥上部结构而言,构件包括上部承重构件中的每一片梁体、上部一般构件中的每一个构件(铰缝、湿接缝及横隔板)和每一个支座。在具体评定时:第一步,桥梁各构件评定,是对每一片梁体、每一个上部一般构件和每一个支座进行评定;第二步,桥梁各部件评定,是对所有梁片、所有上部一般构件和所有支座进行评定;第三步,桥梁结构评定,是将上部承重构件、上部一般构件及支座的评分乘以相应权重值后进行累加;第四步,桥梁总体评定,是将上部结构、下部结构及桥面系的评分乘以相应权重后进行累加。分层综合评定法流程如图7-1所示。

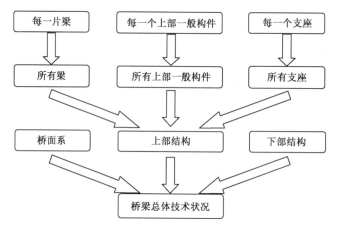

图7-1 分层综合评定法流程图

因为对应不同的桥梁结构形式,分层综合评定法中各部件的权重值不一样,所以当单座桥梁存在不同结构形式时,可根据结构形式的分布情况划分评定单元,分别对各评定单元进行桥梁技术状况的等级评定,然后取较差的评定结果作为全桥的技术状况等级。

例如,一座桥梁引桥部分结构形式为箱梁桥,主桥部分结构形式是斜拉桥。在进行桥梁评定时,先把该桥按结构形式分成两个评定单元,一个是梁式桥单元,另一个是斜拉桥单元,分别进行技术状况评定。结果是梁式桥单元评定结果为2类,斜拉桥单元评定结果为3类桥,那么最终该桥技术状况等级为3类桥。

7.1.2 桥梁技术状况等级分类

根据不同的桥梁构件对桥梁技术状况影响程度不同,将桥梁结构分成两大部分,分别为主要部件和次要部件,其中主要部件与《公路桥涵养护规范》(JTG H11—2004)中的重要部件所表达的意思相同。

《公路桥梁技术状况评定标准》(JTG/T H21—2011)中共列出六种不同结构类型桥梁的主要部件内容,主要部件权重在桥梁评定中所占比例均较大,对桥梁的安全运营起着主要影响作用,并且参与考虑主要部件最差的缺损状况评定方法。

例如,梁式桥结构的某一片主梁得分为30分,满足当上部结构中的主要部件某一构件评分值在[0,40]区间时,其相应的部件评分值即为该构件得分值,那么上部承重部件得分为30分。如果该片梁的病害程度已经到了影响桥梁安全程度时,那么该桥的技术状况等级可按考虑主要部件最差的缺损状况评定方法进行评定,即为5类桥。

桥梁总体技术状况评定等级分为1类、2类、3类、4类、5类,与《公路桥涵养护规范》(JTG H11—2004)中对应的五个等级相比,《公路桥梁技术状况评定标准》(JTG/T H21—2011)的要求内容更加严格,其中1类、2类、3类等级的要求内容均有所提高,4类、5类要求内容基本没变。

由于桥梁主要部件对桥梁安全运营起着至关重要的作用,所以桥梁主要部件的技术状况评定标度分为1类、2类、3类、4类、5类。相比之下,桥梁次要部件的技术状况评定标度只分为1类、2类、3类、4类四个标度。

7.1.3 桥梁技术状况评定工作流程

桥梁技术状况评定工作流程中包含了桥梁检查评定的主要步骤。在桥梁评定这方面总结起来就是6.1.1节中所述的四步工作内容,根据制定的桥梁检查计划进行桥梁现场检查,对各构件检测指标的技术状况进行现场评定(1~5类),并依据各检测指标的技术状况评定结果,按照桥梁评定模型,计算桥梁构件的技术状况,然后依次计算桥梁各部件以及上部结构、下部结构、桥面系的技术状况,最后根据上部结构、下部结构、桥面系的技术状况计算全桥技术状况。如果在现场评定时,桥梁符合5类桥单项控制指标,则桥梁总体技术状况直接可以评定为5类。最后需要将检查以及评定的结果按照相关规定归档。

7.2 桥梁技术状况评定计算

7.2.1 桥梁构件技术状况评定计算

桥梁构件指的是组成桥梁结构的最小单元,如一片梁、一个桥墩、一个支座等。构件的技术状况评定也是桥梁技术状况评定的第一步工作内容,也是四步计算中最为复杂的一步工作。计算公式如下所列:

$$\text{PMCI}_l(\text{BMCI}_l \text{ 或 } \text{DMCI}_l) = 100 - \sum_{x=1}^{k} U_x \tag{7-1}$$

当 $x = 1$ 时, $\qquad U_1 = DP_{i1}$

当 $x \geq 2$ 时, $\quad U_x = \dfrac{DP_{ij}}{100 \cdot \sqrt{x}} \cdot \left(100 - \sum_{y=1}^{x-1} U_y\right)$(其中 $j = x, x$ 取 $2,3,4,\cdots,k$)

当 $k \geq 2$ 时, $\qquad U_1 \cdots U_x$ 公式中的扣分值 DP_{ij} 按照从大到小排列

当 $DP_{ij} = 100$, $\qquad$ 则 $\text{PMCI}_l(\text{BMCI}_l \text{ 或 } \text{DMCI}_l) = 0$

式中:PMCI_l——上部结构第 i 类部件的 l 构件的得分,值域为 0~100 分;

BMCI_l——下部结构第 i 类部件的 l 构件的得分,值域为 0~100 分;

DMCI_l——桥面系第 i 类部件的 l 构件的得分,值域为 0~100 分;

k——第 i 类部件 l 构件出现扣分的指标的种类数;

U、x、y——引入的中间变量;

i——部件类别,表示上部承重构件、支座、桥墩等;

j——第 i 类部件 l 构件的第 j 类检测指标;

DP_{ij}——第 i 类部件 l 构件的第 j 类检测指标的扣分值,根据构件各种检测指标扣分值进行计算,扣分值按表7-1的规定取值。

桥梁构件技术状况评分方法主要有以下两个特点:

(1)单个构件进行评分计算时,构件的得分与构件的病害种类相关联,其中病害种类越多,构件得分值越低,同类病害中取病害最为严重的一个进行评定。

(2)无论构件病害种类和数量如何增加,构件得分数始终大约等于0分。

构件各检测指标扣分值　　　　　　　　　　　　　　　　　表7-1

检测指标所能达到的最高标度类别	指 标 标 度				
	1 类	2 类	3 类	4 类	5 类
3 类	0	20	35	—	—
4 类	0	25	40	50	—
5 类	0	35	45	60	100

单个构件的得分计算是以扣分形式体现的,根据表7-1的内容,扣分时需要确定横向和纵向两个坐标来得出具体扣分值。关于单个构件的具体得分计算主要有两种情况,一种是单个构件的一种病害计算,另一种是单个构件的多种病害计算。下面分别举例说明两种情况的计算方法和过程。

1)单个构件一种病害计算

【例7-1】 某桥一侧栏杆(一侧栏杆为单一构件)的撞坏病害,如图7-2所示,下面计算该桥一侧栏杆的得分。

按照《公路桥梁技术状况评定标准》(JTG/T H21—2011)表10.4.1-1内容要求,首先确定栏杆撞坏这项检测指标所能达到的最高标度类别为4类,其次根据病害实际情况或照片资料按照表10.4.1-1中的定性描述或定量描述(两者取评定结果较重者)确定该病害实际评定标度为3类,这样对应表7-1,横向坐标为4类,纵向坐标为3类,扣分值即为40,则该栏杆因为撞坏病害的存在得分为:

$$DMCI_l = 100 - \sum_{x=1}^{1} U_x = 100 - U_1 = 100 - 40 = 60$$

【例7-2】 某桥一个桥台(一个桥台为单一构件)前墙竖向超限裂缝病害,如图7-3所示,下面计算该桥一个桥台的得分。

图7-2　栏杆撞坏

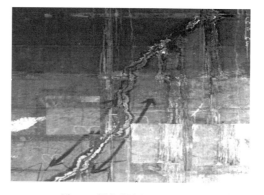

图7-3　桥台前墙竖向超限裂缝

按照《公路桥梁技术状况评定标准》(JTG/T H21—2011)表9.2.1-9内容要求,首先确定桥台裂缝这项检测指标所能达到的最高标度类别为5类,其次根据病害实际情况或照片资料照表9.2.1-9中的定性描述或定量描述(两者取评定结果较重者)确定该病害实际评定标度为4类,这样对应表7-1,横向坐标为5类,纵向坐标为4类,扣分值即为60,最后,该桥台因为前墙竖向超限裂缝病害的存在得分为:

$$\mathrm{PMCI}_l = 100 - \sum_{x=1}^{1} U_x = 100 - U_1 = 100 - 60 = 40$$

在实际桥梁检测过程中,会有实际桥梁病害类型在《公路桥梁技术状况评定标准》(JTG/T H21—2011)中找不到的情况,通常按照病害性质相似原则,进行归类。例如,混凝土的刮伤、露筋病害可以归到混凝土剥落、掉角中;铰缝填料的脱落可以归到混凝土剥落、掉角中。

2)单个构件多种病害计算

【例7-3】 某连续梁桥一片梁的梁底出现混凝土纵向裂缝和孔洞两种病害,如图7-4、图7-5所示,下面计算该桥一片梁的得分。

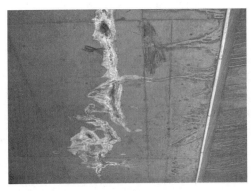

图7-4 梁底纵向裂缝

图7-5 梁底混凝土孔洞

首先对两种病害分别进行查表扣分。

①按照《公路桥梁技术状况评定标准》(JTG/T H21—2011)表5.1.1-12内容要求,确定连续梁桥梁底裂缝这项检测指标所能达到的最高标度类别为5类,其次根据病害实际情况或照片资料按照表5.1.1-12中的定性描述或定量描述(两者取评定结果较重者)确定该病害实际评定标度为3类,这样对应表7-1,横向坐标为5类,纵向坐标为3类,扣分值即为45。

②按照《公路桥梁技术状况评定标准》(JTG/T H21—2011)表5.1.1-3内容要求,确定连续梁桥梁底裂缝这项检测指标所能达到的最高标度类别为4类,其次根据病害实际情况或照片资料,按照表5.1.1-3中的定性描述或定量描述(两者取评定结果较重者)确定该病害实际评定标度为2类,这样对应表7-1,横向坐标为4类,纵向坐标为2类,扣分值即为25。

③然后按照两项病害扣分值多少由大至小进行排序计算,45分排第一,25分排第二,计算过程如下所列:

$$U_1 = 45$$

$$U_2 = \frac{\mathrm{DP}_{i2}}{100 \times \sqrt{2}} \times (100 - \sum_{y=1}^{1} U_1) = \frac{25}{100\sqrt{2}} \times (100 - 45) = 9.7$$

④最后该片梁因为混凝土纵向裂缝和孔洞两种病害的存在,得分为:

$$\mathrm{PMCI}_l = 100 - \sum_{x=1}^{2} U_x = 100 - U_1 - U_2 = 100 - 45 - 9.7 = 45.3$$

【例7-4】 某连续梁桥一片梁梁底出现混凝土纵向裂缝、孔洞和刮伤三种病害(在【例7-1】的基础上又增加了一种病害),如图7-6~图7-8所示,下面计算该桥一片梁的得分。

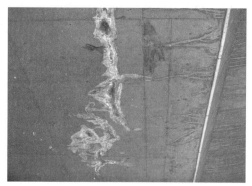

图7-6 梁底纵向裂缝

图7-7 梁底混凝土孔洞

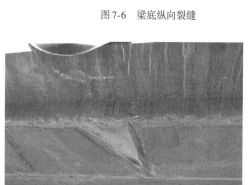

图7-8 梁底混凝土刮伤

首先对三种病害分别进行查表扣分。

①按照《公路桥梁技术状况评定标准》(JTG/T H21—2011)表5.1.1-12 内容要求,确定连续梁桥梁底裂缝这项检测指标所能达到的最高标度类别为5类,其次根据病害实际情况或照片资料按照表5.1.1-12中的定性描述或定量描述(两者取评定结果较重者)确定该病害实际评定标度为3类,这样对应表7-1,横向坐标为5类,纵向坐标为3类,扣分值即为45。

②按照《公路桥梁技术状况评定标准》(JTG/T H21—2011)表5.1.1-3 内容要求,确定连续梁桥梁底孔洞这项检测指标所能达到的最高标度类别为4类,其次根据病害实际情况或照片资料按照表5.1.1-3 中的定性描述或定量描述(两者取评定结果较重者)确定该病害实际评定标度为2类,这样对应表7-1,横向坐标为4类,纵向坐标为2类,扣分值即为25。

③按照《公路桥梁技术状况评定标准》(JTG/T H21—2011)表5.1.1-2 内容要求,确定连续梁桥梁底混凝土刮伤(归到剥落、掉角评定指标中)这项检测指标所能达到的最高标度类别为4类,其次根据病害实际情况或照片资料按照表5.1.1-2 中的定性描述或定量描述(两者取评定结果较重者)确定该病害实际评定标度为2类,这样对应表7-1,横向坐标为4类,纵向坐标为2类,扣分值即为25。

④然后按照两项病害扣分值多少由大至小进行排序计算,45分排第一,两个25分分别排第二和第三,计算过程如下所列:

$$U_1 = 45$$

$$U_2 = \frac{DP_{i2}}{100 \times \sqrt{2}} \times (100 - \sum_{y=1}^{1} U_1) = \frac{25}{100\sqrt{2}} \times (100 - 45) = 9.7$$

$$U_3 = \frac{DP_{i3}}{100 \times \sqrt{3}} \times (100 - \sum_{y=1}^{2} U_1) = \frac{25}{100\sqrt{3}} \times (100 - 45 - 9.7) = 6.5$$

⑤最后该片梁因为混凝土纵向裂缝、孔洞和刮伤三种病害的存在,得分为:

$$\text{PMCI}_l = 100 - \sum_{x=1}^{3} U_x = 100 - U_1 - U_2 - U_3 = 100 - 45 - 9.7 - 6.5 = 38.8$$

7.2.2 桥梁部件技术状况评定计算

桥梁部件指的是桥梁结构中同类构件的统称,如所有梁、所有桥墩、所有支座等。部件的技术状况评定是桥梁技术状况评定的第二步工作内容,计算内容较第一步要简单。计算公式如下所列:

$$\text{PCCI}_i = \overline{\text{PMCI}} - \frac{100 - \text{PMCI}_{\min}}{t} \tag{7-2}$$

或

$$\text{BCCI}_i = \overline{\text{BMCI}} - \frac{100 - \text{BMCI}_{\min}}{t} \tag{7-3}$$

或

$$\text{DCCI}_i = \overline{\text{DMCI}} - \frac{100 - \text{DMCI}_{\min}}{t} \tag{7-4}$$

式中:PCCI_i——上部结构第 i 类部件的得分,值域为 0~100 分;当上部结构中的主要部件某一构件评分值 PMCI_l 在[0,40]区间时,其相应的部件评分值 $\text{PCCI}_i = \text{PMCI}_l$;

$\overline{\text{PMCI}}$——上部结构第 i 类部件各构件的得分平均值,值域为 0~100 分;

BCCI_i——下部结构第 i 类部件的得分,值域为 0~100 分;当下部结构中的主要部件某一构件评分值 BMCI_l 在[0,40]区间时,其相应的部件评分值 $\text{BCCI}_i = \text{BMCI}_l$;

$\overline{\text{BMCI}}$——下部结构第 i 类部件各构件的得分平均值,值域为 0~100 分;

DCCI_i——桥面系第 i 类部件的得分,值域为 0~100 分;

$\overline{\text{DMCI}}$——桥面系第 i 类部件各构件的得分平均值,值域为 0~100 分;

$\text{PMCI}_{\min}$——上部结构第 i 类部件中分值最低的构件得分值;

$\text{BMCI}_{\min}$——下部结构第 i 类部件中分值最低的构件得分值;

$\text{DMCI}_{\min}$——桥面系第 i 类部件分值最低的构件得分值;

t——随构件的数量而变的系数(表 7-2 中未列出的 t 值采用内插法计算)。

t 值   表7-2

n(构件数)	t	n(构件数)	t
1	∞	7	8.7
2	10	8	8.5
3	9.7	9	8.3
4	9.5	10	8.1
5	9.2	11	7.9
6	8.9	12	7.7

续上表

n(构件数)	t	n(构件数)	t
13	7.5	26	5.88
14	7.3	27	5.76
15	7.2	28	5.64
16	7.08	29	5.52
17	6.96	30	5.4
18	6.84	40	4.9
19	6.72	50	4.4
20	6.6	60	4
21	6.48	70	3.6
22	6.36	80	3.2
23	6.24	90	2.8
24	6.12	100	2.5
25	6.00	≥200	2.3

注:n 为第 i 类部件的构件总数。

桥梁部件技术状况评分方法主要有以下三个特点:
(1)组成部件的单个构件分数越低,部件分数越低。
(2)通过最差构件得分,对构件得分平均值进行修正。
(3)考虑到主要部件中最差构件对桥梁安全性的影响,当主要部件中的构件评分值在 $[0,40]$ 时,主要部件的评分值等于此构件的评分值。

部件的计算首先要确定组成部件的构件数量 n 下面举例说明部件得分的计算方法和过程。

【例 7-5】 某桥梁有 2 个桥台,按照《公路桥梁技术状况评定标准》(JTG/T H21—2011)第一步构件计算方法对 2 个桥台逐一进行计算,得分分别为 80 分、60 分,下面计算该桥桥台的得分。

(1)首先确定桥台的构件数量。
该桥共有两个桥台,所以桥台的构件数 n 为 2,查表 7-2 内容,对应 t 值为 10。
(2)计算桥台部件的得分。

$$BCCI_{桥台} = \overline{BMCI} - \frac{100 - BMCI_{min}}{t} = 70 - \frac{100 - 60}{10} = 66$$

【例 7-6】 某梁式桥有 10 片空心板梁,按照《公路桥梁技术状况评定标准》(JTG/T H21—2011)第一步构件计算方法对 10 片梁进行逐一评定,得分分别为 100 分、65 分、100 分、100 分、100 分、75 分、80 分、100 分、100 分、100 分,下面计算该桥空心板梁的得分。

(1)首先确定梁片的构件数量。
该桥共有 10 片空心板,所有梁片的构件数 n 为 10,查表 7-2,对应 t 值为 8.1。
(2)计算梁部件的得分。

$$\mathrm{PCCI}_{梁} = \overline{\mathrm{PMCI}} - \frac{100 - \mathrm{PMCI}_{\min}}{t} = 92 - \frac{100 - 65}{8.1} = 87.7$$

【例 7-7】 某梁式桥有 10 片空心板梁,按照《公路桥梁状况评定标准》(JTG/T H21—2011)第一步构件计算方法对 10 片梁进行逐一评定,得分分别为 100 分、35 分、100 分、100 分、100 分、75 分、80 分、100 分、100 分、100 分,下面计算该桥空心板梁的得分。

按照当上部结构中的主要部件某一构件评分值在[0,40]区间时,其相应的部件评分值等于该构件评分值要求,由于梁属于桥梁主要部件,而且有一片梁得分为 35(35 为所有梁片最低分,且在[0,40]区间内),所以梁部件得分即为该片梁得分,$\mathrm{PCCI}_i = \mathrm{PMCI}_l = 35$。

7.2.3 桥梁结构技术状况评定计算

桥梁结构包括上部结构、下部结构及桥面系三部分,计算内容按照分权重相乘后累加的方法进行,将第二步的计算结果乘以部件相应权重后累加即可,计算过程简单明了。计算如式(7-5)所示:

$$\mathrm{SPCI}(\mathrm{SBCI} \text{ 或 } \mathrm{BDCI}) = \sum_{i=1}^{m} \mathrm{PCCI}_i(\mathrm{BCCI}_i \text{ 或 } \mathrm{DCCI}_i) \cdot w_i \qquad (7-5)$$

式中:SPCI——桥梁上部结构技术状况评分,值域为 0~100;
　　　SBCI——桥梁下部结构技术状况评分,值域为 0~100;
　　　BDCI——桥面系技术状况评分,值域为 0~100;
　　　m——上部结构(下部结构或桥面系)的部件种类数;
　　　w_i——第 i 类部件的权重。

下面举例说明结构得分的计算方法和过程。

【例 7-8】 某梁式桥按照《公路桥梁技术状况评定标准》(JTG/T H21—2011)第二步部件计算方法对所有部件进行了计算,下面计算该桥结构的得分,计算过程如表 7-3 所示。

梁式桥上部结构评分计算过程　　　　表 7-3

部件名称	权重	部件得分(分)	权重×部件得分(分)
上部承重构件	0.7	60	42.0
上部一般构件	0.18	70	12.6
支座	0.12	50	6.0
上部结构得分 = 42 + 12.6 + 6 = 60.6(分)			
翼墙、耳墙	0.02	100	2.0
锥坡、护坡	0.01	80	0.8
桥墩	0.3	70	21.0
桥台	0.3	65	19.5
墩台基础	0.28	100	28.0
河床	0.07	100	7.0
调治构造物	0.02	100	2.0

续上表

部件名称	权重	部件得分(分)	权重×部件得分(分)
下部结构得分 = 2 + 0.8 + 21 + 19.5 + 28 + 7 + 2 = 80.3(分)			
桥面铺装	0.4	70	28.0
伸缩缝装置	0.25	65	16.3
人行道	0.1	100	10.0
栏杆、护栏	0.1	100	10.0
排水系统	0.1	100	10.0
照明、标志	0.05	100	5.0
桥面系得分 = 28 + 16.3 + 10 + 10 + 10 + 5 = 79.3(分)			

对于桥梁中未设置的部件,应根据此部件的隶属关系,将其权重值分配给各既有部件,分配原则按照各既有部件权重在全部既有部件权重中所占比例进行分配。例如单跨桥梁没有桥墩部件,在计算时要将桥墩所占的 0.3 权重分给下部结构的其他部件,具体分法如表 7-4 所示。

梁式桥桥墩权重分配值表 表 7-4

部位	类别	部件名称	权重	重新分配后权重	计算式
上部结构	1	上部承重构件	0.70	0.70	无
	2	上部一般构件	0.18	0.18	无
	3	支座	0.12	0.12	无
下部结构	4	翼墙、耳墙	0.02	0.03	$\dfrac{0.02}{0.02+0.01+0.3+0.28+0.07+0.02}\times 0.3 + 0.02$
	5	锥坡、护坡	0.01	0.01	$\dfrac{0.01}{0.02+0.01+0.3+0.28+0.07+0.02}\times 0.3 + 0.01$
	6	桥墩	0.30	0.00	无
	7	桥台	0.30	0.43	$\dfrac{0.30}{0.02+0.01+0.3+0.28+0.07+0.02}\times 0.3 + 0.3$
	8	墩台基础	0.28	0.40	$\dfrac{0.28}{0.02+0.01+0.3+0.28+0.07+0.02}\times 0.3 + 0.28$
	9	河床	0.07	0.10	$\dfrac{0.07}{0.02+0.01+0.3+0.28+0.07+0.02}\times 0.3 + 0.07$
	10	调治构造物	0.02	0.03	$\dfrac{0.02}{0.02+0.01+0.3+0.28+0.07+0.02}\times 0.3 + 0.02$

续上表

部位	类别	部件名称	权重	重新分配后权重	计算式
桥面系	11	桥面铺装	0.40	0.40	无
	12	伸缩缝装置	0.25	0.25	无
	13	人行道	0.10	0.10	无
	14	栏杆	0.10	0.10	无
	15	排水系统	0.10	0.10	无
	16	照明、标志	0.05	0.05	无

7.2.4 桥梁总体技术状况评定计算

桥梁总体技术状况评定计算是桥梁评定计算的第四步,也是最后一步,其计算方法与第三步类似,即将第三步的计算结果(上部结构、下部结构及桥面系的得分)乘以结构相应权重后累加即可,计算过程是四步计算中最简单的一步。计算如公式(7-6)所列:

$$D_r = \text{BDCI} \cdot W_D + \text{SPCI} \cdot W_{SP} + \text{SBCI} \cdot W_{SB} \tag{7-6}$$

式中:D_r——桥梁总体技术状况评分,值域为 0~100;

W_D——桥面系在全桥中的权重;

W_{SP}——上部结构在全桥中的权重;

W_{SB}——下部结构在全桥中的权重。

下面举例说明桥梁总体得分的计算方法和过程。

【例 7-9】 某梁式桥按照《公路桥梁技术状况评定标准》(JTG/T H21—2011)第三步结构计算方法对所有结构进行了计算,下面计算该桥总体得分,计算过程如表 7-5 所列。

第四步计算完成后,根据表 7-6 桥梁技术状况分类界限表要求,按照桥梁总体得分所落区间得出桥梁的技术状况等级。

梁式桥总体评分计算过程 表 7-5

结构名称	权 重	结构得分(分)	权重×结构得分(分)
上部结构	0.4	60	24
下部结构	0.4	70	28
桥面系	0.2	50	10
梁式桥总体得分 = 24 + 28 + 10 = 62(分)			
梁式桥技术状况等级:三类			

桥梁技术状况分类界限表 表 7-6

技术状况评分	技术状况等级(D_j)				
	1 类	2 类	3 类	4 类	5 类
D_r (SPCI、SBCI、BDCI)	[95,100]	[80,95)	[60,80)	[40,60)	[0,40)

对比《公路桥涵养护规范》(JTG H11—2004)中的分类界限表,《公路桥梁技术状况评定标准》(JTG/T H21—2011)的评定显得更加严格,这样对桥梁评定结果来说,1、2类桥的数量会减少,3类桥的数量会增加,4、5类桥数量基本不变。总体上将使桥梁养护管理工作在桥梁评定工作的基础上变得更加规范、标准和严格。

7.3 特殊情况桥梁技术状况评定计算

在桥梁的技术状况评定过程中,会有一些比较少见的特殊情况出现,主要有以下两种情况:

(1)当上部结构和下部结构技术状况等级为3类、桥面系技术状况等级为4类,且桥梁总体技术状况评分为$40 \leqslant D_r < 60$(按照分数区间为4类桥)时,桥梁总体技术状况等级可评定为4类,但如果桥梁的上部结构和下部结构技术状况较好,仅是桥面系状况较差时,该桥也可评定为3类,因为主要部件没有大的问题却把桥梁评定为4类显得不合理,所以对于这种情况除了按照公式计算外,还应考虑桥梁现场的实际情况来最终评定桥梁的技术状况等级。

(2)全桥总体技术状况等级评定时,当主要部件评分达到4类或5类且影响桥梁安全时,可按照桥梁主要部件最差的缺损状况进行评定,按主要部件最差的缺损状况评定方法突出了桥梁结构的主要结构部件的重要性及对桥梁整体安全使用的影响。该方法重点突出、针对性强,反映桥梁的最差技术状况,总体上考虑了桥梁安全因素的影响。下面举例说明这种特殊情况的计算过程。

【例7-10】 某梁式桥上部结构为全预应力钢筋混凝土简支空心板梁结构,其中个别梁底出现多条横向裂缝,病害照片如图7-9~图7-12所示。

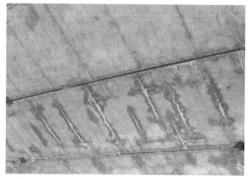

图7-9 梁底横向裂缝　　　　　　图7-10 梁底横向裂缝

对于全预应力混凝土结构,《公路桥涵养护规范》(JTG H11—2004)中规定不允许出现横向裂缝,一旦出现横向裂缝即为裂缝超限,按照《公路桥梁技术状况评定标准》(JTG/T H21—2011)进行计算,出现横向裂缝的梁片得分均在[0,40]区间内,这样上部承重构件梁体得分即为得分最低的梁片分数。如果该桥仅是上部结构有病害,下部结构及桥面系良好,按照分层综合评定法的四步计算后,该桥总体得分只能在2、3类的区间内,那么根据实际情况,该桥主要部件评分达到4类且影响桥梁安全(预应力混凝土结构出现横向裂缝),按主要部件最差的缺损状况评定方法该桥即为4类桥,非计算得出的2、3类桥。

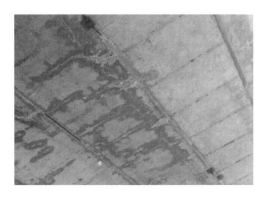
图 7-11　梁底横向裂缝

图 7-12　梁底横向裂缝

7.4　5 类桥梁技术状况评定计算

《公路桥梁技术状况评定标准》(JTG/T H21—2011)中共列出了 14 条 5 类桥技术状况单项控制指标,内容均是说主要部件的严重病害,总结起来主要有以下六方面内容:

(1)梁式桥上部承重构件出现落梁、断裂、全截面开裂、异常位移及出现大于规范值的永久变形。

(2)拱式桥桥面板出现严重坍塌、主拱圈严重变形、拱脚严重错台、位移砌体断裂及拱上结构的严重破损。

(3)系杆结构桥梁的系杆或吊杆出现严重锈蚀或断裂。

(4)悬索桥主缆或多根吊索出现严重锈蚀或断丝。

(5)斜拉桥拉索钢丝出现严重锈蚀或断丝。

(6)桥墩桥台基础结构出现严重滑动、下沉、位移、倾斜及冲刷。

在实际桥梁检查过程中,如果遇到上述内容的任意一种情况,即可直接将桥梁评定为 5 类桥并及时关闭交通。

7.5　构件技术状况评定指标选择

《公路桥梁技术状况评定标准》(JTG/T H21—2011)中的第五章~第十章内容均是构件技术状况评定指标的具体内容,在分层综合评定法计算的第一步构件计算中,构件病害指标标度的选择均参考此内容,由于评定指标内容较多,在使用过程中为了能准确、快速地判断病害评定指标标度,进而确定扣分值,可参考表 7-7 构件技术状况评定指标关键词内容进行评定标度的选择。

其中标度为"1"表示没有病害,定性为"好";标度为"2"表示有少量病害或病害程度轻微,定性为"较好";标度为"3"表示有较多病害或病害程度较重,定性为"较差";标度为"4"表示有大量病害或病害程度严重,定性为"差";标度为"5"表示有非常多病害或病害程度非常严重,定性为"危险"。基本上标度"2"和"3"之间是量的变化,标度"3"和"4"之间是质的变化。

构件技术状况评定指标关键词 表 7-7

评定标度	定性描述	指标关键词
1	好	没有病害,无扣分
2	较好	有病害,少量,局部,个别,轻微,未超限裂缝
3	较差	有病害,较多,较大范围,部分,较重,未超限裂缝
4	差	有病害,大量,大范围,大部分,严重,超限裂缝
5	危险	有病害,非常严重,影响结构安全,严重变形,严重超限裂缝

例如,在现场检查梁式桥的一片空心板梁底时,如有少量未超限裂缝出现,关于裂缝病害的评定标度即为"2";如有较多未超限裂缝出现,关于裂缝病害的评定标度即为"3";如有大量超限裂缝出现,关于裂缝病害的评定标度即为"4";如有严重超限裂缝出现,关于裂缝病害的评定标度即为"5"。其他各检测指标评定标度选择均可按上述内容参考执行。

【复习题和思考题】

1. 试述桥梁技术状况评定方法和等级分类。
2. 试述桥梁技术状况评定工作流程。
3. 试述桥梁构件技术状况评定计算。
4. 试述桥梁构件技术状况评定指标。
5. 试述 5 类桥梁技术状况评定计算。

第8章
桥梁荷载试验

【重点内容和学习要求】

本章重点讲述桥梁静荷载和动荷载试验的检测内容和方法;讲述试验所用仪器设备的使用及对试验结果的分析处理。通过学习,要求学生掌握桥梁荷载试验的基本方法,了解桥梁荷载试验主要解决的问题,了解桥梁荷载试验的工作流程,掌握各类桥梁进行承载能力评定的方法。

8.1 引 言

桥梁荷载试验分静态试验和动态试验,进行桥梁荷载试验的目的是检验桥梁整体受力性能和承载力是否符合设计要求;对于新桥型及桥梁中运用新材料、新工艺的应验证计算图式,为完整结构分析理论积累资料;对于旧桥通过荷载试验可以评定其运营荷载等级。

桥梁结构在荷载作用下所产生的变形可以分为两大类:一类变形能反映结构的整体工作状态,如梁的挠度、转角、支座位移等,称为整体变形;另一类变形能反映结构的局部的工作状态,如纤维变形、裂缝、钢筋的滑动等,称为局部变形。

测量挠度,可以了解结构的刚度并分析结构的弹性和非弹性性质。挠度的不正常发展还能说明结构中的局部现象;测定转角可以用来分析超静定结构,控制断面的最大应变和应变沿断面的分布规律是我们推断结构极限强度的重要指标。

桥梁结构动载试验的基本任务是:测定动荷载的动力特性,即引起结构产生振动的作用力的数值、方向、频率和作用规律;测定结构动力特性,即结构或杆件的自振频率、阻尼特性及固有振型;测定结构在动荷载作用下的强迫振动响应,如振幅、动应力、冲击系数及疲劳特性等。

桥梁荷载试验可分为三个阶段:桥梁结构的考察、试验方案设计及试验准备阶段;加载试验与观测阶段;试验结果的分析与总结阶段。

8.2 公路桥梁荷载试验的作用及分类

8.2.1 公路桥梁荷载试验的作用与目的

影响桥梁工程质量的因素主要是设计理念、建筑材料、施工技术和自然条件等因素,在操作过程中,人们一般采取模型试验、成桥后的动静载试验等来检测桥梁工程的质量。桥梁荷载试验的作用和目的,是在试验荷载作用下,利用对桥梁结构直接加载后进行有关的分析、测试和记录工作,主要包括试验准备、理论计算、整理等相关的工作,达到了解和检测桥梁结构的实际工作状态和实际使用状况,其作用可以分为以下三点:

1)检验桥梁设计与施工的质量

对于一些新建的大、中型桥梁或者具有特殊设计的桥梁,在设计施工过程中必然会遇到许多新问题,为保证桥梁建设质量,施工过程中往往要求做施工监控。在竣工后一般还要求进行荷载试验,以检验桥梁整体受力性能和承载力是否达到设计文件和规范的要求,并把试验结果作为评定工程质量优劣的主要技术资料和依据。

2)判断桥梁结构的实际承载力

旧桥由于构件局部发生意外损伤,使用过程中产生明显病害,设计荷载等级偏低等原因,有必要通过荷载试验判定构件损伤程度及承载力、受力性能的下降幅度,确定其运营荷载等级。同时,旧桥荷载试验也是改建、加固设计的重要依据。

3)验证桥梁结构设计理论和设计方法

对于桥梁工程中的新结构、新材料和新工艺,应通过荷载试验验证桥梁的计算图式是否正确,材料性能是否与理论相符,施工工艺是否达到预期目的。

所以,通过桥梁荷载试验,可以解决对于采用新材料、新方法、新工艺、新构造等条件修建的桥梁,还有很多比如结构的材料性能、反应动力等不能构建与其相对应完善的计算模型,或数学模型和实际构造之间的差距等问题,通过桥梁荷载试验可以直接算得理论分析和计算的有关参数,了解相关桥梁结构在荷载条件下的具体工作受力状况,研究桥梁结构受力的基本规律和相关检验是否符合国家标准的设计要求,为进一步发展桥梁设计的计算理论及施工技术奠定科学的理论基础。

同时,桥梁荷载试验也是对新完工的桥梁竣工验收及质量评定的重要方法,特别是大跨径、复杂结构的桥梁。相对于已有桥梁,尤其是建造时间较长,已无法查到桥梁原始设计、施工和竣工资料,采用桥梁荷载试验也可以估算其荷载能力和使用状况,为已有桥梁的进一步安全使用、养护管理、限载或改建提出了科学的依据。所以桥梁工程的成功发展,相关试验技术的进步和发展也起着重要的作用。

8.2.2 桥梁荷载试验分类

桥梁荷载试验主要有动载试验和静载试验。

动载试验主要是通过对结构进行脉动测试,汽车的行车、跳车、制动激振或其他方式的激振试验测试桥梁结构上各控制部位的动挠度、功应变、模态参数(自振频率、振型、振型阻尼比、应变模态),然后通过模态参数识别结构的损伤。

静载试验是指在静止的荷载影响下,在桥梁的其中一个指定位置检测桥梁结构的静力应变、位移和裂缝等相关参数,进而推测出在静载影响下桥梁结构的使用性能和工作能力的试验。静载试验的加载过程是由零开始逐渐增加到预定的荷载为止,一般通过重力或其他类型的加载设备来满足和完成加载。桥梁荷载试验中最常用、最基本的基础试验就是静载试验,由于当桥梁结构工作时所承受的荷载是静力荷载,其中桥梁结构的自重也是静力荷载,甚至在设计计算时随时间而变的移动车辆荷载通常也作为静力荷载来考虑,即使是在进行桥梁结构动力试验时,一般也要先进行静载试验,以测定结构的相关参量,因此静载试验是了解桥梁结构特性的重要方法和途径。

1)动载试验

(1)动载试验方法

①自振特性测试

选择脉动试验,即在桥面无任何交通荷载以及桥址附近无规则振源的情况下,采用环境随机振动法测定桥跨结构由于桥址处风荷载、地脉动、水流等随机荷载激振而引起的桥跨结构微振动响应,以分析桥跨结构的自振特性。

②无障碍行车试验

采用两辆不同载重汽车,分别以不同的车速通过桥跨结构,测试桥跨结构在运行车辆荷载作用下的动力反应。

(2)动载试验的内容

一般来说,桥梁动载试验项目有如下几项:

①桥梁结构动力反应的试验测定,主要是测定桥梁结构在动力荷载作用下的反应,即结构在动载作用下强迫振动的特性,包括动位移、动应力、动力系数等。试验时,一般利用汽车以不同的速度通过桥跨而引起的振动来测定上述各种数据。

②测定桥跨结构的自振特性,如自振频率、振型和阻尼特性等,应在结构相互连接的各部布置测点,如悬臂梁与挂梁、上部结构与下部结构、行车道梁与索塔等的相互连接处。

③测定动荷载本身的动力特性,主要测定引起桥梁振动的作用力或振源特性,如动力荷载(包括车辆制动力、振动力、撞击力等)的大小、频率以及作用规律。动力荷载大小可通过安装在动力设备底架连接部分的荷重传感器直接测量记录,或以测定荷载运行的加速度(或减速度)与质量的乘积来确定。

④疲劳性能试验,主要测定结构或构件的疲劳性能。

大多数情况下,动载试验内容偏重于上述①、②两项内容;对于铁路桥梁,③项内容要实测车辆在桥上的制动力与旅客舒适度有关的列车过桥联合振动的动位移和动应变的时程曲线;④项内容,一般只在实验室对桥梁构件进行疲劳试验,在现场只对准备拆除的桥梁进行疲劳度试验,但可对现有的桥梁进行营运车辆荷载下的疲劳度性能进行长期观测。

(3)动载试验的程序

动载试验的程序与静载试验的基本相同,动载检定试验荷载,一般可采用如下方式:

①检验桥梁受迫振动特性的试验荷载,通常采用接近运营条件的汽车、列车或单辆重车以不同车速通过桥梁,要求每次试验时车辆在桥上的行驶速度保持不变,或在桥梁动力效应最大的检测位置进行制动(或起动)试验。

②进行特殊检定项目,如进行模拟船舶撞击桥墩、汽车撞击防护构造和弹药爆炸等冲击荷载试验。

③桥梁在风力、流水撞击和地震力等动力荷载作用下的动力性能试验,只宜在专门的长期观测中实现。

④测定桥梁自振特性时,可利用环境激振进行脉动测试。

⑤疲劳试验荷载室内试验可采用液压脉动装置,现场试验可采用起振机。

(4)桥梁结构动载试验的方案设计

动载检定试验前,应编制试验方案,其主要内容为:

①试验目的、试验项目、试验工况编号、仪器设备准备等。

②根据试验目的和要求,确定测试项目、数量、激振安排,设计测点布置,每一测点均应有编号,测点布置应有总图。

③根据试验项目,利用激振设备绘制测试系统工作方框图,按照系统配置情况将测点号、传感器号、放大器号、记录器号、连接导线号等,一一对应列成表格,便于仪器安装和测试过程中的校对。

④制定试验日程,明确人员分工,使检定测试过程做到统一指挥、有序进行。

⑤为保证测试工作顺利和正常进行,应对联络方式、安全措施和有关注意事项等作出规定。

(5)准备工作

动载检定试验,首先应按照试验方案进行准备工作,其内容包括:

①搜集被检桥梁有关的设计资料和图纸,详细研究,慎重选择或确定试验荷载。

②现场调查桥上和桥两端线路状态、线路容许速度、车辆和列车实际过桥速度和其他激振措施状态。

③了解有关试验部位情况,以确定测试脚手架搭设位置、导线的布设方法及仪器安放位置。

④对拟测试的项目和测试断面,应按实际荷载和截面尺寸预先算出应力、位移、结构自振频率等,以便及时与实测值进行比较。

(6)测试工作内容

在跑车、跳车、制动和脉动等动载检定试验中的测试工作内容如下:

①跑车

动载检定试验一般安排标准汽车车列(对小跨径桥也可用单排车),以不同车速做跑车试验,跑车速度一般定为5、10、20、30、40、50、60(km/h)。当车在桥上时为车桥联合振动,当车跨出桥后为自由衰减振动。对铁路桥跨结构,同样应安排以一定轴重装载的列车,以不同车速过桥,应测量不同行驶速度下控制断面(一般取跨中或中支点处)的动应变和动挠度,以记录时间一般不少于0.5h或者以波形衰减完为止。测试时需记录轴重、车速,并在时程曲线上标出首车进桥和尾车出桥对应时间。动载测试一般应测试三组,在临界速度可增跑几趟,全面记录动应变和动位移。

②跳车

在预定激振位置设置一块15cm高直角三角木、斜边朝向汽车。一辆满载重车以不同速度行驶,后轮越过三角木由直角边落下后,立即停车。此时桥跨结构的振动是带有一辆满载重车附加质量的衰减振动。在数据处理时,附加质量的影响应予以修改。跳车的动力效应与车速和三角木放置的位置有关。随车速的增加,桥跨结构的动位移、动应力会增加,从而冲击系数会加大,跳车记录时间与跑车相同。

③制动

制动试验是测定车辆在桥上紧急制动时产生的响应,用以测定桥梁承受活载水平力性能。制动试验是以进行车辆突然停止作为激振源,可以不同车速停在预定位置。制动可以顺桥向和横桥向。一般横桥向由于桥面较窄,难以加速到预定车速。制动试验数据同样需要进行附加质量影响的修正。经由制动的位移时程曲线可读取自振特性和阻尼特性数据。不过此时是有车的质量参与衰减振动,阻尼也非单纯桥跨结构的阻尼。制动记录项目与跑车相同,对记录的信号(包括振幅、应变或挠度等)进行频谱分析,可以得到相应的强迫振动频率等一系列参数。

④脉动试验。

当桥跨结构无车辆通过时,桥跨结构处于环境激振之下,做振幅微小的振动脉动测试需要记录脉动位移或加速度,将记录的信号在高精度的信号分析仪上进行频谱分析,以便得到频谱图。将频谱分析的数据再结合跑车、跳车制动等的测试数据,综合分析便可得到精确而真实的桥跨结构自振特性数据。脉动测试要求高灵敏度的传感器和放大器,同时要具备质量较高的信号分析设备及其相应软件。脉动法记录时间不宜小于2h,大跨径桥梁测试断面多,对其可分断面记录,但每次应保证有一定参考点不动。

(7)测点布置

根据试验方法和桥梁结构的弯矩包络图特点,车辆试验的测试截面一般选择在活载作用下结构应变最大的位置。

在桥面无任何交通荷载以及桥址附近无规则振源的情况下,通过高灵敏度动力测试系统测定桥址处风荷载、地脉动、水流等随机荷载激振而引起桥跨结构的微幅振动响应,测得结构的自振频率和阻尼比等动力学特征。

2)静载试验

桥梁结构检算宜依据竣工资料或设计资料,并应与桥梁实际情况进行核对修正。对缺失资料的桥梁,可根据桥梁检测结果,参考同年代类似桥梁的设计资料或标准定型图进行检算。

桥梁结构检算应针对结构主要控制截面、薄弱部位和出现严重缺损部位。对受力复杂的构件或部位,应进行空间检算。不同桥梁结构的检算的位置和方法不同,具体参见《公路桥梁承载能力检测评定过程》(JTG/T J21—2011)6.3节~6.6节内容。

在确定试验的加载方案后,即可按加载步骤计算出各级荷载下各控制截面的各项内力,然后由内力及换算截面几何特征值等计算出各截面的上下缘应力、挠度等,再可由应力应变间的关系推算各点理论应变值[一般近似认为梁(板)的某个截面为均质弹性变形,因此有了截面上、下缘应变值及中性轴位置等可推算出该截面各点应变值]。桥梁在未开裂的预应力混凝土构件中,各截面的应力计算可由《公路钢筋混凝土及预应力混凝土桥涵设计规范》(JTG D62—2004)第5.2.15条计算。

主拉应力的最不利斜截面(一般在支点附近)可由《公路钢筋混凝土及预应力混凝土桥涵设计规范》(JTG D62—2004)第5.1.11条进行计算,在计算出该截面位置及相应的弯矩、剪力等内力后可计算该截面的理论值。有了理论挠度值以后,可由几何关系推算梁端角位移。

8.3 试验前的准备及方案设计

8.3.1 荷载试验的准备工作

荷载试验正式进行之前应做好以下准备工作:

1)试验孔(或墩)的选择

多孔桥梁中的跨径相同的桥孔可选1~3孔具有代表性的桥孔进行加载试验。选择时应综合考虑以下因素:

(1)该孔计算受力最不利。
(2)该孔施工质量较差,缺陷较多或病害较严重。
(3)该孔便于搭设脚手架,便于实测。

2)搭设脚手架和测试支架

脚手架和测试支架应分开搭设互不影响,并应具有足够的强度、刚度和稳定性。

3)静载试验加载位置的放样和卸载位置的安排

静载试验前应在桥面上对加载位置进行放样,并预先安排卸载的安放位置,以便于加载试验的顺利进行。

4)其他准备工作

加载试验的安全设施、供电照明设施、桥面交通管制等工作应根据荷载试验的需要进行准备。

8.3.2 试验对象的考察

在确定试验方案之前,必须对试验结构进行实地考察和了解,做到情况清楚、心中有数。

1)技术文件和资料的收集

收集桥梁结构的设计资料,如设计标准、设计主要荷载类型、结构特点、计算书及设计原始资料;收集施工资料,如材料性能试验报告、隐蔽工程验收资料、施工观测记录、阶段施工质量检查验收记录、事故记录及竣工图纸等;收集桥梁结构的使用资料,如养护情况、运营情况及结构损伤与破坏阶段报告。

2)桥梁结构现状调查

用直观或测量的方法确定结构各个部分的几何形状及互相位置偏差,确定墩台的空间位置和距离,记录有无沉降、隆起、倾斜和转动等;观察圬工体的外表质量;考察现有的损伤、裂缝、蜂窝、麻面、钢筋外露、混凝土保护层厚度不够的位置、漏水的位置等;用非破损检验的方法确定结构或构件混凝土实际强度是否与设计文件相符。

以上工作中,重点应考察:混凝土的强度、弹性模量、墩台和上部结构的裂缝;混凝土保护层厚度不够的部位;钢筋外露和锈蚀的区段;易发生应力集中的部位;圬工桥梁主义测量拱圈的尺寸、拱轴线位置以及拱圈上有无横向裂缝。

考察支座的位置、尺寸、有无损伤、活动支座是否灵活、排水是否符合要求、伸缩缝工作情况是否良好。

实测结构材料的实际强度及弹性模量等重要的物理力学性能指标。可以通过原配合比制试件实测,或从结构非重要部位挖取试件实测,也可以用非破损法实测。

8.3.3 加载方案设计

1)确定试验荷载

为了保证荷载试验的效果,必须首先确定试验荷载。试验荷载可以取控制荷载。依据汽车和人群(标准设计荷载)及需通行的特殊重型车辆分别对结构截面产生的内力(或变形)的最不利值对应的荷载作为控制荷载。而动载试验以汽车荷载作为控制荷载。当客观条件受限,采用的试验荷载与控制荷载有差别时,为了保证试验效果,在选择试验荷载的大小和加载的位置时采用静载试验效率 η_q 和动载试验荷载效率 η_q 进行控制。

静载试验效率为:

$$\eta_q = \frac{S_s}{S(1+\mu)} \tag{8-1}$$

式中:S_s——静载试验荷载作用下控制面内力计算值;

S——控制荷载作用下控制面最不利内力计算值;

μ——按规范采用的冲击系数。

η_q 值可采用 0.95~1.05,当桥梁的调查,检算工作比较完善而又受加载设备能力所限,η_d 可采用低限,反之取高限。一般情况下 η_q 值不宜小于 0.95。

荷载试验宜选择温度稳定的季节和天气进行。当温度变化对桥梁结构内力影响较大时,应选择温度内力较不利的季节进行荷载试验,否则适当增大 η_d 值来弥补温度影响对结构控制截面产生的不利内力。

动载试验效率 η_d 为:

$$\eta_d = \frac{S_d}{S} \tag{8-2}$$

式中:S_d——动载试验荷载作用下控制截面最大计算内力值;

S——标准汽车荷载作用下控制截面最大计算内力值(不计入汽车荷载冲击系数);

η_d——动载试验的效率,不仅取决于试验车型及车重,而且取决于实际跑车时的车间距。因此,应采用实际测定跑车时的车间距作为修正动载试验效率 η_d 的计算依据。

2)加载形式与控制

试验荷载加载有两种形式:一种是沿桥轴方向加载,另一种是垂直于桥轴方向加载。设计加载时除注意试验荷载纵向加载位置外,同时还要注意荷载横向加载图式,横向加载图式有对称加载和偏心加载两种方式。

为了加载安全和了解结构应变和变位随荷载增加的变化关系,桥梁静载试验的各荷载工况的加载应分级进行,分级控制的原则如下:

(1)当加载分级比较方便时,可按最大控制截面内力荷载工况均分为4~5级。

(2)使用载重车加载,车辆增重有困难时也可分成3级加载。

(3)如果桥梁的调查和验算工作不充分,或桥况较差,应尽量增加加载分级,使车辆荷载逐量缓缓驶入预定加载位置,以确保试验安全。

(4)在安排加载分级时,应注意加载过程中其他截面内力亦应逐渐增加,且最大内力不应超过控制载荷作用下的最不利内力。

最好每级加载后卸载,也可逐级加载,达到最大荷载后逐级卸载。车辆荷载加载分级的方法可采用先上轻车、后上重车,逐渐增加加载车数量;加载车分次装载重物;加载车位于内力影响线的不同部位。

动载试验一般安排标准汽车车列(对小跨径桥也可用单车)在不同速度时的跑车试验,跑车速度一般定为5km/h、10km/h、20km/h、30km/h、40km/h、50km/h。此外,如需测定桥梁承受活载水平力性能时要做车辆制动试验,为测定桥梁自振频率要做跳车后的余振观测,并在无荷载时进行动脉观测。

3)测点设置

主要测点的布设应能控制结构的最大应力(应变)和最大挠度(或位移),测点的布设不宜过多,但要保证观测的质量,几种常用桥梁体系的主要测点布设如下:

(1)简支桥梁:跨中挠度、支点沉降、跨中截面应变。

(2)连续桥梁:跨中挠度、支点沉降、跨中和支点截面应变。

(3)悬臂桥梁:悬臂端部挠度、支点沉降、支点截面应变。

(4)拱桥:跨中与$L/4$处挠度、拱顶、$L/4$和拱脚截面应变。

(5)挠度观测测点一般布置在桥中轴线位置。截面抗弯应变测点应设置在截面横桥向应力可能分布较大的部位,沿截面上下缘布设,横桥向测点设置一般不少于3处,以控制最大应力的分布。

根据桥梁调查和检查工作的深度,综合考虑结构特点和桥梁状况等可按需要架设测点。在大多数测点较接近的部位设置1~2处气温观测点,此外可根据需要在桥梁主要测点部位设置一些构件表面温度观测点。

8.4 荷载试验仪器设备的使用要求

桥梁静载试验需要测结构的反力、应变、位移、倾角、裂缝等物理量。常用的仪器有百分表、千分表、位移计、应变仪、应变计(应变片)、精密水准仪、倾角仪、刻度放大镜等。这些测试仪器按其工作原理可分为机械测试仪器、电测仪器与光测仪器等。机械测试仪器具有安装与使用方便、迅速、读数可靠的优点,但需要搭设观测脚手架,而且所需试验人员多,观测读数费时,不便于自动记录;电测仪表安装测试比较麻烦,影响测试精度的因素也较多,但测试较方便,便于数据自动采集记录,操作安全。荷载试验应根据测试内容和量测值的大小选择仪器,试验前应对测试值进行理论分析估计,选择仪器的精度和量测范围,同时满足有关规程对仪器精度和量测范围的要求,本节介绍几种常用仪器设备的使用要求和注意事项。

1)机械式位移计

机械式位移计包括百分表、千分表及张线式位移和挠度计等,其构造和工作原理基本相同,主要区别在于精度和量程不同。

使用此种仪器,尚有温度影响问题,即在长期测量过程中,初读数和加载量不可能在同一温度条件下读取,因此在量测读数中不仅包含受载应变,而且还包含温度应变。为了从读数中扣除温度部分的影响,就要在测量过程中进行"温度补偿"。一般较常用的温度补偿办法是采用与结构同一材料的"补偿块",和杆件放在一起,同时取得读数,从"补偿块"上取得的读数为单纯的温度应变,并将此应变作为结构的温度应变。但是,补偿块与结构两者体积差别极为悬殊,两者对温度变化的敏感程度差别很大,由于补偿块体积小,能在短时间内跟上气温的变化,而结构表现为极大的"滞后"。因此,在气温变化较大时(例如白天日照情况下)实际上无法起到补偿作用。为了达到补偿目的,根据量测的实践,建议采取"横向温度补偿法"。在布置测应变的测点的同时,在垂直方向布置测点,如图8-1所示。

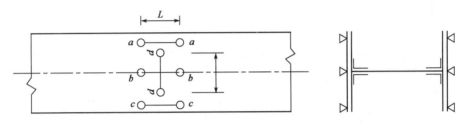

图 8-1　测点布置

测点 $a\text{-}a$、$b\text{-}b$、$c\text{-}c$ 等分别为杆件应变测点,$d\text{-}d$ 为温度补偿测点,它垂直于应变测点,且在杆件中部。

当对测点 $a\text{-}a$、$b\text{-}b$、$c\text{-}c$ 进行读数时,也对测点 $d\text{-}d$ 进行读数。则:

$$\varepsilon'_a = \varepsilon_a + \varepsilon_t, \varepsilon'_b = \varepsilon_b + \varepsilon_t, \varepsilon'_c = \varepsilon_c + \varepsilon_t, \varepsilon'_d = \varepsilon_t - \upsilon\varepsilon_b$$

式中:　　　　υ——材料泊松比;

ε_t——温度应变;

ε'_a、ε'_b、ε'_c、ε'_d——测点 $a\text{-}a$、$b\text{-}b$、$c\text{-}c$、$d\text{-}d$ 的综合应变读数。

联解上述四式得:

$$\varepsilon_t = \frac{\upsilon\varepsilon'_a + \varepsilon'_d}{1+\upsilon}, \varepsilon_a = \varepsilon'_a - \frac{\upsilon\varepsilon'_a + \varepsilon'_d}{1+\upsilon}, \varepsilon_b = \frac{\varepsilon'_b - \varepsilon'_d}{1+\upsilon}, \varepsilon_c = \varepsilon'_c - \frac{\upsilon\varepsilon'_b + \varepsilon'_d}{1+\upsilon}$$

将各测点实测的结果代入上式,即可求得结果在消除温度影响后的实际受力应变值。

2)水准管式倾角仪

如图8-2所示为水准管式倾角仪的构造,其原理是利用高灵敏度的水准管来测定结构节点、截面或支座处转角。水准管安置在弹簧片上,一端铰接于基座,弹簧片使另一端上升,但被测微计的微调螺钉顶住,将仪器用具装在测点后,用微调螺钉使水准管的气泡调平居中,结构变形后气泡漂移,再转动微调螺钉使气泡重新居中,度盘上前后两次读数差即代表该测点的转角。这种仪器最小读数有的可达 $1''\sim 2''$,量程为 $3°$。

这种仪器的优点为尺寸小,精度高,使用简便;缺点是受外界温度影响很大,且不宜受阳光暴晒,以免水准管爆裂。

3)电阻应变仪

电阻应变仪的构造前已叙述,这里就不再赘述,仅介绍电阻应变片的粘贴技术。

(1)黏结剂

粘贴应变片用的黏结剂称为应变胶。应变胶应能可靠地将试件应变传递到应变片的敏感栅上,对应变胶的性能要求是:黏结强度高(剪接强度一般不低于3~4MPa)、电绝缘性能好、蠕变小、化学稳定性好等。在特殊条件下,还要考虑一些其他要求,例如耐高温、耐老化、耐介质(油、水、酸和碱)、耐疲劳等。目前常用的应变胶分为有机胶和无机胶两类。常温下用有机胶,无机胶则用于高温应变片的粘贴。常规桥梁试验粘贴应变片的应变胶一般为快干胶和热固性树脂胶等。

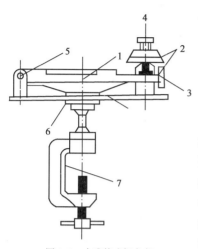

图8-2 水准管式倾角仪
1-水准管;2-刻度盘;3-微调螺钉;4-弹簧片;5-夹具;6-基座;7-活动铰

501快干胶和502快干胶是借助于空气中微量水分的催化作用而迅速聚合固化产生黏结强度的。该类胶黏结强度能满足桥梁应变测试要求,但随生产厂家产品质量和存放时间不同,黏结强度差别很大,只能在低温、干燥和避光的条件下保存。

环氧树脂胶是靠分子聚合反应而固化产生黏结强度的。它有较高的剪切强度和防水性能,电绝缘性能好。它的主要成分是环氧树脂,并酌量加入固化剂和增韧剂等配制而成。环氧树脂胶可以自制,其配方是:

环氧树脂:100%;

邻苯二甲酸二丁酯:5%~20%;

乙二胺:6%~7%。(注意:乙二胺有毒,需通风操作。)

(2)应变片的粘贴技术

应变片的粘贴是应变电测技术中的一个很关键的环节,粘贴质量的好坏直接影响测量的结果。有时可能因某些主要测点的应变片失效,导致测量工作失败。因此,必须掌握粘贴技术,保证测量结果的准确性和可靠性。粘贴时应掌握下列技术环节:

用放大镜对应变片进行检查,保证选用的应变片无缺陷和破损。同批试验选用灵敏系数和阻值相同的应变片,采用兆欧表或万用表对其阻值进行测量,保证误差不大于0.5Ω。

先初步画出贴片位置,用纱布或砂轮机将贴片位置打磨平整,钢材表面粗糙度R_a为12.5~3.2;混凝土表面无浮浆、麻面与气泡,必要时涂底胶处理,待固化后再次打磨。在打磨平整的部位准确画出测点的纵、横中心及贴片方向。

用镊子夹脱脂棉球蘸酒精(或丙酮)将贴片位置清洗干净,用手握住应变片引出线,在其背面均匀涂抹一层胶水,然后放在测点上,调整应变片的位置,使其准确定位。在应变片上覆盖小片玻璃纸,用手指轻轻滚压,挤出多余胶水和气泡。注意不要使应变片位置移动。用手指轻轻按1~2min,待胶水初步固化后,即可松手。粘贴质量较好的应变片,应使胶层均匀,位置准确。

干燥固化干燥才能固化,当气温较高,相对湿度较低的短期试验可用自然干燥,时间一般为1~2d。人工干燥:待自然干燥12h后,用红外线灯烘烤,温度不要高于50℃,还要避免骤热,烘干到绝缘电阻符合要求时为止。

根据环境要求,应变片有时要进行防潮和防机械损伤处理。

(3)电阻应变测量的温度补偿

用应变片测量应变时,应变片除了能感受结构受力后的变形外,同样也能感受环境温度变化,并引起电阻应变仪指示部分的示值变动,这称为温度效应。

温度变化从两个方面使应变片的电阻值发生变化。一是电阻丝温度改变 Δt,其电阻将会随之而改变 ΔR_β;二是因为材料与应变片电阻丝的线膨胀系数不相等,但第二者又粘合在一起,这样温度改变 Δt,应变片中产生了温度应变,引起一附加的电阻变化 ΔR_α。总的温度效应 R_t 为两者之和:

$$R_t = \Delta R_\alpha + \Delta R_\beta = (\alpha_j - \alpha)\Delta t + \beta_1 \frac{\Delta t}{K} \tag{8-3}$$

式中:α_j——结构材料的线胀系数;

α——电阻丝的线胀系数;

Δt——温差;

K——电阻丝的灵敏系数;

β_1——电阻丝的电阻温度系数。

温度效应的应变值 ε_t 又称为视应变。当采用镍铬合金丝制成的应变片进行测量时,温度变动 1℃,会在钢材($E = 2.1 \times 10^5 \text{MPa}$)中产生相当于 1.5 MPa 左右的应力示值变动,这是不容忽视的,必须加以消除。消除温度效应的应变值主要是利用惠斯登电桥桥路的特性进行,称为温度补偿。在电桥 BC 臂上接一个与测量片 R_1 同样阻值的应变片 R_2,R_2 称为温度补偿应变片。测量片 R_1 粘贴在受力结构上,它既受应变作用,又受温度作用。补偿片 R_2 贴在一个与结构材料相同,具有同样温度变化条件的一个不受外力作用的小试件上。此时,电桥对角线上的电流计的反应仅是结构受力后产生应变值,而温度效应所产生的应变值就消除了。

在实际试验中,为保证补偿效果,对应变片的设置应考虑如下因素:

①补偿片与工作片应该是同批产品,具有相同电阻值、灵敏系数和几何尺寸。

②贴补偿片的试块材料应与试验结构的材料一致,如果是混凝土材料,应该是同样的配合比,按相同的制作方法并在相同条件下养护的。

③补偿片的贴片干燥、防潮处理等工艺必须与工作片相同。

④连接补偿片的导线应与连接工作片的导线是同一规格、同一长度,并且相互并列靠近布置或捆扎成束。

⑤补偿片与工作片的位置应尽量接近,使两者处于同一温度场条件下,以防不均匀热源的影响。

⑥补偿片的数量,由试验材料特性、测点位置、试验条件等因素决定。一般情况下,钢结构可用一个补偿片同时补偿 10 个工作片,对混凝土可用一个补偿片补偿 5~10 个工作片。如果要求严格或者是某个测点所处条件特殊时,应单独补偿,以尽量减少由于工作片与补偿片工作时间不同而产生的温差影响。

除桥路补偿外,还有应变片温度自补偿的方法,即使用一种特殊的应变片,当温度变化时,其电阻增量等于零或者相互抵消而不产生视应变,目前主要用于机械类试验中。

8.5 静载试验及结构评定

1）准备工作

试验准备工作包括：设备及仪表夹具的加工；试验现场的清理；设置仪器、仪表的支护装置以及其他必要的支架和安全设备；准备加载物质或设备；仪表校正、安装和调试；对试验人员进行技术培训；印发各种记录表格。在试验准备阶段，必须将试验所用的仪器设备及时配齐，试验前必须按规定进行校正或标定，并且应该有一定数量的备用仪器，以确保试验工作的顺利进行。

测试设备的准备也十分重要，正式加载试验前，试验人员必须明确分工和职责，能熟练地进行仪器、仪表的测读，掌握仪器、仪表的工作原理、基本性能以及排除一般性故障的能力。对于规模较大、测试时间较长、使用仪器较多、测点布置难度较大的试验，可以考虑拟定专门的测试技术操作规程。

在施工现场，根据试验方案的要求，应及时调集必需的物质和器材，解决用电、水源、燃料等问题。

使用电测仪器，调试工作量大。电阻片粘贴后，要做好防潮、防水处理，其绝缘阻值要满足试验规定的要求。试验用导线要经过测试，导线与试验结构或构件上电阻应变片的连接，要锡焊并做好绝缘处理。

当所有准备工作就绪后，在正式试验之前，要对所有仪器、仪表进行一次观测演习，以便熟悉试验程序、仪器和仪表的测读、记录方法等。

2）加载实施与控制

（1）加载程序

加载应严格按计划程序进行。采用重物加载时按荷载分级逐级施加，每级荷载堆放位置准确、整齐稳定。荷载施加完毕后，逐级卸载。采用车辆加载时，先由零载加至第一级荷载，卸载至零载；再由零载加至第二级荷载，卸至零载……直至所有荷载施加完毕（有时为了确保试验结果准确无误，每一级荷载重复施加 1~2 次），每一级荷载施加次序为纵向先施加重车，后施加两侧标准车，横向先施加桥中心的车辆，后施加外侧的车辆。

（2）加载稳定时间控制

为控制加卸载稳定时间，应选择一个控制观测点（如简支梁为跨中挠度或应变测点），在每级加载（或卸载）后立即测读一次，计算其与加载前（或卸载前）测读值之差值 S_g，然后每隔 2min 测读一次，计算 2min 前后读数的差值 ΔS，并计算相对读数差值 m：

$$m = \frac{\Delta S}{S_g} \tag{8-4}$$

当 m 值小于 1% 或小于量测仪的最小分辨值即认为结构基本稳定，可进行各观测点读数。主要控制截面最大内力荷载工况对应的荷载在桥上稳定时间不少于 5min，对尚未投入营运的新桥应适当延长加载稳定时间。

有些桥测点观测值稳定时间较长，如结构的实测变位（或应变）值远小于计算值，可将加载稳定时间定为 20~30min。

(3)测试方法与加载过程的观察

①位移的测量。

一般的梁、板、拱、桁架结构的位移测定,主要是指挠度及其变形曲线的测定。挠度的测试断面,一般在1/2跨、1/4跨、1/8跨、3/4跨、7/8跨等位置布设测点,以便能测出挠度变形的特征曲线。对梁或板宽大于或等于100cm的构件,应考虑在横截面两侧都布设测点,测值取两侧仪表读数的平均值。为了求得最大挠度值以及其变形特征曲线,测试中要设法消除支座沉降的影响。

常用的位移测量的仪器、仪表有各种类型的挠度计、百分表、位移传感器等。在桥梁结构设计中的荷载横向分布系数,往往是以测量桥梁横断面各梁(或梁肋)挠度的方法推算出来的。具体做法是在特征断面(跨中或1/4跨断面),所有各梁或梁肋布点测挠度,然后经过简单的数据处理,即可得到该断面的荷载横向分布特征值。

②应变的测量。

试验结构的断面内力(弯矩、轴向力、剪力、扭矩)和断面应力分布,一般都是通过应变测量来反映的,所以应变值的正确测定是非常重要的。应变的测量分以下两种情况:

第一,桥梁结构主应力方向已知,对承受轴向力的结构,如桁架中的杆件,测点应在平行于结构轴线的两个侧面,每处不少于两点。对承受弯矩和轴向力共同作用的结构,如拱式结构的拱圈等,应在弯矩最大的位置处,平行轴线的两侧布点,没出不少于4点。对承受弯矩作用的结构,如梁式结构,应在弯矩最大的位置处,沿截面上、下边缘布点或沿侧面梁高方向布点,没出不少于2点。

第二,桥梁结构主应力方向未知,如在受弯构件中正应力和剪应力共同作用的区域、截面形状不规则或者有突变的位置,这些部位的主应力、剪应力的大小和方向都是未知的,当测定这些部位的平面应力状态时,一般按一定的 x-y 坐标系均匀布点,每点按三个方向布设成一个应变花形式,再按此测出的应变确定主应力的大小和方向。应变测试常用的仪器、仪表有千分表、杠杆引伸仪、手持应变仪、电阻应变仪等。

③裂缝的观测。

对于钢筋混凝土梁,加载后及时发现受拉区第一条裂缝是十分重要的。测定裂缝的仪器、仪表有刻度放大镜、塞尺、应变计、电阻应变仪等。刻度放大镜可用来测定混凝土裂缝的宽度,最小刻度值为0.01~0.1mm,量程为3~8mm。使用时将放大镜的物镜对准需测定的裂缝,经过目测即可读出裂缝的宽度。

塞尺的用途是测定混凝土裂缝的深度,它是由一些不同的薄钢片组成。按裂缝宽度选择合适的塞尺厚度并插入裂缝中,根据塞尺插入的深度即可得到裂缝的深度。

用应变测量仪测量裂缝的出现或开裂荷载时,应在结构内力最大的受拉区,沿受力主筋方向连续布置电阻应变片或应变计,连续布置的长度不小于2~3个计算的裂缝间距或不小于30倍的主筋直径。在裂缝没有出现时,仪表的读数是有规律的,若在某级荷载作用下开裂,则跨越裂缝的仪表读数骤增,而相邻的其他仪表读数很小或出现负值。

在每级荷载作用下出现的裂缝或原有裂缝的开展,都要在结构上标明,用软铅笔在离裂缝1~3mm处平行地描出裂缝的走向、长度和宽度,并注明荷载吨位。试验结束时,根据结构上的裂缝,绘出裂缝开展图。

加载过程应对结构控制点位移(或应变)、结构整体行为或薄弱部位破损实行监控,并随时向指挥人员报告。要随时将控制点实测数值与计算结果比较,如实测值超过计算值较多,应暂停加载,查明原因后再决定是否继续加载。加载过程中应指定人员随时观察结构各部位(尤其是薄弱部位)可能产生的新裂缝、结构是否产生不正常的响声、加载时墩台是否发生摇晃现象等,如有这些情况及时报告试验指挥人员,以便采取相应的措施。

加载过程中要注意观察原有裂缝较长、较宽的部位,测量裂缝的长度、宽度,并在混凝土表面沿裂缝走向进行描绘。观测加载过程中裂缝长度及宽度的变化情况,在混凝土表面进行描绘,并采用专门表格记录。将最后的检查情况填入裂缝观测记录表。

(4)终止加载控制条件

发生下列情况应终止加载:

①控制测点应力值已达到或超过用弹性理论按规范安全条件反算的控制应力值。

②控制测点变位(或挠度)超过规范允许值时。

③由于加载使结构裂缝的长度、缝宽急剧增加,新裂缝大量出现,缝宽超过允许值的裂缝大量增多,对结构使用寿命造成较大的影响时。

④拱桥加载时沿跨长方向的实测挠度曲线分布规律与计算值相差过大或实测挠度超过计算值过多时。

⑤发生其他损坏,影响桥梁承载能力或正常使用时。

3)试验数据分析

(1)试验资料的修正

①测值修正。

根据各类仪表的标定结果进行测试数据的修正,如考虑机械式仪表校正系数、电测仪表率定系数、灵敏系数、电阻应变观测的导线电阻影响等。当这类因素对测值的影响小于1%时可不予修正。

②温度影响修正。

温度对测试的影响比较复杂,结构构件的各部位不同的温度变化,结构的受力特性,测试仪表或元件的温度变化、电测元件的温度敏感性、自补性等均对测试精度有一定的影响。逐项分析这些影响是困难的。一般可采用综合分析的方法来进行温度影响修正,即利用加载试验前进行的温度稳定观测数据,建立温度变化(测点处构件表面温度或空气温度)和测点的测值(应变和挠度)变化的线性关系,然后按下式进行温度修正计算:

$$S' = S - \Delta t K_t \tag{8-5}$$

式中:S——温度修正后的测点加载测值变化;

S'——温度修正前侧点加载测值变化;

Δt——相应于 S 观测时间段内的温度变化;

K_t——空载时温度上升 t 时测点测值变化量:

$$K_t = \frac{\Delta S}{\Delta t_1}$$

ΔS——空载时某一时间区域内测点测值变化量;

Δt_1——相应于 S 同一时间区段内温度变化量。

温度变化量的观测对应变宜采用构件表面温度,对挠度宜采用气温。温度修正系数 K_t 应采用多次观测的平均值,如测值变化与温度变化关系不明显时则不能采用。

由于温度影响修正比较困难,一般不进行这项工作,而采取缩短加载时间、选择温度变化较小的时间进行试验等办法尽量减小温度对精度的影响。

③支点沉降影响的修正。

当支点沉降较大时,应修正其对挠度值的影响(图8-3),修正量 C 可按式(8-6)计算:

$$c = \frac{L-x}{L}a + \frac{x}{L}b \tag{8-6}$$

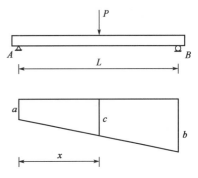

图8-3 实测挠度的修正量图示

式中:c——测点的支点沉降影响修正量;

　　L——A 支点到 B 支点的距离;

　　x——挠度测点到 A 支点的距离;

　　a——A 支点沉降量;

　　b——B 支点沉降量。

(2)各测点变位(挠度、位移、沉降)与应变的计算

根据量测数据作下列计算:

总变位(或总应变):

$$S_t = S_l - S_i$$

弹性变位(弹性应变):

$$S_e = S_l - S_u$$

残余变位(或残余应变):

$$S_p = S_t - S_e = S_u - S_i$$

式中:S_i——加载前测值;

　　S_l——加载达到稳定时测值;

　　S_u——卸载后达到稳定时测值。

引入相对残余变位(或应变)的概念描述结构整体或局部进入塑性工作状态的程度。

相对残余变位(或应变)按式(8-7)计算:

$$S'_P = \frac{S_P}{S_t} \times 100 \tag{8-7}$$

式中:S'_p——相对残余变位(或应变);

　　S_p、S_t——意义同前。

(3)应力计算

根据测量到的测点应变,当结构处于线弹性工作状态时可以利用应力应变关系计算测点的应力。

①单向应力状态:

$$\sigma = E\varepsilon \tag{8-8}$$

②平面应力状态:

a. 当主应力方向已知时：

$$\sigma_1 = \frac{E}{1-\mu^2}(\varepsilon_1 - \mu\varepsilon_2) \tag{8-9}$$

$$\sigma_2 = \frac{E}{1-\mu^2}(\varepsilon_2 + \mu\varepsilon_1) \tag{8-10}$$

式中：E——构件材料弹性模量；
　　　μ——构件材料泊松比；
　ε_1、ε_2——方向相互垂直的主应变；
　σ_1、σ_2——方向相互垂直的主应力。

b. 主应力方向未知时需用应变花测量其应变计算主应力。应变花的常见形式为直角形或等边形，如图8-4a)、b)、c)所示，由三个应变片组成；也可以增加增色核片，布置为扇形和伞形如图8-4d)、e)所示。采用图8-4中的五种应变花时测点主应力可以表示为：

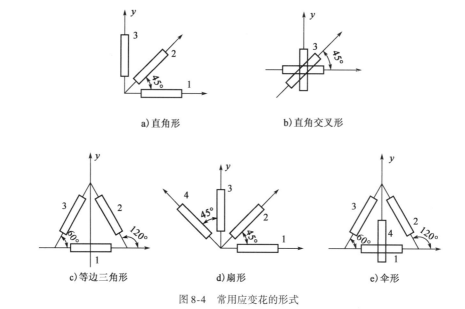

图8-4　常用应变花的形式

$$\sigma_1 = \left(\frac{E}{1-\mu}\right)A + \left(\frac{E}{1+\mu}\right)\sqrt{B^2+C^2} \tag{8-11}$$

$$\sigma_2 = \left(\frac{E}{1-\mu}\right)A - \left(\frac{E}{1+\mu}\right)\sqrt{B^2+C^2} \tag{8-12}$$

$$\tau_{\max} = \left(\frac{E}{1+\mu}\right)\sqrt{B^2+C^2} \tag{8-13}$$

$$\varphi_0 = \frac{1}{2}\tan^{-1}\frac{C}{B}\left(\frac{E}{1-\mu}\right) \tag{8-14}$$

其中，参数A、B、C由应变花的形式而定，上面五种形式应变花的参数见表8-1。

应 变 花 参 数　　　　　　　　　　　　表 8-1

测量平面上一点主应变时应变计的布置		A	B	C
应变花名称	应变花形式			
45°直角应变花	图 8-4a)	$\dfrac{\varepsilon_0 + \varepsilon_{90}}{2}$	$\dfrac{\varepsilon_0 - \varepsilon_{90}}{2}$	$\dfrac{2\varepsilon_{45} - \varepsilon_0 - \varepsilon_{90}}{2}$
60°等边三角形应变花	图 8-4c)	$\dfrac{\varepsilon_0 + \varepsilon_{60} + \varepsilon_{120}}{3}$	$\dfrac{2\varepsilon_0 - \varepsilon_{60} - \varepsilon_{90}}{3}$	$\dfrac{\varepsilon_{60} - \varepsilon_{120}}{\sqrt{3}}$
伞形应变花	图 8-4e)	$\dfrac{\varepsilon_0 + \varepsilon_{90}}{2}$	$\dfrac{\varepsilon_0 - \varepsilon_{90}}{2}$	$\dfrac{\varepsilon_{60} - \varepsilon_{120}}{\sqrt{3}}$
扇形应变花	图 8-4d)	$\dfrac{\varepsilon_0 + \varepsilon_{45} + \varepsilon_{90} + \varepsilon_{135}}{4}$	$\dfrac{\varepsilon_0 - \varepsilon_{90}}{2}$	$\dfrac{\varepsilon_{135} - \varepsilon_{45}}{2}$

(4)试验结果与理论分析的比较

为了评定结构整体受力性能,需对桥梁荷载试验结果与理论分析值比较,以检验新建桥是否达到设计要求的荷载标准,或者判断旧桥的承载能力。比较时可以将结构位移、应变等试验值与理论计算值列表进行比较,对结构在最不利荷载工况作用下主要控制测点的位移、应力的实测值与理论分析值,要分别绘出荷载—位移(p-Δ)曲线、荷载—应力(p-σ)曲线,并绘出最不利荷载工况作用下位移沿结构(纵、横向)分布曲线和控制截面应变(沿高度)分布图,绘制结构裂缝分布图(对裂缝编号注明长度、宽度、初裂荷载以及裂缝发展情况)。为了量化以及描述试验值与理论值分析比较的结果,此处引入结构校验系数:

$$\eta = \frac{S_e}{S_s} \tag{8-15}$$

式中:S_e——试验荷载作用下量测的弹性变位(或应变)值;

S_s——试验荷载作用下的理论计算变位(或应变)值。

S_e 与 S_s 的比较可用实测的横截面平均值与计算值比较,也可考虑荷载横向不均匀分布,而选用实测最大值与考虑横向增大系数的计算值进行比较。横向增大系数最好采用实测值,如无实测值也可采用理论计算值。

4)荷载试验结果分析与承载能力评定

经过荷载试验的桥梁,应根据整理的试验资料分析结构的工作状况,进一步评定桥梁承载能力,为新建桥验收做出鉴定结论,或作为旧桥承载力鉴定检算的依据,并纳入桥梁承载能力鉴定报告和桥梁承载能力鉴定表。一般进行下列分析评定工作:

(1)结构强度分析

结构控制断面实测最大应力(应变)可以成为评价结构强度的主要内容,常用校验系数 η 来说明。不同结构形式的桥梁,其 η 值常不相同。

$$挠度校验系数 = \frac{实测跨中挠度}{理论跨中挠度}$$

$$应力校检系数 = \frac{杆件实测弯曲应力}{杆件理论弯曲应力}\left(或\frac{杆件实测轴向力}{杆件理论轴向力}\right)$$

$\eta=1$ 时,说明理论与实际相符。一般要求 η 值不大于1。η 值越小,结构的安全储备越大。η 值过大或过小都应该从多方面分析原因。如 η 值过大,可能说明组成结构的材料强度较低,结构各部分联结性较差,刚度较低等;η 值过小,可能说明材料的实际强度及弹性模量较高,桥梁的混凝土桥面铺装及人行道等与主梁共同受力,拱桥拱上建筑与拱圈共同作用,支座摩阻力对结构受力的有利影响,计算理论或简化的计算式偏于安全等。试验加载物的称量误差、仪表的观测误差等也对 η 值有一定影响。如表8-2所示为桥梁检验系数常值参考表。

桥梁检验系数常值　　　　　　　　表8-2

桥梁类型	应变 (或应力校验系数)	挠度校验系数	桥梁类型	应变 (或应力校验系数)	挠度校验系数
钢筋混凝土板桥	0.20～0.40	0.20～0.50	预应力混凝土桥	0.60～0.90	0.70～1.00
钢筋混凝土梁桥	0.40～0.80	0.50～0.90	圬土拱桥	0.70～1.00	0.80～1.00

由于理论的变位(或应变)一般按线性关系计算,所以如测点实测弹性变位(或应变)与理论计算值成正比。其关系曲线接近于直线,说明结构处于良好的弹性工作状况。

测点在控制荷载工况作用下的相对残余变位(或应变)S_p/S_t 越小,说明结构越接近弹性工作状况。一般要求 S_p/S_t 值不大于20%,当 S_p/S_t 大于20%时,应查明原因。如确系桥梁强度不足,应在评定时酌情降低桥梁承载能力。

η 值应取控制截面内力最不利荷载工况时的最大挠度测点进行计算。对桥梁,可采用跨中最大正弯矩荷载工况的跨中挠度。对拱桥,检算拱顶截面时可采用拱顶最大正弯矩荷载工况时跨中挠度;检算拱脚截面时可采用拱脚最大负弯矩荷载工况时 $L/4$ 截面处挠度;检算 $L/4$ 截面时用上者平均值。如已安排 $L/4$ 截面最大正、负弯矩荷载工况,则可采用该程序 $L/4$ 截面挠度。

(2) 地基与基础

当试验荷载作用下墩台沉降、水平位移及倾角较小,符合上部结构检算要求,卸载后变位基本恢复时,认为地基与基础在检算荷载作用下能正常工作。

当试验荷载作用下墩台沉降、水平位移、倾角较大或不稳定,卸载后变位不能恢复时,应进一步对地基、基础进行探查、检算,必要时应对地基基础进行加固处理。

(3) 结构的刚度要求

试验荷载作用下,主要测点挠度校检系数 η 应不大于1。各点的挠度不超过《公路钢筋混凝土及预应力混凝土桥涵设计规范》(JTG D62—2004)第6.5.3规定的允许值:

钢筋混凝土桥:

梁桥主梁跨中 $L/600$;梁桥主要悬臂端 $L/300$;桁架、拱桥 $L/300$。

(4) 裂缝

对于新建桥试验荷载作用下预应力结构不应出现裂缝,钢筋混凝土结构裂缝不超过《公路钢筋混凝土及预应力混凝土桥涵设计规范》(JTG D62—2004)容许值:

$$\delta_{max} \leq [\delta] \tag{8-16}$$

对于旧桥试验荷载作用下绝大部分裂缝宽度应不大于表8-3规定的允许值,荷载试验后所有裂缝应不大于表8-3规定的允许值。

裂 缝 限 值 表 8-3

结构类别	裂缝部位		允许最大宽(mm)	其他要求
钢筋混凝土梁	主筋附近竖向裂缝		0.25	不允许贯通结合面
	腹板斜向裂缝		0.3	
	组合梁结合面		0.5	
	横隔板与梁体端部		0.3	
	支座垫石		0.5	
预应力混凝土梁	梁体竖向裂缝		不允许	
	梁体纵向裂缝		0.2	
砖、石、混凝土拱	拱圈横向		0.3	裂缝高小于截面高一半 裂缝长小于1/8 跨
	拱圈纵向		0.5	
	拱波与拱肋结合处		0.2	
墩台	墩台帽		0.3	不允许贯通墩台身截面一半
	墩台身	经常受浸蚀性环境水影响 有筋	0.2	
		经常受浸蚀性环境水影响 无筋	0.3	
		常年有水,但无浸蚀性影响 有筋	0.25	
		常年有水,但无浸蚀性影响 无筋	0.35	
	干沟或季节性有水河流		0.4	
	有冻结作用部分		0.2	

通过对桥梁结构工作状况、强度稳定性、刚度和抗裂性各项指标进行综合评定,并结合结构下部评定和动力性能评定,综合给出桥梁承载能力评定结论,将评定结论写入桥梁承载能力鉴定报告。

8.6　桥梁结构动载试验

当车辆荷载以一定速度行驶于桥上,桥梁结构便产生振动,桥面凹凸不平或发动机颤抖等原因会使振动加剧。此外,人群荷载、强风或地震的作用也会引起桥梁产生振动。桥梁的动载试验就是研究桥梁振动的动力特性,以评定桥梁的承载力状态。

桥梁动载试验与静载试验相比,不同之处是引起结构产生振动的根源(如车辆、人群、风或地震)和结构的动效应是随时间而变化的,动荷载产生的动效应大于相应的静力效应,有时甚至不大的动力作用也可能使结构遭到严重损坏。

桥梁的振动试验多是在原型结构上进行的非破坏性试验,也有模拟地震试验、抗风试验、疲劳试验等。本节只介绍桥梁原型结构动力特性和动载响应的试验与分析。

8.6.1　桥梁动载试验测试系统的选配

桥梁结构振动的测试仪器包括测振传感器、信号放大器、光线示波器、磁带记录仪和数字信号处理机。几年来,已开发出多种以 A/D 转换的微机结合的数据采集和分析为一体化的智能仪器,可以进行实时数据分析,并能实现数据储存,有取代磁带记录仪和专业信号处理器的趋势。

1)测振传感器

振动参数有位移、速度和加速度。测量这些振动参数的传感器有许多种类。由于振动测量难以在振动体附近找到一个静止点作为测量的基准点,所以就需要使用惯性式测振传感器。通常所指的测振传感器即为惯性式测振传感器(以下简称测振传感器)。其基本原理为:由惯性质量、阻尼和弹簧组成一个动力系统,这个动力系统固定在振动体上,传感器外壳固定在振动体上,与振动体一起振动。通过测量惯性质量相对于传感器外壳的运动,就可以得到振动体的振动,如图8-5所示。

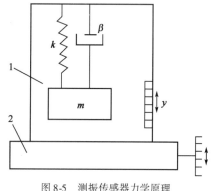

图 8-5 测振传感器力学原理
1-传感器;2-振动器

测振传感器除了要通过惯性质量、弹簧和阻尼系统感受振动外,还要将感受到的振动信号通过各种方式转换成电信号,转换方式有磁电式、压电式、电阻应变式等。传感器所测的振动量通常是位移、速度和加速度等,按转化方式和所测振动量可以分成许多种类。

2)光线示波器

光线示波器也是一种常用的模拟式记录器,主要用于振动测量的数据记录,它将电信号转换为光信号,并记录在感光纸和胶片上,得到的是试验变量与时间的关系曲线。

3)磁带记录仪

可以用于振动测量和静力试验的记录,它将电信号转换为信号并记录在磁带上,得到的是试验变量和时间的变化关系。

4)信号处理器

动态信号数据处理一般在专用信号处理器或利用数据处理软件在通用计算机上进行。一般信号处理器的工作程序,是输入信号首先通过低通康混淆滤波器和前置放大器,然后通过模数转换器,将模拟电量信号后转换成数字信号后输入给计算机,在数据处理硬件和软件支持下进行各种数据处理,最后将结果打印出来。

5)测试系统的选配

根据常用的一些测试仪器的性能,一般可构成电磁式测试系统、测电式测试系统和电阻应变式测试系统等。

(1)电磁式测试系统在桥梁的动力测试中应用较为普遍,这类系统通过仪器的组合变换可测位移、速度和加速度。电磁式测试系统的特点是输出信号强,灵敏度高,稳定性好。传感器输出阻抗低,长导线的影响较小,因此抗干扰性能好。系统的组成为:电磁式传感器→信号放大器→记录装置。

(2)压电式测试系统一般用于测量加速度,系统的组成如下:

压电式传感器→电压或电荷传感器→光线示波器或磁带机

由于压电式传感器具有高输出阻抗的特性,要求与输入阻抗很大的放大器相连。因此,放大器输入阻抗的大小将对测试系统的特性产生重大的影响。压电式传感器的自振频率较高,因而可测频响较宽。但系统抗干扰性差,长导线阻抗影响较大,易受电磁场干扰。配套的前置放大器有两种基本形式:一种是电压放大器,它的输出电压正比于输入电压;另一种是电荷放大器,它的输出电压正比于压电传感器输出电荷。前者的输出电压受输出电缆长度的影响,低频特性也受其他输入电阻的影响,由这种放大器组配的系统适用于一般频率范围的动力测试。后者不受电缆分布电容的影响,低频特性也很少受输入电阻的影响,使用频率可达到零,它适用于低频或超低频长距离的动力测试。

(3)电阻应变式测试系统中传感器的种类较多,例如位移计、应变计、加速度计等,需配套使用的放大器是各类同态电阻应变器,记录装置为常见的光线振子示波器或磁带记录仪等。系统组成为:电阻式传感器→电阻应变仪→光线示波器或磁带记录仪。

这类系统的低频响应好,可从 0Hz 开始。动态电阻应变仪可作为各类电阻应变式传感器的放大器,但这类测试系统易受温度的影响,抗干扰性能较差,长导线对灵敏度也有影响。电阻应变式测试系统中各部分仪器通用性强,应用方便,因而在桥梁动载试验中的应用很普遍。

在选配上述测试系统时,要注意选择测振仪器的技术指标,使传感器、放大器和记录仪的灵敏度、动态范围、频率响应和幅值范围等技术指标合理配套,以保证测试结果的准确与可靠。

6)仪器的主要技术指标

(1)灵敏度

测振传感器或测试系统的灵敏度是指它们的输出信号(电压、电荷或应变等)与输入信号(位移、速度或加速度等)的比值。

(2)频率响应

当所测振动的频率变化时,测量系统的灵敏度,输出的相位等也随之变化,这个变化规律称为频率响应。对于一个阻尼值,只有一条频率响应曲线。

(3)阻尼比

阻尼比是系统存在阻尼的一种量度,它等于实际阻尼系数与临界阻尼系数之比。有三种情况:

①当阻尼比小于 1 时,系统呈欠阻尼状态。

②当阻尼比等于 1 时,系统呈临界阻尼状态。

③当阻尼比大于 1 时,系统呈过阻尼状态。

(4)动态范围

测振仪器的动态范围(或线性度范围)是指输出信号与输入信号保持线性关系时,输入信号幅值的允许变化范围,即仪器的可测幅值范围。当二者偏离线性关系时,称为幅值失真。

(5)频率特性范围

测振仪器的频率特性范围是指当仪器灵敏度不变或其他变化不超过允许值时频率信号的允许变化范围,即仪器的可测频率范围。当被测信号频率超出使用频率范围时,测试结果会产生很大误差。

(6)相位特性

测振仪器的相位特性反映了仪器输出信号的相位差随频率而变化的情况。当测量由各种频率简谐波合成的复杂周期波时,输出信号对输入信号的相位差应始终为零或与频率呈线性关系,这样信号波形才不会失真,否则会产生相位畸变。

进行测振仪器的选择时,一定要符合可测幅值范围、可测频率范围、相位差不畸变等要求,同时要注意仪器对环境条件的适应能力。

8.6.2 桥梁动载试验的激振方法

在进行桥梁动载试验时,首先要设法使桥梁产生一定的振动,然后应用测振仪器加以测试和记录,通过对记录信号分析得到桥梁的动力特性和响应。

桥梁结构动载试验的激振方法有多种,应结合所测桥梁的结构形式和刚度大小选择激振效果好、易于实施的方法。激振方法可分为自振法、共振法及随机激振法。

1)自振法(瞬间激振法)

自振法的特点是使桥梁产生有阻尼的自由衰减振动,记录到的振动图形是桥梁的衰减自由振动曲线,为使桥梁产生自由振动,一般常用突加荷载和突卸荷载两种方法。

(1)突加荷载法(冲击法)

在被测结构上急速地施加一个冲击作用力,由于施加冲击作用的时间短促,因此施加于结构上的作用实际是一个冲击脉冲作用。由振动理论可知,冲击脉冲的动能传递到结构振动系统的时间要小于振动系统的自振周期,并且冲击脉冲一般都包含了从零到无限大的所有频率的能量,只有被测结构的固有频率与之相同或很接近时,冲击脉冲的频率分量才对结构起作用,从而引起结构以其固有频率做自由振动。

对于中小型桥梁结构,可用落锤激振器(或枕木)锤击的冲击桥梁,激起桥梁竖直方向的自由振动。如果水平方向冲击桥面原石,则可激起横向振动。

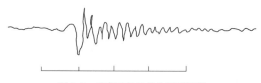

图 8-6 跳车引起的结构振动图形

跳车发就是从三角垫木上利用车轮突然下落对桥梁产生冲击作用,激起桥梁竖向振动,但此时所测得的结构固有频率包括试验车辆这一附加质量的影响。如图 8-6 所示为试验用解放载重汽车后轮在跨径为 25m 预应力混凝土简支桥梁的跨中位置越过 15cm 高三角垫木后,激起桥跨架构的振动波形记录。

采用突加荷载法时,要注意冲击荷载的大小及其作用位置。如果要激起结构的整体振动,则必须在桥梁的主要受力构件上施加足够的冲击力,冲击荷载的位置可按所测结构的阵型来确定,如为了获得简支梁桥的第一阵型,则冲击荷载作用于跨中部位。

冲击法引起自由振动,一般可记录到第一固有频率的振动图形。如用磁带记录仪录取结构某处至响应,通过频谱分析,则可获得多阶固有频率的参数。

(2)突然卸载法

突然卸载法(位移激振法)是在结构上预先施加一个荷载作用,使结构产生一个初位移,然后突然卸去荷载,利用结构的弹性性质使其产生自由振动。卸落荷载,可通过自动脱钩装置或剪绳索等方法,有时也专门设计一种断裂装置,当预施加力达到一定的数值时,在绳索中间的断裂装置便突然断离,从而激发结构的振动。突卸荷载的大小要根据所需最大振幅计算求出。

2)共振法(强迫振动法)

共振法是利用激振法,对结构施加激振,使结构产生强迫振动,改变激振力的频率,而使结构产生共振现象并借助共振现象来确定结构的动力特性。

激振设备有机械式激振器、电磁式激振器和电气液压式振动台。

激振器在结构上的安装位置和激振方向要根据试验的要求和目的而定,具体安装方法参考有关说明。如果将两台激振器安放于结构的适当位置上,反向激振,则可进行扭转振动试验。

试验时连续改变激振器的频率,当激振力的频率与结构的固有频率相等时,结构出现共振现象,此时,所记录到的频率即为结构的固有频率。

对于较复杂的结构,有时需要知道基频以后的几个频率。此时可以连续改变激振力的频率,进行"频率扫描",记录结构连续出现的第一次共振,第二次共振等,同时记录结构的振动图形,由此可得到结构的第一频率(基频)、第二频率等,在此基础上,再在共振频率附近进行稳定的激振试验,则可准确地测定结构的固有频率与振型。如图 8-7 所示为进行频率扫描时的记录曲线。

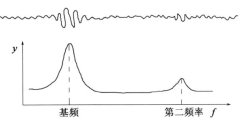

图 8-7 频率扫描时结构的振动图

在上述频率扫描试验时,同时记录结构的振幅变化情况,则可作出共振曲线,即频率—振幅关系曲线,从而确定结构的阻尼特性。

对于自振频率较低的大跨径柔性桥梁结构,也可利用人群在桥面上作有规律的运动,使结构发生共振现象。

3) 随机激振

随机激振是利用行驶在桥上的车辆及外界各种因素形成的微小、不规则的脉动或风力等引起桥梁结构产生振动现象的一种激振方法。在桥梁的动载试验中,常用载重车队由低到高的不同速度驶过桥梁,使结构产生不同程度的强迫振动,在若干次运行车辆荷载试验中,当某一行驶速度产生的激振力的频率与结构的固有频率相接近时,结构便产生共振现象,此时结构各部位的振动响应达到最大值。在车辆驶离桥跨以后,结构作自由衰减振动,这时可由记录到的波形曲线分析得出结构的动力特性。如图 8-8 所示为车速 21km/h,驶过 25m 预应力混凝土简支梁桥时跨中挠度的时历曲线。振动波形曲线中 A、B 一段,是车辆离桥后,结构做自由衰减振动的波形记录,从中可分析计算出结构的固有频率和阻尼特征。

对于大跨径悬吊结构,如悬索桥、斜拉索桥跨结构、塔墩以及具有分离式拱肋的大跨径下沉式或中沉式拱桥,可利用结构由于外界各种因素所引起的微小而不规则的振动来确定结构的动力特性。这种微振动通常称为"脉动",它是由附近的车辆、机器等振动或附近地壳的微小破裂和远处的地震传来的脉动产生的。

结构的脉动有一重要特性,就是它能明显地反映出结构的固有频率。因为结构的脉动是因外界不规则的干扰所引起的,因此它具有各种频率成分,而结构的固有频率的谐量是脉动的主要成分,在脉动图上可直接量出。如图 8-9 所示结构脉动记录曲线,振幅呈现有规律的增减现象,凡振幅大波形光滑之处的频率都相同,而且多次重复出现,此频率即为结构的基频。如果在结构不同部位同时进行检测,记录在同一纸上,读出同一瞬时各测点的振幅值,并注意它们之间的相位关系,则可分析得到某一固有频率的振型。

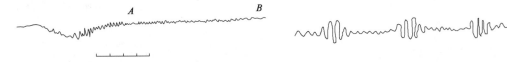

图 8-8 车速为 21km/h 时跨中挠度时历曲线　　图 8-9 结构脉动曲线

在桥梁结构的正常运营条件下,经常作用于结构上的动力荷载是各类车辆荷载。在进行桥梁动载试验中,首先应考虑采用车辆荷载作为试验荷载,以便确定桥梁在使用荷载作用下动力特性及响应。对需要考虑风荷载或地震荷载的桥梁,应结合桥梁的结构形式做进一步的研究。

8.6.3 桥梁动载试验数据分析

桥梁结构的动力特性是进行结构动力分析所必需的参数,是结构振动系统的基本特性。例如结构的固有频率、阻尼系数和振动类型等,它们只与结构本身的固有性质有关(如结构的组成形式、刚度、质量分布和材料的性质),而与荷载等其他条件无关。

对于比较简单的结构,一般只需要结构的一阶频率;对于比较复杂的结构动力分析,还应考虑第二、第三甚至更高阶的固有频率及相应的振型。至于阻尼特性,只能通过试验的方法确定。

桥梁在实际的动荷载作用下,结构各控制部分的动力响应,如振幅、频率、速度和加速度以及反映结构整体动力作用的冲击系数等,除了可用来分析在动荷载作用下的受力状态外,还可修正或修改理论计算值,并作为结构设计的依据。

1) 结构固有频率的测定

按照前面叙述的激振方法,使桥梁产生自由振动,通过测试系统实测记录结构的衰减振动波形,如图 8-10 所示,在记录振动曲线上,可根据时标符号直接计算出机构的固有频率。

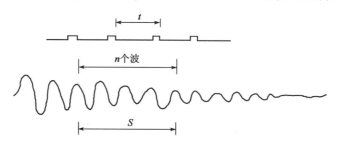

图 8-10 由衰减振动曲线求固有频率

$$f_0 = \frac{L \cdot n}{t_1 \cdot S} \tag{8-17}$$

式中:L——两个时标符号间的距离(mm);

n——波数;

S——n 个波长的距离(mm);

t_1——时标间距(常用 1s、0.1s、0.01s 三种标定值)。

在计算频率时,为消除冲击荷载的影响,开始的第一个、第二个波形舍弃,从第三个波形开始计算分析。

当使用激振器进行共振法试验时,结构产生连续周期性强迫振动,在激振器振动频率与结构的固有频率一致时,结构出现共振现象,振幅达到最大值,经准确测试后,共振波峰处的频率即为结构的固有频率,如图 8-11 所示。

采用激心式激振器,由于激振力的大小与激振器转速的平方成正比,激振器转数不同,激振力大小不一样。为便于比较,应将振幅折算成单位激振力作用下的振幅,即振幅除以相应的激振力,或者将振幅换算为在相同激振力作用下的振幅,即 A/ω^2,其中 A 为振幅,ω 为激振器的频率。以 A/ω^2 为纵坐标、ω 为横坐标绘出共振曲线,如图 8-11 所示,曲线之峰值所对应的频率即为结构的固有频率。

2)结构阻尼比的测定

桥梁在振动过程中,要受到介质阻尼、材料内部阻尼及支座摩擦阻尼等作用,阻尼特性是振动系统的重要的动态特性之一。

桥梁结构的阻尼特性,一般用对数衰减率 δ 或阻尼比 D 来表示。实测的衰减自由振动曲线如图 8-12 所示,由振动理论知,对数衰减率为:

$$\delta_a = \ln\left(\frac{A_i}{A_{i+m}}\right) \tag{8-18}$$

式中:A_i、A_{i+m}——相邻的两个波的同号振幅峰值,可直接从衰减曲线上量取。

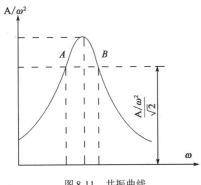

图 8-11 共振曲线

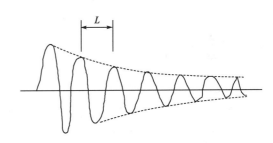

图 8-12 由衰减振动曲线求阻尼比

实践中,常在衰减这曲线上量取 m 个波形,求得平均衰减率:

$$\delta_a = \frac{1}{m}\ln\frac{A_i}{A_{i+m}} \tag{8-19}$$

由振动理论知,对衰减率 δ 与阻尼比 D 的关系为:

$$\delta = \frac{2\pi D}{\sqrt{1-D^2}} \tag{8-20}$$

对于一般材料的阻尼比都很小,因此:

$$D = \frac{\delta}{2\pi} \tag{8-21}$$

如图 8-13 所示为净跨 25m 预应力混凝土 T 形简支梁桥在动载试验时的自由振动和强迫振动波形曲线。

试验时,采用激振方法是用载重汽车驶越垫木后给桥梁一个冲击作用,使结构产生自由振动。图 8-13a)、b)表示结构作用自由衰减振动的波形记录。图 8-13c)的波形是跨中的主梁挠度时历曲线。图 8-13b)的波形是跨中断面预应力钢丝的应力时历曲线。由于挠度和钢丝应力的测点都位于同一控制断面,所以两者的波形相位是一致的。

按照前述的方法,可求出结构的动力特性:

固有频率:$f_0 = 4.56$(次/s);

对数阻尼系数:$\delta = 0.0876$;

阻尼比：$D=0.0139$。

应当指出，上述分析中，包含载重汽车这一附加质量的影响。

图 8-13c)、d)为载重汽车以 28km/h 的速度通过桥梁时引起结构产生强迫振动的记录曲线，图 8-13c)为挠度曲线，图 8-13d)为钢丝应力曲线。由图可见，当汽车驶离桥跨后，桥跨结构恢复到静力平衡位置时仍在振动，只有在这个时候结构才作自由衰减振动。在结构做自由衰减振动这一段记录上，仍可按上述方法求出结构的动力特性，但此时没有载重汽车的附加质量影响。

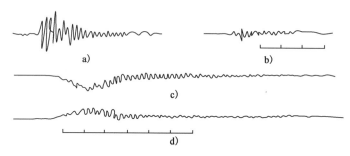

图 8-13 桥梁动载试验试验实测记录曲线

仍用上述方法求出结构的动力特性：

固有频率：$f_0=4.63$；

对数衰减频率：$\delta=0.062$；

阻尼比：$D=0.096$。

3) 振型的测定

结构的振型是结构振动时相应于各阶固有频率的振动形式，一个振动系统的数目与其自由度数目相等。桥梁结构是一个具有连续分布质量的体系。也就是说，桥梁是一无限多自由体系，因此，其固有频率及相应的振型也有无限多个。但是，如前所述，对于一般的桥梁结构，第一固有频率即基频，对结构的动力分析才是重要的。对于较复杂的动力分析问题，也仅需前面几个固有频率。也就是说在一般情况下，一些低阶振动才是重要的。如图 8-14 所示为移动荷载作用下结构变形曲线。

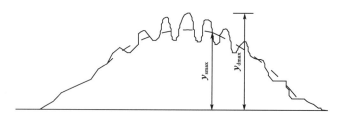

图 8-14 移动荷载作用下结构变形曲线

采用共振法测定振型时，将若干传感器安装在结构各有关部位，当激振装置激发结构共振时，同时记录结构各部位的振幅和相位，比较各测点的振幅及相位，便可绘出振型曲线。

传感器的测点布置视结构形式而定，一般要根据理论分析，估计振型的大致形状，然后在变位较大的部位布点，以便能较好地连接出振型曲线。

振型测定一般采用两种方法。一种方法是在结构上同时安装许多传感器，这时必须保证预先标定所有传感器的灵敏度，在用多路放大器时，还要求放大器的特性相同。另一种方法是只用一个传感器,测试时要不断改变它的位置,以便测出各点的振幅;这种方法需要对传感器多次拆卸和安装,并且还需要有一个不能移动的传感器作为参考点对应比较。

4) 结构动力影响的测定

在动荷载作用下,桥梁结构某些部位的振动参数如振幅、频率、位移、应力等的测定,可根据试验的具体要求和结构的形式布置测点,采用适当的仪表进行测试。动力荷载作用于结构上产生的动挠度,一般较同样的静荷载所产生的相应静挠度要大。最大动挠度与最大静挠度的比值称为活荷载的冲击系数。由于挠度反映了桥跨结构的整体变形,是衡量结构刚度的主要指标,因此活载冲击系数综合反映了荷载对桥梁的动力作用。它与结构的形式、车辆运行速度和桥面的平整度等有关。

为了测定冲击系数,应使车辆荷载以不同的速度驶过桥梁,并逐次记录跨中挠度的时历曲线,如图 8-14 所示。

按冲击系数的定义有:

$$1 + \mu = \frac{y_{dmax}}{y_{smax}} \tag{8-22}$$

式中:y_{dmax}——最大动挠度值;

y_{smax}——最大静挠度值。

如图 8-15 所示为 25m 预应力混凝土梁桥的强迫振动记录。图 8-15a) 为跨中挠度时间历程曲线;图 8-15b) 为跨中断面预应力钢丝的应力时间历程曲线。

图 8-15 汽车驶过桥时结构振动图形

8.7 工程案例

8.7.1 工程概况

富绥松花江大桥全桥跨径布置为 $4 \times 40m + 10 \times (3 \times 40)m$ 预应力混凝土简支转连续 T 梁 $+ (85m + 6 \times 150m + 85m)$ 预应力混凝土连续箱梁 $+ 4 \times 40m + 6 \times (3 \times 40)m + 4 \times 40m$ 预应力混凝土简支转连续 T 梁,桥梁全长 3482.78m。单幅桥面全宽 11.25m,车行道为 10m(图 8-16)。

主桥为预应力混凝土连续箱梁桥,跨径布置为 $85m + 6 \times 150m + 85m$,桥长 1070m。箱梁采用单箱单室断面,主跨墩顶高度为 9.0m,跨中高度 3.5m,其间的梁高在纵桥向按二次抛物线变化,抛物线方程为 $Y = 0.0010915397X^2 + 3.5$,箱梁底板厚方程 $Y = 0.000145X^2 + 0.3$,变化范围为 5~23 节点。

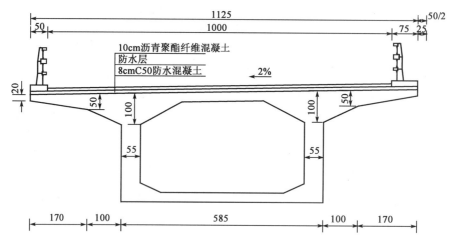

图 8-16 跨中截面混凝土应变测点布置(尺寸单位:cm)

箱梁全宽 11.25m,其中,底板宽 5.85m,翼缘板长度为 2.7m。翼缘板厚度分成两段变化,端部为 0.2m,在距离端部 1.70m 处为 0.50m,根部为 1.00m,其间按直线变化。底板与腹板相交处设置 0.6m×0.33m 的承托(图 8-17)。

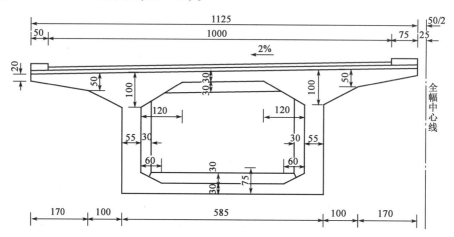

图 8-17 跨中截面箱梁构造图(尺寸单位:cm)

箱梁的顶板厚度为 0.3m;腹板在跨中 42m 范围内为 0.55m,向支点方向依次过渡为 0.55m、0.7m、0.85m、0.85m、0.982m、1.00m;底板厚度在跨中为 0.30m,在墩顶根部为 1.5m,其间按二次抛物线变化。

每个 T 墩包括 19 种节段(0~18 号),每节箱梁底按直线变化。箱梁悬浇长度为 2.5~5.0m,详细的节段长度及重量见相关图纸。合龙段长度中跨为 2m,边跨为 2m,边跨现浇段长度为 9m(图 8-18)。

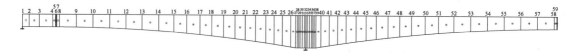

图 8-18 箱梁分段布置图

箱梁设纵、横、竖三向预应力。纵向预应力钢筋采用符合《预应力混凝土用钢绞线》(GB/T 5224)标准的 270 级 ϕ^j15.2 低松弛高强钢绞线,标准强度 f = 1860MPa,弹性模量 E = 1.95×10^5MPa。

横向预应力为 ϕ^j15.2 钢绞线,锚具采用 BM18-2 张拉锚固体系,钢束每束 4 根,张拉控制力为 1300MPa。钢束纵向间距为 75cm,采用 BM 扁平锚和扁平 50mm×19mm 金属波纹管。

竖向预应力采用高强精轧螺纹粗钢筋,在 0~2 号梁段为 55cm;3~13 号梁段为 40cm;其余均为 25cm。在腹板中心设置 2 根 JL25 对称于腹板中心布置。锚具采用 YGM-25 张拉锚固体系,JL25 张拉控制力为 346.8kN。

在悬浇阶段,每个 T 梁有顶板钢束 54 束,腹板钢束 36 束,共计有 90 束悬臂束。在合龙阶段,边跨有 8 束顶板钢束、12 束底板钢束;中跨有 4 束顶板钢束、22 束底板钢束。

悬浇梁段顶板钢束,通过平弯锚固于顶板承托处,悬浇梁段腹板束通过竖弯锚固于腹板上;现浇合龙段顶、底板钢束及腹板钢束锚固于梁段齿板上。

主桥主墩(35 号墩~41 号墩)共计 14 个主墩,均采用钢筋混凝土实体墩,均设置破冰体。墩身截面尺寸横桥向为 14.5m,顺桥向为 5~6.317m。承台尺寸长为 20.1m,宽为 14m,厚度为 3.5m。每个承台下设 12 根直径为 2.0m 的钻孔灌注桩,桩长 68m。

8.7.2 静力荷载试验方案

静力荷载试验的目的在于通过荷载试验,测定关键截面的应力、变形和裂缝发展情况,并与理论计算值做比较,以综合判断整个桥梁现有工作状态和承载能力。

1)试验内容及方法

根据外观检查的情况,选取富锦至绥滨方向右幅作为试验跨。测试断面选取如下七个断面(图 8-19):边跨跨中(A-A)、41 号墩墩顶(B-B)、次边跨跨中(C-C)、40 号墩墩顶(D-D)、次中跨跨中(E-E)、39 号墩顶(F-F)、中跨跨中(G-G)。

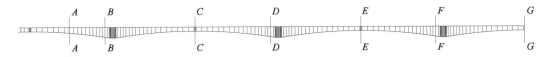

图 8-19 测试断面

首先利用各截面的弯矩、挠度影响线,确定其最不利荷载位置,然后用满足规范要求的试验车队进行加载,测出各控制截面的挠度、应力、裂缝的发展情况等。

本次静载试验测试内容主要有应变测试、位移测试和裂缝观测三部分:

(1)应变测试:试验荷载作用下,各测试断面的应力变化情况。

(2)挠度测试:试验荷载作用下,边跨、主跨跨中的竖向挠度。

(3)裂缝观测:选取腹板、主跨跨中截面附近的主要裂缝,利用裂缝观测仪,观测裂缝在试验荷载作用下的发展情况。

2)加载原则及加载车辆

根据设计荷载作用下的活载内力及试验荷载作用下的活载内力,采用等效荷载的试验方法确定试验荷载。按等效荷载的原则,在控制断面上,试验荷载产生的效应与设计荷载产生的效应等效。按《公路桥梁承载能力检测评定规程》(报批稿)的要求,试验荷载效率系数应满足 $0.95 < \eta < 1.05$。

实际加载时,采用的车辆为15台中国长春一汽重型车厂生产的FAW解放型翻斗汽车对称加载,如图8-20所示。

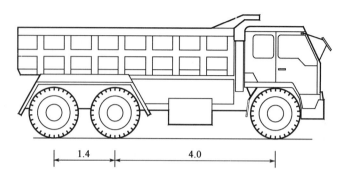

图8-20 加载货车图示(尺寸单位:m)

车辆特性参数如表8-4所示。抽样称重表明各车重量较为均匀,单车重量的误差均在1t以内,达到了静载设计车重35t的要求。

加载车辆参数   表8-4

车型	轴重(kN)				轴距(cm)	
	前轴重	中轴重	后轴重	总重	前-中	中-后
FAW解放	60	145	145	35000	400	140

3)测点布置

考虑到墩顶截面受力状态比较复杂,墩顶工况应变测点布置在1号块前端处,墩顶断面8个测点,跨中断面6个测点;跨中断面挠度横向布置5个测点,应变测点每个断面布4个测点;墩顶断面和跨中断面测点布置如图8-21、图8-22所示。

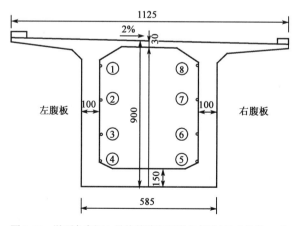

图8-21 墩顶负弯矩1号块前端应变测点布置(尺寸单位:cm)

4)试验工况

从影响线的形状和数值来看,对某控制断面的效应影响最大的载位基本上是在该断面所在的跨内,其他跨内布载对其影响相对很小(小于1%)。因此在布载时,为节约用车数量,对于跨中断面正弯矩情况,只考虑在本跨内布置车辆。

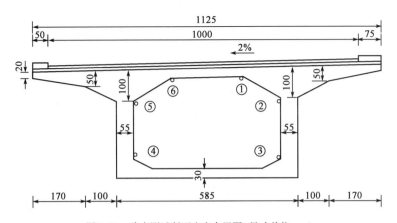

图 8-22 跨中测试断面应变布置图(尺寸单位:cm)

由于同样加载条件下,一般挠度最大截面和弯矩最大截面重合或接近,因此试验中将挠度和弯矩最不利车载位置合并,即合并挠度测试与弯矩测试工况。

本次静载试验共分 8 种工况,工况及测试项目如表 8-5 所示,各工况载位的布置情况如图 8-23~图 8-28 所示。

试验工况及测点布置 表 8-5

工 况	测 试 断 面	测 试 项 目
1	A 号截面	该断面主梁腹板应变;桥面挠度
2	B 号截面、C 号截面	该断面主梁腹板应变;桥面挠度
3	B 号截面、C 号截面	偏载下主梁腹板应变
4	D 号截面	36 号墩 1 号块前端主梁腹板应变
5	E 号截面	该断面主梁腹板应变;桥面挠度
6	F 号截面	37 号墩 1 号块前端主梁腹板应变
7	G 号截面	该断面主梁腹板应变;桥面挠度
8	A 号截面	偏载下主梁腹板应变

5)设计内力与加载内力计算

采用桥梁博士 V3.1 建模,计算得出如图 8-19 所示各测试断面的设计内力及试验等效荷载内力见下列各表。如图 8-29~图 8-35 所示是汽车荷载的不同位置处的内力影响线,表 8-6 为各测试断面的汽车荷载设计内力值。按单向两车道计算,车道折减系数为 1,偏载系数 1.15,汽车横向分布系数为 2,冲击系数为 1.05,表 8-7 是车辆加载效率。

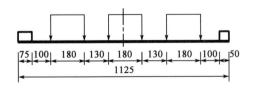

图 8-23 测试断面横向对称加载示意图(尺寸单位:cm)

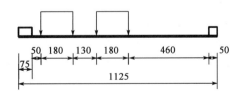

图 8-24 测试断面横向偏载加载示意图(尺寸单位:cm)

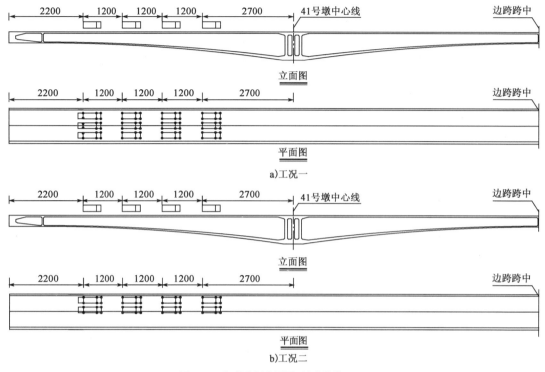

图 8-25 加载车辆布置图(尺寸单位:cm)

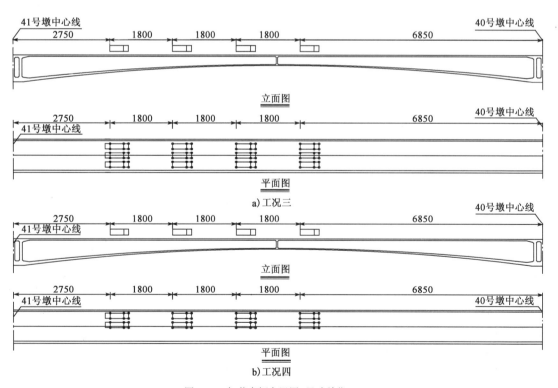

图 8-26 加载车辆布置图(尺寸单位:cm)

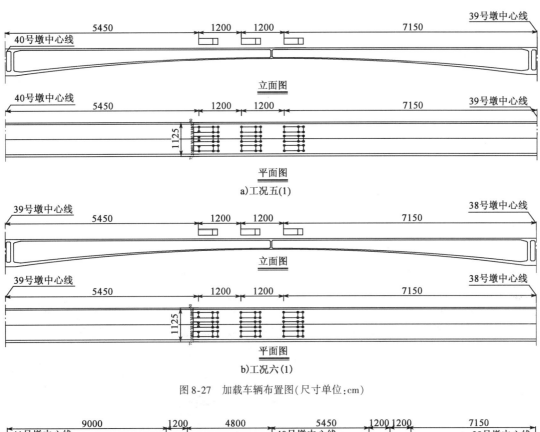

图 8-27 加载车辆布置图(尺寸单位:cm)

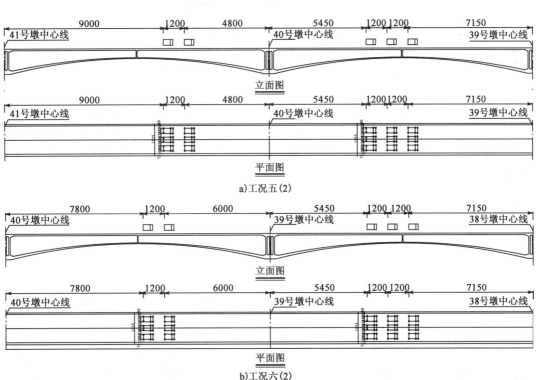

图 8-28 加载车辆布置图(尺寸单位:cm)

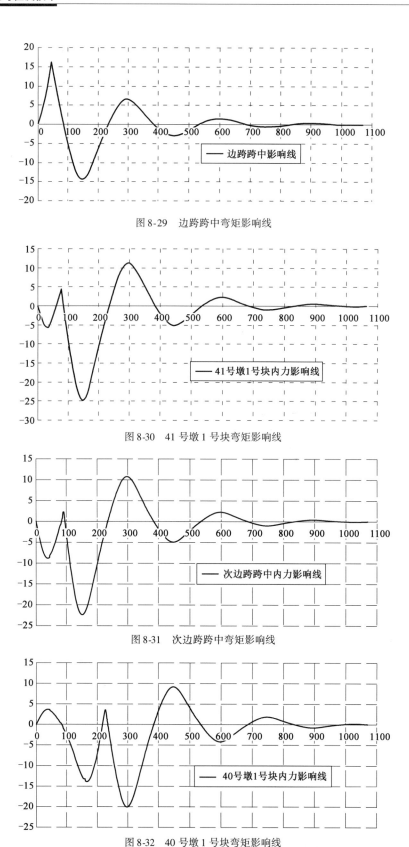

图 8-29 边跨跨中弯矩影响线

图 8-30 41 号墩 1 号块弯矩影响线

图 8-31 次边跨跨中弯矩影响线

图 8-32 40 号墩 1 号块弯矩影响线

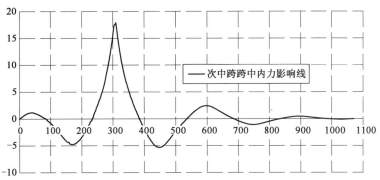

图 8-33 次中跨跨中弯矩影响线

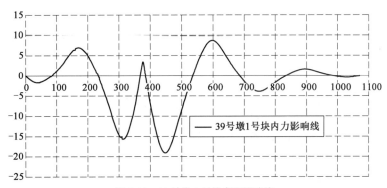

图 8-34 39 号墩 1 号块弯矩影响线

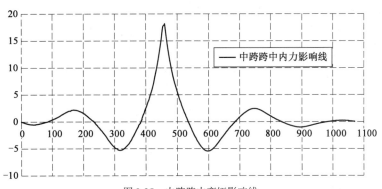

图 8-35 中跨跨中弯矩影响线

控制截面汽车荷载内力设计值　　　　表 8-6

测试断面	节点号	位置	汽车 M_{max}		汽车 M_{min}	
			$M(kN \cdot m)$	$Q(kN)$	$M(kN \cdot m)$	$Q(kN)$
A	15	边跨跨中	45500	−510	−54300	1150
B	25	41 号墩顶	40500	−321	−96100	2020
C	60	次边跨跨中	40300	−53	−19100	687
D	80	40 号墩顶	37000	−368	−100000	2250
E	114	次中跨跨中	46300	−701	−27600	363
F	134	39 号墩顶	44700	−559	−102000	2340
G	168	中跨跨中	49500	−529	−29700	257

加 载 荷 载 效 率　　　　　　　　　表 8-7

加载位置	节点号	设计弯矩 (kN·m)	加载弯矩 (kN·m)	加载车辆 (台)	效率系数 η
边跨跨中	15	45500	47428.5	12	1.04
41号墩顶	25	−96100	97824.3	12	1.02
次边跨跨中	60	40300	41750.1	12	1.04
40号墩顶	80	−100000	101339.7	15	1.01
次中跨跨中	114	46300	46920.3	12	1.01
39号墩顶	134	−102000	101791.2	15	1.00
中跨跨中	168	49500	47785.5	12	0.97

6）仪器设备及试验依据

（1）仪器设备

如表 8-8 所示。

试 验 所 用 设 备　　　　　　　　表 8-8

仪器	数量	仪器	数量
振弦式应变传感器	62个	混凝土强度回弹仪	3个
振弦式应变传感器采集系统	4台	精密电子水准仪 TOPCON DL-102C	1台
25倍裂缝读数放大镜	2个		

（2）试验依据

《公路桥涵设计通用规范》（JTG D60—2004）。

《公路钢筋混凝土及预应力混凝土桥涵设计规范》（JTG D62—2004）。

《公路旧桥承载能力鉴定方法》，中华人民共和国交通部(1998)。

《公路桥梁技术状况评定标准》（JTG/T H21—2011）。

《公路桥梁承载能力检测评定规程》，中华人民共和国交通部。

《富绥松花江大桥设计施工图》，黑龙江省公路勘察设计院。

8.7.3　静力荷载试验结果及分析

1）加载程序

实际加载时，分别对如表 8-5 所示的 8 种工况每种工况进行对称加载和偏载（图 8-36）。在加载前，首先读取所有测试点的初值，然后按设计载位布置完加载车辆，10min 后读取加载值；读完后加载车辆完全退出桥梁范围，10min 后读取卸载值。

2）挠度测试结果

本次荷载试验的桥梁结构为连续梁，因此在各个工况加载时，不仅要测试该种工况所对应的桥跨跨中的横向挠度，还须联测该桥跨以及与其相邻的两个桥跨的纵向挠度，各工况加载位置分别按图 8-36 进行布置。采用精密电子水准仪 TOPCON DL-102C 对目标挠度点位进行了测试，并与理论挠度计算结果进行了对比分析。跨中横向挠度测点布置见图 8-37，表 8-9 为各跨中横向挠度测点的实测数据。

图 8-36 试验现场加载情况

从表 8-9 可以看出,在效率系数分别为 1.04、1.04、1.01、0.97 的试验荷载的作用下,各测试断面的最大实测挠度值均小于理论计算挠度值,试验校验系数在 0.65~0.72,平均值为 0.69,说明梁的刚度满足要求,结构工作性能较好。

此外,各测试截面在试验荷载作用下的相对残余变形均很小,边跨跨中最大为 11.1%、次边跨跨中最大为 4.0%、次中跨跨中最大为 5.4%、

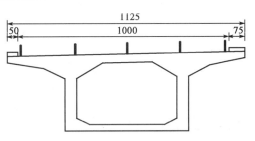

图 8-37 桥面横向挠度测点布置(尺寸单位:cm)

中跨跨中最大为 1.9%,小于容许值 20%,说明结构处于良好的弹性工作状态。

挠度试验值与理论计算值的比较(mm)   表 8-9

工况		跨中横向挠度测点					平均值	理论挠度	比值
		H_1	H_2	H_3	H_4	H_5			
边跨中	对称加载	-18	-18	-17	-17	-18	-17.6	-25.6	0.69
	卸载	-2	-1	-1	0	-1	-1		
	相对残余变形(%)	11.1	5.6	5.9	0.0	5.6	5.6		
次边跨中	对称加载	-50	-51	-50	-50	-51	-50.4	-72.6	0.69
	卸载	-2	-1	-1	-1	-2	-1.4		
	相对残余变形(%)	4.0	2.0	2.0	2.0	3.9	2.8		
次中跨中	对称加载	-57	-57	-57	-58	-56	-57	-79.3	0.72
	卸载	-3	-2	-2	-3	-2	-2.6		
	相对残余变形(%)	5.3	3.5	3.5	5.2	5.4	4.6		
中跨中	对称加载	-53	-53	-53	-53	-53	-53	-81.8	0.65
	卸载	-1	0	-1	0	0	-0.4		
	相对残余变形(%)	1.9	0.0	1.9	0.0	0.0	0.8		

3)混凝土应变测试结果

根据测点布置(图 8-37),应变测试断面几何特性以及在试验荷载下的计算应变结果如表 8-10 所示,混凝土弹性模量按 C55 取 $E = 36600$ MPa。

设计荷载下应变测试断面几何特性及测点应变　　　　　　　表8-10

工况	截面位置	抗弯惯性矩（m⁴）	上缘测点至形心轴距离（m）	下缘测点至形心轴距离（m）	设计荷载下弯矩（kN）	上缘测点应变（με）	下缘测点应变（με）
1	A-A	42.57	1.71	1.86	45500	-49.94	54.41
2	B-B	212.99	2.91	3.09	-96100	35.87	-38.09
3	C-C	25.63	1.26	1.24	40300	-54.14	53.28
4	D-D	212.99	2.91	3.09	-100000	37.33	-39.64
5	E-E	25.63	1.26	1.24	46400	-62.33	61.34
6	F-F	212.99	2.91	3.09	-102000	38.08	-40.43
7	G-G	25.63	1.26	1.24	49600	-66.63	65.57

本次试验测试了各工况对应测点的应变。由于数据较多,对于同一断面,同一高度测点的应变平均值与理论挠度计算结果进行对比分析,如表8-11所示为试验结果与理论分析对比情况。

应变实测值与理论值对比(με)　　　　　　　表8-11

工况	测试断面	位置	理论值	加载	卸载	残余应变	相对残余应变（%）	校验系数
1	A-A	上缘	-49.94	24	-20	2	8.33	0.48
		下缘	54.41	-42	38	-4	9.52	0.77
2	B-B	上缘	35.87	16	-16	0	0.00	0.45
		下缘	-38.09	-14	12	-1	7.14	0.37
3	C-C	上缘	-54.14	20	-17	2	10.00	0.37
		下缘	53.28	-31	29	-2	6.45	0.58
4	D-D	上缘	37.33	19	-17	2	10.53	0.51
		下缘	-39.64	-21	20	-1	4.76	0.53
5	E-E	上缘	-62.33	-37	37	0	0.00	0.59
		下缘	61.34	35	-33	2	5.71	0.57
6	F-F	上缘	38.08	19	-19	0	0.00	0.50
		下缘	-40.43	-23	22	-1	4.35	0.57
7	G-G	上缘	-66.63	-45	43	-2	4.44	0.68
		下缘	65.57	41	-40	1	2.44	0.63

注:为与理论计算值相对应,该表中应变值以压为负,拉为正。

从表8-11可以看出,在试验荷载的作用下,各测试断面的实测应变值均小于理论计算应变值,荷载工况对应断面测点应变校验系数为0.37~0.77,说明梁的刚度较大,结构工作性能较好。同时计算时桥面铺装和栏杆等附属物对桥梁刚度的贡献不能精确计入,导致计算刚度较实际值小;而且混凝土为不均匀材质,局部应变滞后等因素也会导致以上结果。各测试截面在相应试验荷载作用下的相对残余应变很小,最大相对残余变形为10.53%,远远小于20%。说明结构处于良好的弹性工作状态。如图8-38所示为应变测试现场图。

图 8-38 应变测试现场图

在对称荷载作用下,箱梁两侧相应测试点的混凝土纵向应变基本相等,说明箱梁在横桥向的受力是均匀的。

4) 偏载情况对跨中截面的影响

为得到主梁在偏心荷载作用下的受力及变形情况,选取偏载效应最大的边跨跨中和次边跨跨中进行偏心加载。试验得到的主梁挠度值列于表 8-12 中,应变实测值列于表 8-13。

中跨跨中工况主梁挠度实测值(mm)　　　　　表 8-12

截面	位置	挠度测试点(从外到内排列)				
		1	2	3	4	5
A-A	对称	18	18	17	17	18
	偏载	19	18	17	17	17
C-C	对称	50	51	50	50	51
	偏载	51	50	50	50	50

中跨跨中工况主梁腹板应变实测值($\mu\varepsilon$)　　　　　表 8-13

截面	位置	外腹板		内腹板	
		上测点	下测点	上测点	下测点
A-A	对称	−20	42	−20	39
	偏载	−20	40	−20	38
C-C	对称	−19	31	−21	32
	偏载	−18	31	−20	30

箱梁偏载系数是指汽车偏载时,相应于偏心方向的挠度(应变)与汽车对称布置时的挠度(应变)的比值,可由下式计算:

$$\xi = \frac{\text{偏载方向挠度(应变)最大实测值}}{\text{对称加载时挠度(应变)实测值}} = \frac{w_e(\varepsilon_e)}{w_o(\varepsilon_o)}$$

根据实测结果,本试验工况按挠度计算得到中跨跨中偏载系数为 1.05,按应变计算(取下测点)中跨跨中偏载系数为 1.051。低于目前计算一般推荐的 1.15,说明箱梁在偏载车队作用下未发生很大扭转变形,该桥设计截面具有较强的抗扭能力,这对结构受力是有利的。

5）混凝土裂缝观测结果

在整个试验加载过程中，对主要受力部位的混凝土表面和外观检查中发现的多道典型的裂缝进行监测。监测结果表明，在加载过程中没有新的裂缝产生，原有裂缝也没有明显发展，说明箱梁出现的裂缝均为非结构性裂缝，主要与温度、混凝土收缩等有关，而与试验荷载关系不大。

8.7.4 动力荷载试验

1）试验目的及理论计算

桥梁结构的动力性能是评价桥梁运营状态和承载能力的重要指标。判别桥梁结构是否处在安全振动工作状态，是桥梁动力试验的主要目的。桥跨结构的自振特性和受迫振动的响应，是动力试验的主要内容。

本次动力测试主要测定桥梁的固有频率、振型、阻尼比及冲击系数，并将其与理论值进行比较，以对该桥动力性能进行评价。

由于主桥为变截面连续梁桥，基频计算不易采用经验公式手算，通过杆系有限元求解其基频。采用 ANSYS10.0 通用有限元软件建模计算，计算中考虑桥面铺装、栏杆对结构质量的贡献，但不考虑其对结构刚度的贡献，得出主桥一阶竖弯频率为 $F_1 = 0.421\text{Hz}$，振型如图 8-39 所示。按《公路钢筋混凝土及预应力混凝土桥涵设计规范》（JTG D62—2004）计算冲击系数理论值，得 $\mu = 0.05$。

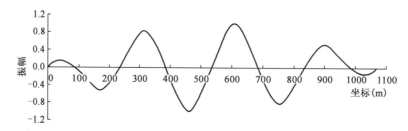

图 8-39 一阶竖弯归一化振型

2）主要仪器设备

如表 8-14 所示。

主 要 仪 器 设 备　　　　表 8-14

仪器设备名称	数量	仪器设备名称	数量
DH5922 动态信号采集仪（8 通道）	1 台/套	秒表	1 块
工力所 941B 超低频拾振器	4 个	稳压电源	1 台
江苏 D-100 型溧阳位移计	4 个	发电机	1 台
Thinkpad 笔记本电脑	1 台	对讲机	8 台

3）试验工况及测点布置

从静载试验中的加载车中选取 12 辆，每两辆车为一组，共分为 6 组，每组在主桥上匀速、往返并行行驶。以 10km/h 为一级，依次从 10km/h 增至 60km/h，共 12 种跑车工况。在汽车行驶过程中，记录每一级车速作用下结构的动反应时程曲线，作为动力响应及动力特性分析的基础。

跑车试验选择下游桥幅绥滨侧主桥进行,在边跨跨中、次边跨跨中、次中跨跨中和各布置一个位移计和一个加速度传感器,同时测试三个断面在汽车过桥时的动挠度曲线和加速度曲线。位移计取上游桥幅对应位置为基准点,整个跑车试验中,上游不允许车辆通行。

4) 试验结果分析

跑车试验现场测点布置情况及测试仪器如图 8-40 所示。

图 8-40 跑车试验现场照片

跑车试验部分实测动响应曲线图如图 8-41 ~ 8-44 所示。

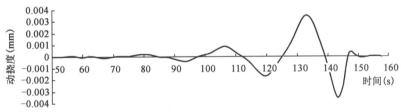

图 8-41 $v=40\text{km/h}$ 返时边跨跨中动挠度时程曲线

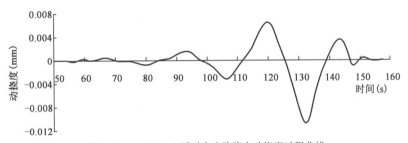

图 8-42 $v=40\text{km/h}$ 返时次边跨跨中动挠度时程曲线

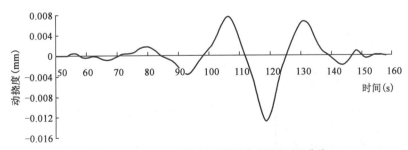

图 8-43 $v=40\text{km/h}$ 返时次中跨跨中动挠度时程曲线

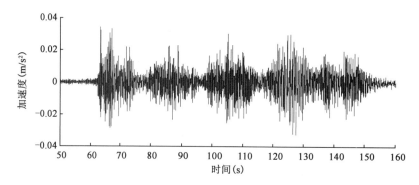

图 8-44　$v=40km/h$ 返时次中跨跨中加速度时程曲线

跑车试验实测结果汇总如表 8-15 所示，利用跑车余振曲线分析可得到结构一阶竖弯频率为 0.499Hz，对应阻尼比为 0.018。处于混凝土结构阻尼比正常范围 0.01~0.08；说明结构耗散外部能力的能力正常，桥梁抗疲劳性能较好。

跑车试验实测数据汇总　　　　　　　　　　　　　　表 8-15

行车速度 (km/h)	放大系数 $(1+\mu)$						最大振幅 (mm)			强迫振动频率 (Hz)
	边跨		次边跨		次中跨		中跨	次边跨	边跨	
	往	返	往	返	往	返				
10	1.021	1.032	1.021	1.023	1.011	1.018	0.32	0.42	0.66	0.472
20	1.031	1.024	1.019	1.028	1.031	1.015	0.23	0.33	0.41	0.481
30	**1.042**	**1.035**	**1.024**	1.023	1.025	1.018	**0.31**	0.29	0.17	0.463
40	1.040	1.024	1.015	**1.035**	**1.039**	**1.048**	0.26	**0.47**	**0.85**	0.481
50	1.033	1.007	1.012	1.009	1.022	1.031	0.29	0.41	0.54	0.474
60	1.021	1.013	1.009	1.013	1.023	1.026	0.25	0.38	0.47	0.489

注：黑体数字表示最大值。

由冲击系数与车速的关系可知，主桥对低速车辆的冲击并不敏感，在试验车速内，当车速达到 40km/h 时冲击系数达到峰值 1.048，略小于设计值 1.05，说明在试验车速下桥梁结构的行车性能较好，桥面平整度较好。自振特性计算曲线如图 8-45 所示。

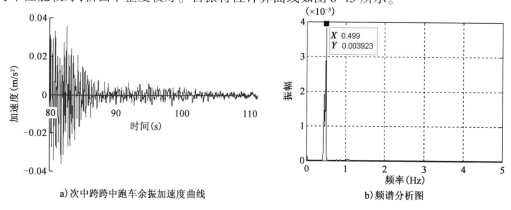

a) 次中跨跨中跑车余振加速度曲线　　　b) 频谱分析图

图 8-45　自振特性计算曲线

5）试验结论

根据富绥松花江大桥主桥梁体及墩柱回弹试验的结果，主桥箱梁及墩柱混凝土的强度等级均达到设计要求。

通过外观检查，桥梁混凝土浇筑质量较好。虽然主梁箱梁局部出现了少量的非结构性裂缝，但这也是目前国内外同类型桥梁建设中尚未完全解决的通病，不影响结构的使用安全。但从耐久性的角度考虑，应对裂缝进行封闭处理；同时加强定期观测，密切关注裂缝、各跨跨中箱梁竖向变形的发展情况。

根据对主桥桥面线形的测量，富绥松花江大桥主桥线形平顺，符合设计要求。

在效率系数分别为 1.04、1.04、1.01、0.97 的试验荷载的作用下，各测试断面的最大实测挠度值均小于理论计算挠度值，试验校验系数为 0.65~0.72，平均值为 0.69，说明梁的刚度满足要求，结构工作性能较好。此外，各测试截面在试验荷载作用下的相对残余变形均很小，边跨跨中最大为 11.1%、次边跨跨中最大为 4.0%、次中跨跨中最大为 5.4%、中跨跨中最大为 1.9%，小于容许值 20%，说明结构处于良好的弹性工作状态。

在试验荷载的作用下，各测试断面的实测应变值均小于理论计算应变值，荷载工况对应断面测点应变校验系数为 0.37~0.77，说明梁的刚度较大，结构工作性能较好。各测试截面在相应试验荷载作用下的相对残余应变很小，最大相对残余变形为 10.53%，远远小于 20%。说明结构处于良好的弹性工作状态。在对称荷载作用下，箱梁两侧相应测试点的混凝土纵向应变基本相等，说明箱梁在横桥向的受力是均匀的。

通过偏载试验，按挠度计算得到最大偏载系数为 1.05，按应变计算得到最大偏载系数为 1.051。低于目前计算一般推荐的 1.15，说明箱梁在偏载车队作用下未发生很大扭转变形，该桥设计截面具有较强的抗扭能力，这对结构受力是有利的。

脉动试验表明，绥滨下游侧主桥的结构自振频率实测值与理论计算值较为接近，且稍大于计算值，说明实际结构的动力刚度满足要求，且有一定的储备。主桥的一阶阻尼比为 0.018，处于混凝土结构阻尼比正常范围 0.01~0.08 内，说明结构耗散外部能力的能力正常，桥梁抗疲劳性能较好。

受迫振动响应测试表明，在试验车速下，由车辆荷载产生的强迫振动频率为 0.463~0.489Hz，大于桥梁结构的一阶竖向自振频率 0.421Hz，因此，在一般车辆荷载作用下，结构不致产共振现象。主桥的冲击系数为 1.011~1.048，小于设计值 1.05，说明主桥的动力冲击效应较小，行车性能较好。

综上所述，根据静、动载试验结果，可以认为富绥松花江大桥主桥的结构强度、刚度及正常使用极限状态下的承载能力均能满足设计和正常运营的要求。桥梁的动力特性良好，冲击系数在理想范围内，桥跨的结构动力性能满足规程要求。

【复习题和思考题】

1. 桥梁荷载试验的准备工作有哪些？

2. 静载试验效率与动载试验效率的含义是什么?
3. 主要测点的布设应考虑哪些因素?如何布设?
4. 加载试验为何要选择加载时间?
5. 荷载试验加载过程主要观测内容及终止加载的条件是什么?
6. 如何进行荷载试验成果分析?
7. 桥梁动载试验的激振方式有哪几种?有何特点?
8. 简述结构固有频率、阻尼的概念及确定方法。

附表1 标准正态分布：$\varphi(Z) = \int_{-\infty}^{X} \frac{1}{\sqrt{2\pi}} e^{-\frac{x^2}{2}} dx$

0.00	0.5000	0.5040	0.5080	0.5120	0.5160	0.5199	0.5239	0.5279	0.5319	0.5359
0.10	0.5398	0.5438	0.5478	0.5517	0.5557	0.5596	0.5636	0.5675	0.5714	0.5735
0.20	0.5793	0.5832	0.5871	0.5910	0.5948	0.5987	0.6026	0.6064	0.6103	0.6140
0.30	0.6179	0.6217	0.6255	0.6293	0.6331	0.6368	0.6406	0.6443	0.6844	0.6517
0.40	0.6554	0.6591	0.6628	0.6664	0.6700	0.6736	0.6772	0.6708	0.6844	0.6879
0.50	0.6915	0.6950	0.6985	0.7019	0.7054	0.7188	0.7123	0.7157	0.7190	0.7223
0.60	0.7257	0.7291	0.7324	0.7357	0.7389	0.7422	0.7454	0.7486	0.7517	0.7549
0.70	0.7580	0.7611	0.7642	0.7673	0.7704	0.7734	0.7764	0.7794	0.7823	0.7852
0.80	0.7881	0.7910	0.7939	0.7967	0.7995	0.8023	0.8052	0.8078	0.8106	0.8133
0.90	0.8159	0.8186	0.8212	0.8238	0.8264	0.8289	0.8315	0.8340	0.8365	0.8389
1.00	0.8413	0.8438	0.8461	0.8485	0.8508	0.8531	0.8554	0.8577	0.8599	0.8621
1.10	0.8643	0.8665	0.8686	0.8706	0.8729	0.8749	0.8770	0.8790	0.8810	0.8830
1.20	0.8849	0.8869	0.8888	0.8907	0.8925	0.8944	0.8962	0.8980	0.8997	0.9015
1.30	0.9032	0.9049	0.9066	0.9082	0.9099	0.9115	0.9131	0.9147	0.9162	0.9177
1.40	0.9192	0.9207	0.9222	0.9236	0.9251	0.9265	0.9279	0.9292	0.9206	0.9319
1.50	0.9332	0.9345	0.9357	0.9370	0.9382	0.9394	0.9406	0.9418	0.9429	0.9441
1.60	0.9452	0.9463	0.9474	0.9484	0.9495	0.9505	0.9515	0.9525	0.9935	0.9545
1.70	0.9554	0.9564	0.9573	0.9582	0.9591	0.9599	0.9608	0.9616	0.9625	0.9633
1.80	0.9641	0.9649	0.9656	0.9664	0.9671	0.9678	0.9686	0.9693	0.9699	0.9706
1.90	0.9713	0.9719	0.9726	0.9732	0.9738	0.9744	0.9750	0.9756	0.9761	0.9767
2.00	0.9772	0.9778	0.9783	0.9788	0.9793	0.9798	0.9803	0.9808	0.9812	0.9817
2.10	0.9821	0.9826	0.9830	0.9834	0.9838	0.9742	0.9846	0.9850	0.9854	0.9857
2.20	0.9861	0.9864	0.9868	0.9871	0.9875	0.9878	0.9881	0.9884	0.9887	0.9890
2.30	0.9893	0.9896	0.9898	0.9901	0.9904	0.9906	0.9909	0.9911	0.9913	0.9916
2.40	0.9918	0.9920	0.9922	0.9925	0.9927	0.9929	0.9931	0.9932	0.9934	0.9936
2.50	0.9938	0.9940	0.9941	0.9943	0.9945	0.9946	0.9948	0.9949	0.9951	0.9952
2.60	0.9953	0.9955	0.9956	0.9956	0.9959	0.9960	0.9961	0.9962	0.9963	0.9964
2.70	0.9965	0.9966	0.9967	0.9968	0.9969	0.9970	0.9970	0.9972	0.9973	0.9974
2.80	0.9974	0.9975	0.9976	0.9977	0.9977	0.9978	0.9979	0.9979	0.9980	0.9981
2.90	0.9981	0.9982	0.9982	0.9983	0.9984	0.9984	0.9985	0.9985	0.9986	0.9986
3.00	0.9987	0.9987	0.9987	0.9988	0.9988	0.9989	0.9989	0.9989	0.9990	0.9990
3.10	0.9990	0.9991	0.9991	0.9991	0.9992	0.9992	0.9992	0.9992	0.9992	0.9993
3.20	0.9993	0.9993	0.9994	0.9994	0.9994	0.9994	0.9995	0.9995	0.9995	0.9995
3.30	0.9995	0.9995	0.9995	0.9996	0.9996	0.9996	0.9996	0.9996	0.9996	0.9997
3.40	0.9997	0.9997	0.9997	0.9997	0.9997	0.9997	0.9997	0.9997	0.9997	0.9998

续上表

z	1.282	1.645	1.960	2.326	2.576
Φ_z	0.90	0.95	0.975	0.99	0.995
z	3.090	3.291	3.719	3.381	
Φ_z	0.999	0.9995	0.9999	0.99995	

附表2 相关系数 γ_0 值

自由度 f	R_0			
α	10%	5%	1%	0.10%
1	0.998	0.997	1.000	1.000
2	0.900	0.950	0.990	0.999
3	0.805	0.878	0.959	0.992
4	0.729	0.811	0.917	0.974
5	0.669	0.854	0.874	0.954
6	0.621	0.707	0.834	0.925
7	0.582	0.666	0.798	0.898
8	0.549	0.632	0.765	0.872
9	0.521	0.602	0.735	0.847
10	0.497	0.576	0.708	0.825
11	0.476	0.553	0.684	0.804
12	0.457	0.532	0.661	0.780
13	0.441	0.514	0.641	0.760
14	0.426	0.497	0.623	0.742
15	0.412	0.482	0.606	0.728
16	0.400	0.468	0.590	0.708
17	0.389	0.456	0.575	0.693
18	0.378	0.444	0.561	0.687
19	0.369	0.438	0.549	0.665
20	0.360	0.428	0.537	0.652
25	0.323	0.381	0.487	0.597
30	0.296	0.349	0.449	0.554
35	0.275	0.325	0.418	0.519
40	0.257	0.304	0.393	0.490
50	0.231	0.273	0.353	0.443
60	0.211	0.250	0.325	0.408
70	0.195	0.232	0.302	0.380
80	0.183	0.217	0.282	0.357
90	0.173	0.206	0.267	0.337
100	0.164	0.196	0.254	0.321

附表3 t 分布表(单边)

自由度 f	α				
	0.10	0.05	0.025	0.01	0.005
1	3.078	6.314	12.706	31.821	63.657
2	1.886	2.920	4.303	6.965	9.925
3	1.638	2.353	3.182	4.541	5.841
4	1.538	2.132	2.776	3.747	4.604
5	1.476	2.015	2.571	3.365	4.032
6	1.440	1.943	2.447	3.143	3.707
7	1.415	1.895	2.365	2.998	3.499
8	1.397	1.860	2.306	2.896	3.355
9	1.383	1.833	2.262	2.821	3.250
10	1.372	1.812	2.228	2.764	3.169
11	1.363	1.796	2.201	2.718	3.105
12	1.356	1.782	2.179	2.681	3.055
13	1.350	1.711	2.160	2.650	3.012
14	1.345	1.761	2.415	2.624	2.977
15	1.341	1.753	2.131	2.602	2.947
16	1.337	1.746	2.120	2.583	2.921
17	1.333	1.740	2.110	2.567	2.898
18	1.330	1.734	2.101	2.552	2.878
19	1.328	1.729	2.093	2.539	2.286
20	1.325	1.725	2.086	2.528	2.845
21	1.323	1.721	2.080	2.518	2.831
22	1.321	1.717	2.074	2.508	2.819
23	1.319	1.714	2.069	2.500	2.087
24	1.318	1.711	2.064	2.492	2.797
25	1.316	1.708	2.060	2.485	2.787
26	1.315	1.706	2.056	2.479	2.779
27	1.314	1.703	2.052	2.473	2.711
28	1.313	1.701	2.048	2.467	2.763
29	1.311	1.699	2.045	2.462	2.756
30	1.310	1.697	2.042	2.457	2.750
31	1.310	1.696	2.040	2.453	2.744
32	1.309	1.694	2.037	2.449	2.739

续上表

自由度 f	α				
	0.10	0.05	0.025	0.01	0.005
33	1.308	1.692	2.035	2.445	2.733
34	1.307	1.691	2.032	2.441	2.728
35	1.306	1.690	2.030	2.438	2.724
36	1.306	1.688	2.028	2.4334	2.720
37	1.305	1.687	2.026	2.431	2.715
38	1.304	1.686	2.024	2.429	2.712
39	1.304	1.685	2.023	2.426	2.708
40	1.303	1.684	2.021	2.423	2.704
60	1.296	1.671	2.000	2.390	2.660
120	1.289	1.658	1.986	2.358	2.617
∞	1.282	1.645	1.960	2.326	2.576

参 考 文 献

[1] 中华人民共和国行业标准.JTG/T J21-01—2015 公路桥梁荷载试验规程[S].北京:人民交通出版社股份有限公司,2015.
[2] 中华人民共和国行业标准.JTG H11—2004 公路桥涵养护规范[S].北京:人民交通出版社,2004.
[3] 中华人民共和国行业标准.JTG D60—2015 公路桥涵设计通用规范[S].北京:人民交通出版社股份有限公司,2015.
[4] 中华人民共和国行业标准.JTG D62—2018 公路钢筋混凝土及预应力混凝土桥涵设计规范[S].北京:人民交通出版社股份有限公司,2018.
[5] 中华人民共和国行业标准.JTG F80/1—2017 公路工程质量检验评定标准 第一册 土建工程[S].北京:人民交通出版社股份有限公司,2017.
[6] 中华人民共和国行业标准.JTG/T J21—2011 公路桥梁承载能力检测评定规程[S].北京:人民交通出版社,2011.
[7] 中华人民共和国行业标准.JTG/T H21—2011 公路桥梁技术状况评定标准[S].北京:人民交通出版社,2011.
[8] 中华人民共和国行业标准.JTG E30—2005 公路工程水泥及水泥混凝土试验规程[S].北京:人民交通出版社,2005.
[9] 中华人民共和国行业标准.CECS 21—2000 超声法检测混凝土缺陷技术规程[S].北京:中国计划出版社,2000.
[10] 胡大琳.桥涵工程试验检测技术[M].北京:人民交通出版社,1999.
[11] 谢松平,盛云华,王勇智.公路工程检测技术[M].北京:机械工业出版社,2014.